股市 T+0 实战交易从入门到精通

短线精灵　编著

·北京·

内 容 提 要

本书以超短线 T+0（简称 T0）交易技术为研究对象，侧重于分析、预测价格的短线波动方向，进而于盘中把握稍纵即逝的买卖时机。全书以"短线交易要点"及"T0 交易思路方案"为铺垫展开论述，通过"基础"与"进阶"两个章节，对分时图技术进行了由浅入深的详细讲解，完成 T0 技术的知识结构更新。

在实战应用方面，以 K 线、量价、分时图、涨停板四个技术要点为支撑，其中的分时图与涨停板是 T0 技术的核心，也是本书重点讲解的内容。借助于分时展开 T0 交易时，本书对每个案例的买点及随后出现的卖点进行了跟踪，这也是本书的一大特点。

图书在版编目（ＣＩＰ）数据

股市T+0实战交易从入门到精通 / 短线精灵编著. --北京：中国水利水电出版社，2018.1
ISBN 978-7-5170-6255-4

Ⅰ．①股… Ⅱ．①短… Ⅲ．①股票投资－基本知识 Ⅳ．①F830.91

中国版本图书馆CIP数据核字(2018)第011287号

责任编辑：陈 洁　　　　　封面设计：梁 燕

书　名	股市 T+0 实战交易从入门到精通 GUSHI T+0 SHIZHAN JIAOYI CONG RUMEN DAO JINGTONG
作　者	短线精灵　编著
出版发行	中国水利水电出版社 （北京市海淀区玉渊潭南路 1 号 D 座　100038） 网址：www.waterpub.com.cn E-mail：mchannel@263.net（万水） 　　　　sales@waterpub.com.cn 电话：（010）68367658（营销中心）、82562819（万水）
经　售	全国各地新华书店和相关出版物销售网点
排　版	北京万水电子信息有限公司
印　刷	三河市鑫金马印装有限公司
规　格	170mm×240mm　16 开本　17.25 印张　221 千字
版　次	2018 年 1 月第 1 版　2018 年 1 月第 1 次印刷
印　数	0001—5000 册
定　价	49.00 元

凡购买我社图书，如有缺页、倒页、脱页的，本社营销中心负责调换

版权所有·侵权必究

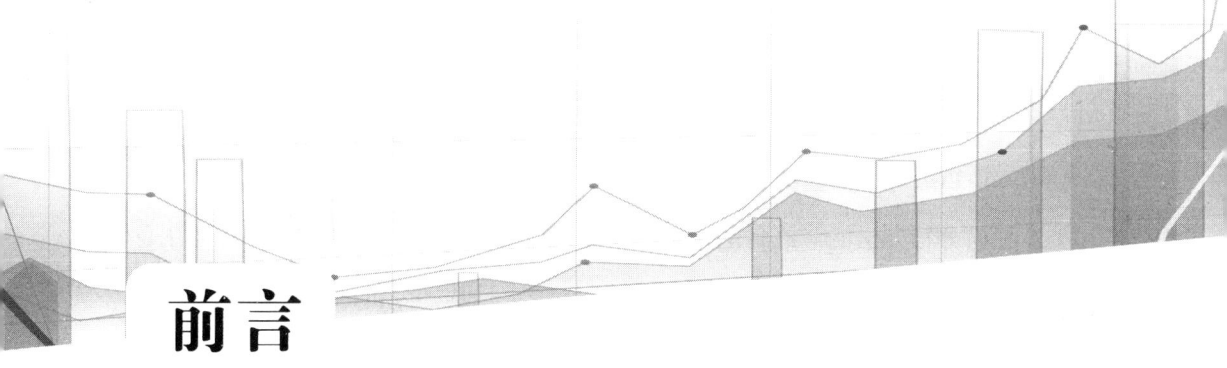

前言

市场的整体走势往往是波澜不惊、平淡无奇的，但是，个股的波动却往往十分活跃，能够出现短期强势上涨、为我们创造更多利润的个股占据了很小的比例，如何从数量庞大的股票群体中选出优质的上涨品种？如何把握最佳的买卖时机？如何将每笔交易的风险尽可能降低，但又不失预期获利空间？这是股票交易技术关注的核心问题，也是我们学习知识技巧、积累经验的目的所在。

股票交易的目的不是为某一次的获利，而是在不断的交易中，实现利润的滚动增长，长线持股是一种方法，但是若错选个股，将是对时间与机会成本的极大浪费，为了更好地掌握获利主动权，我们就需要有更好的方法。

熟悉股票投资的许多朋友都知道一个"10年10倍"的故事，每年只需要盈利25.89254%，资金每3年就可以翻1番、每10年就可以增长到10倍。如果有10万元本金，在30年后将成为1亿元。这里面的奇迹就是被爱因斯坦称为世界第八大奇迹的"复利"。爱因斯坦说："复利是人类最伟大的发明，复利是宇宙间最强大的力量"。对于股票交易来说，我们实现一笔交易获利是很容易的事情，但是，在多笔交易中，实现利润的不断增长却是相当难的一件事，而如果想要实现所赚得的利润继续增值，即：所谓的"利滚利"，则难度更大。

可以说，股票交易的成功秘诀就在于对复利效应的理解，并通过自己掌握的交易方法尽量去实现复利式增长，但股票市场同时也是一个博弈的市场，多空双方不断交锋，股价走势上下波动，有预测正确的，也有判断错误的。如何在更多的时候站在赢家的队伍之中呢？除了有一个好的心态外，还要掌握一门好的交易技术，而以分时图为核心的 T0 交易技术，是一个相对理想的方法。

任何分析方法的最终目的都是为了更准确的预测，好的分析方法可以让我们提高预测成功率。分析方法主要有两大类，一类是基础分析法（基本面），一类是技术分析法（技术面），基本面侧重于业绩及盈利能力的分析，技术面则侧重于市场行为，它们各有优劣，但从中短线的角度来看，技术面无疑更胜一筹。

短线交易，是技术分析领域中实战性最强、也是最难掌握的内容。因为从事短线交易，首先要对趋势有一个大致的判断，这涉及技术分析中的中长线分析手段，可以说，短线交易是建立在中长线交易之上的，是对其进一步的补充与完善。

T0 交易法隶属于短线系统，它的持股时间更短，往往只有两三个交易日，是将短线交易发挥到极致的一种分析方法。从技术手段来看，T0 交易更关注于分时图，这是因为分时图是多空力量实时变化的前沿窗口，把握好分时图的波动节奏，就能以一个较高的成功率来展开短线交易，从而实现利润的滚动增长了。

本书由短线精灵组织编写，同时参与编写的还有张昆、张友、赵桂芹、张金霞、张增强、刘桂珍、陈冠军、魏春、张燕、孟春燕、项宇峰、李杨坡、张增胜、张宇微、张淑凤、伍云辉、孟庆宇、马娟娟、李卫红、韩布伟、宋娟、郑捷，在此一并表示感谢！

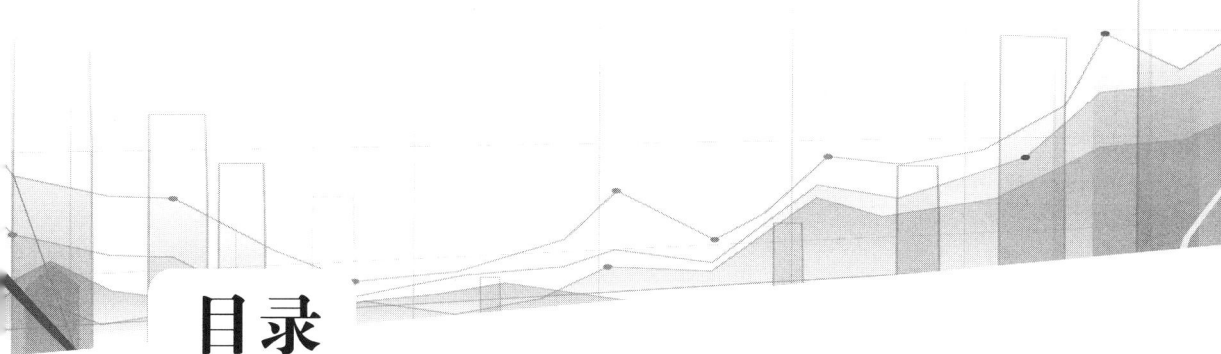

目录

前言

第1章 短线交易实战要点

1.1 短线是高效的交易方法/1
 1.1.1 基础分析法/1
 1.1.2 技术分析法/3
 1.1.3 技术分析的假设/4
 1.1.4 短线交易与T0/6
 1.1.5 如何实现复利增长/8
1.2 常用短线技术点拨/9
 1.2.1 K线技术点拨/10
 1.2.2 量价技术点拨/12
 1.2.3 指标技术点拨/13
 1.2.4 盘口分时技术点拨/14
 1.2.5 涨停板技术点拨/16
 1.2.6 筹码分布技术点拨/17
1.3 影响个股短期走向的因素/20
 1.3.1 大盘指数的波动/20
 1.3.2 消息面因素/21
 1.3.3 庆典、会议等热点事件/23
 1.3.4 外围股市波动/25
 1.3.5 大宗商品价格走向/26

 1.3.6 增减持及解禁/26
1.4 技术理论之趋势与波浪/28
 1.4.1 价格运行级别与趋势/29
 1.4.2 趋势的三段划分法/31
 1.4.3 成交量与趋势运行/32
 1.4.4 趋势力度与转向信号/33
 1.4.5 波浪运行的核心思想/33
 1.4.6 五升三降的八浪循环/34
 1.4.7 数浪的基本原则/36
1.5 短线交易的技巧/36
 1.5.1 软件应用技巧/37
 1.5.2 支撑、阻力技巧/39
 1.5.3 箱体波动技巧/41
 1.5.4 震荡突破技巧/43
 1.5.5 逢低买入技巧/44
 1.5.6 强势股追涨技巧/46
 1.5.7 "补涨"买入技巧/47
 1.5.8 "补跌"卖出技巧/48

第 2 章　T0 弟交易思路及方案

2.1　T0 交易方向及仓位调度/50
  2.1.1　单股单次 T0 交易/50
  2.1.2　单股反复 T0 交易/53
  2.1.3　多股轻仓 T0 交易/55
  2.1.4　多股重仓 T0 交易/56
  2.1.5　解套 T0 交易/57
2.2　绩优、蓝筹股 T0 思路及策略/61
  2.2.1　窄幅波动的操作策略/61
  2.2.2　盘中上冲的交易方法/62
  2.2.3　盘中跳水的交易方法/64
  2.2.4　仓位的控制方案/65

2.3　短线活跃股 T0 思路及策略/65
  2.3.1　局部运行的位置要素/66
  2.3.2　启动、破位的方向选择/67
  2.3.3　短线延展的惯性力度/69
  2.3.4　仓位的控制方案/71
2.4　运用指数展开 T0 交易/72
  2.4.1　查看大盘指数走势/72
  2.4.2　大盘指数含义解读/73
  2.4.3　指数转向点的判断/74
  2.4.4　板块指数解读要点/76
  2.4.5　指数涨跌与 T0 思路/77

第 3 章　T0 技术基础——分时图基础分析

3.1　基本的分时图要素/80
  3.1.1　个股分时线与均价线/80
  3.1.2　分时图中量价配合/81
  3.1.3　委托单的变化/82
  3.1.4　大笔成交细节/83
3.2　看涨股的分时图特征/84
  3.2.1　分时图的强、弱特性/84
  3.2.2　形成支撑的均价线/85
  3.2.3　流畅的盘中飙升/86
  3.2.4　分时的同步放大/86
  3.2.5　结合指数辨强势/88
  3.2.6　强势的单一与多重性/88
3.3　看跌股的分时图特征/90
  3.3.1　形成阻挡的均价线/90
  3.3.2　均价线的明显破位/91

  3.3.3　大幅度的跳水/91
  3.3.4　下跌波段的放量/93
  3.3.5　结合指数辨弱势/93
3.4　盘口其他数据解读/94
  3.4.1　振幅/95
  3.4.2　量比和量比曲线/96
  3.4.3　内外盘/97
  3.4.4　换手率/98
  3.4.5　资金流入及流出/99
3.5　盘口分析基本技巧/100
  3.5.1　大盘指数解读技巧/100
  3.5.2　三重叠加分析技巧/101
  3.5.3　叠加关联股分析技巧/102
  3.5.4　盘中强弱转换分析技巧/103
  3.5.5　飙升股支撑位分析技巧/104

第4章 T0技术进阶——多时段分析技术

4.1 分时形态特征要点/107
    4.1.1 波动型与规则型/107
    4.1.2 流畅型与突兀型/108
    4.1.3 涨跌波段的对比/110
    4.1.4 盘中冲击的方向力度/111
    4.1.5 "粘合型"的分时图/112

4.2 开盘至11:00分析技术/113
    4.2.1 整理式跳空开盘/114
    4.2.2 反弹式跳空开盘/115
    4.2.3 10:30分前筛选强势股/115
    4.2.4 冲高回落是否破均线/116
    4.2.5 值得警惕的早盘跳水/117

4.3 11:00至14:00分析技术/119
    4.3.1 中盘的承接过渡性/119
    4.3.2 中盘的反向逆转性/121
    4.3.3 失去攻击性的整理/122
    4.3.4 判断强弱展开交易/122
    4.3.5 粘合形态的发展/123
    4.3.6 午市开盘的异动/124

4.4 14:00至收盘分析技术/126
    4.4.1 下压破均价线/126
    4.4.2 尾盘的承接启动/127
    4.4.3 值得分析的上冲遇阻/128
    4.4.4 收盘前的快速上翘/130
    4.4.5 日线图上的量能异动/131

4.5 相邻日的连续分析技术/132
    4.5.1 强势运行次日低开/132
    4.5.2 强势运行次日高（平）开/133
    4.5.3 弱势运行次日低（平）开/135
    4.5.4 弱势运行次日高开/136

第5章 K线形态T0实战攻略

5.1 单日K线T0买点/138
    5.1.1 锤子线/139
    5.1.2 倒锤子线/140
    5.1.3 仙人指路/141
    5.1.4 出水芙蓉/142

5.2 单日K线T0卖点/142
    5.2.1 流星线/143
    5.2.2 上下长影线/144
    5.2.3 铡刀线/145

5.3 组合K线T0买点/145
    5.3.1 阳孕线/146
    5.3.2 看涨抱线/147
    5.3.3 切入线/147
    5.3.4 三连小阳线/149
    5.3.5 希望之星/149

5.4 组合K线T0卖点/151
    5.4.1 阴孕线/151
    5.4.2 看跌抱线/152
    5.4.3 乌云盖顶/152
    5.4.4 三连小阴线/154
    5.4.5 黄昏之星/154

第6章 量价形态 T0 实战攻略

6.1 探讨量价分析的模式/156
    6.1.1 "涨跌幅度"分析量价/156
    6.1.2 "连续性"分析量价/158
    6.1.3 "主力行为"分析量价/159
    6.1.4 "此史为据"分析量价/160

6.2 脉冲量的 T0 买卖点/161
    6.2.1 盘中强转弱的脉冲量/161
    6.2.2 强转均衡的脉冲量/162
    6.2.3 大涨后高点脉冲巨量/163
    6.2.4 脉冲量的买卖点/163

6.3 放量下的 T0 买卖点/166
    6.3.1 低点巨量阴线/166
    6.3.2 递增式放量上涨/166
    6.3.3 两日上涨脉冲量/167
    6.3.4 间隔式放量上涨/169

6.4 缩量下的 T0 买卖点/170
    6.4.1 缩量小连阳回升/170
    6.4.2 滑梯式缩量企稳/171
    6.4.3 回调位缩量平台/172
    6.4.4 高位震荡区缩量反弹/173

第7章 T0 分时图买卖点追踪（上）

7.1 买点：早盘60度推升式启动/175
    7.1.1 T0 形态特征/175
    7.1.2 T0 买卖点分析/176
    7.1.3 T0 实战案例/176
    7.1.4 近似形态辨识/176

7.2 卖点：盘中强转弱凸量/178
    7.2.1 T0 形态特征/178
    7.2.2 T0 买卖点分析/179
    7.2.3 T0 实战案例/179
    7.2.4 近似形态辨识/180

7.3 买点：午市开盘上冲强势/180
    7.3.1 T0 形态特征/180
    7.3.2 T0 买卖点分析/181
    7.3.3 T0 实战案例/181
    7.3.4 近似形态辨识/181

7.4 卖点：顺势高开二度破均线/183
    7.4.1 T0 形态特征/183
    7.4.2 T0 买卖点分析/183
    7.4.3 T0 实战案例/183
    7.4.4 近似形态辨识/184

7.5 买点：频繁小波动式缓缓上扬/185
    7.5.1 T0 形态特征/185
    7.5.2 T0 买卖点分析/185
    7.5.3 T0 实战案例/186
    7.5.4 近似形态辨识/186

7.6 卖点：过山车式盘中折返/187
    7.6.1 T0 形态特征/187
    7.6.2 T0 买卖点分析/188
    7.6.3 T0 实战案例/188
    7.6.4 近似形态辨识/189

7.7 买点：盘中二度45度上扬/190
    7.7.1 T0 形态特征/190
    7.7.2 T0 买卖点分析/190
    7.7.3 T0 实战案例/190

7.7.4 近似形态辨识/190

7.8 卖点：尾盘上扬式凸量/192
    7.8.1 T0形态特征/192
    7.8.2 T0买卖点分析/192
    7.8.3 T0实战案例/192
    7.8.4 近似形态辨识/192

7.9 买点：盘中释压后走强/194
    7.9.1 T0形态特征/194
    7.9.2 T0买卖点分析/194
    7.9.3 T0实战案例/194
    7.9.4 近似形态辨识/195

7.10 卖点：低点缩量上探均价线/196
    7.10.1 T0形态特征/196
    7.10.2 T0买卖点分析/196
    7.10.3 T0实战案例/197
    7.10.4 近似形态辨识/197

7.11 买点：双日早盘小幅上冲/198
    7.11.1 T0形态特征/198
    7.11.2 T0买卖点分析/199
    7.11.3 T0实战案例/199
    7.11.4 近似形态辨识/200

7.12 卖点：高开跳水反冲乏力/202
    7.12.1 T0形态特征/202
    7.12.2 T0买卖点分析/202
    7.12.3 T0实战案例/202
    7.12.4 近似形态辨识/202

第8章 T0分时图买卖点追踪（下）

8.1 买点：连续窄幅波动放量小阳线/205
    8.1.1 T0形态特征/205
    8.1.2 T0买卖点分析/205
    8.1.3 T0实战案例/206
    8.1.4 近似形态辨识/206

8.2 卖点：数分钟内的巨量打高/208
    8.2.1 T0形态特征/208
    8.2.2 T0买卖点分析/208
    8.2.3 T0实战案例/208
    8.2.4 近似形态辨识/209

8.3 买点：山堆式放量启动/210
    8.3.1 T0形态特征/210
    8.3.2 T0买卖点分析/210
    8.3.3 T0实战案例/211
    8.3.4 近似形态辨识/211

8.4 卖点：强势分时收盘前的反冲/212
    8.4.1 T0形态特征/212
    8.4.2 T0买卖点分析/213
    8.4.3 T0实战案例/213
    8.4.4 近似形态辨识/213

8.5 买点：后量大前量流畅上扬/215
    8.5.1 T0形态特征/215
    8.5.2 T0买卖点分析/215
    8.5.3 T0实战案例/215
    8.5.4 近似形态辨识/216

8.6 卖点：堆量式飙升整理/217
    8.6.1 T0形态特征/217
    8.6.2 T0买卖点分析/217
    8.6.3 T0实战案例/218
    8.6.4 近似形态辨识/218

8.7 买点：尾盘顺势上扬放量支撑/219
    8.7.1 T0形态特征/219

8.7.2 T0 买卖点分析/219

8.7.3 T0 实战案例/220

8.7.4 近似形态辨识/220

8.8 卖点：跳空型盘中反弹峰下降/221

8.8.1 T0 形态特征/221

8.8.2 T0 买卖点分析/222

8.8.3 T0 实战案例/222

8.8.4 近似形态辨识/222

8.9 买点："台阶式"上扬/223

8.9.1 T0 形态特征/223

8.9.2 T0 买卖点分析/224

8.9.3 T0 实战案例/224

8.9.4 近似形态辨识/225

8.10 卖点：45 度角放量下行/226

8.10.1 T0 形态特征/226

8.10.2 T0 买卖点分析/226

8.10.3 T0 实战案例/226

8.10.4 近似形态辨识/227

8.11 买点：震荡低点二度低开转强/229

8.11.1 T0 形态特征/229

8.11.2 T0 买卖点分析/229

8.11.3 T0 实战案例/229

8.11.4 近似形态辨识/231

8.12 卖点：冲高二度回落破均价线/232

8.12.1 T0 形态特征/232

8.12.2 T0 买卖点分析/232

8.12.3 T0 实战案例/232

8.12.4 近似形态辨识/232

第 9 章　涨停形态 T0 实战攻略

9.1 K 线涨停 T0 实战形态/234

9.1.1 回调点 "N" 形启动/235

9.1.2 缓升格局加速上攻板/236

9.1.3 跌破支撑位反向穿越板/237

9.1.4 涨停整理后涨停突破/238

9.1.5 宽震区 "突破" 板/239

9.2 早盘板 T0 实战形态/240

9.2.1 抢板买入的方法/240

9.2.2 早盘飙升直接封板/242

9.2.3 开盘冲高整理顺势封板/243

9.2.4 逐波上冲型封板/244

9.3 中盘板 T0 实战形态/246

9.3.1 强势运行流畅冲板/246

9.3.2 中盘型宽幅板/248

9.3.3 高点整理后二度封板/249

9.3.4 盘中封板未果回落型/250

9.3.5 阶梯式封板/251

9.4 尾盘板 T0 实战形态/253

9.4.1 强势攀升尾盘板/253

9.4.2 弱势反转尾盘板/254

9.4.3 尾盘顺势板/254

9.4.4 流畅型的尾盘板/256

9.5 量能角度 T0 实战形态/258

9.5.1 板中放量不开板/258

9.5.2 涨停次日的脉冲量/260

9.5.3 天量型假突破板/261

9.5.4 板中裂口放巨量/262

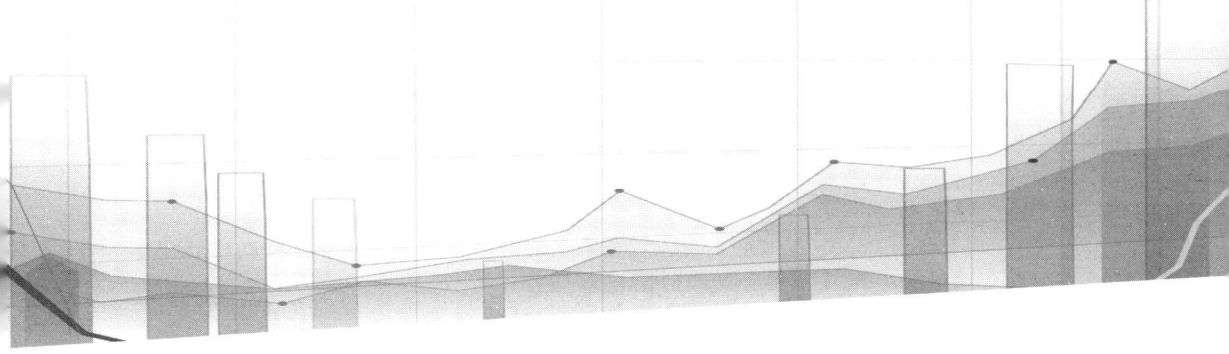

第 1 章

短线交易实战要点

T+0（全书简称 T0）交易是一种超短线交易方法，它是建立在短线分析的基础之上，要想更好地理解、运用 T0 交易，我们需要对短线交易方法有一个更为系统的认识。本章中，我们以短线交易基础知识为核心，讲解短线交易的概念、方法、选股依据、异动因素等内容，最后结合技术分析的基础理论与短线箱体技巧进一步完善投资者知识结构，从而为随后的 T0 交易打好基础。

1.1 短线是高效的交易方法

炒股重在分析与预测，好的分析方法可以让我们提高预测成功率，分析方法主要有两大类，一类是基础分析法，一类是技术分析法，基本面侧重于业绩及盈利能力的分析，技术面则侧重于市场行为，它们各有优劣，但从中短线的角度来看，技术面无疑更胜一筹。

1.1.1 基础分析法

基础分析法也称为基本面分析法，所谓"基本面"，主要包括宏观经济的、政策的、行业的基本情况，也包括上市公司的基本情况。可以说，能够影响到上市公司当前业绩或未来业绩的因素，都可以称之为基本面因素。

我们可以这样定义基本面分析：它是指据宏观经济的运行情况、政策因素、利率情况、上市公司的业绩情况等影响价格走势的基本面因素来对价格走势进行分析的方法，其中上市公司的业绩情况是基本面分析法的核心。

基本面分析方法的核心原理是"从中长线的角度来看，价格围绕着价值运动。"当企业基本面优异、成长性较好，且股价处于相对低估状态（或是未被明显高估），此时是我们依据基本面分析法而进行中长线买入布局的时机，反之，则是我们依据基本面分析法卖出个股的时机。

基础分析法对应于股市中的价值投资派，格雷厄姆在其代表作《证券分析》中指出："投资是基于详尽的分析，本金的安全和满意回报有保证的操作。不符合这一标准的操作就是投机。"他在这里所说的"投资"就是后来人们所称的"价值投资"。价值投资有三大基本概念，也是价值投资的基石，即正确的态度、安全边际和内在价值。逢低买进，长期持有，等待高价再套现，是价值投资派能长期赚钱的秘诀。

对于基础分析法来说，买到好的股票并长期持有固然是可喜的，也是成功的。但是，任何一种分析方法，它的优劣性是建立在概率上的，如果股市中的价值投资品种更多，那么基础分析法无疑是较好的选择，只要我们分散布局价值型个股，则可以相对稳健实现资金增值。

但是，对于国内的 A 股市来说，从大盘指数近些年的表现来看，能够通过长期持股带来丰厚回报的价值型个股只是占据了很少一部分，因而，实施基础分析法后，一旦错误地选择了个股，则将是对股市中其他机会的极大浪费，且还有可能出现负收益，这是基础分析法的劣势。因为对于普通投资者来说，准确的分析并判断出企业的未来发展情况是一件很难的事情。

如图 1-1 上证指数 2010 年 10 月至 2016 年 8 月走势图，大盘指数的运行节奏是市场绝大多数个股走势的一种反映，可以看到，虽然时间跨度近 6 年，指数也大起大落，但并没有实现稳健攀升，如果对基本面分析法掌握得不够深入，就很有可能买到错误的"价值型"个股，也难以通过长期持股的方法实现获利。

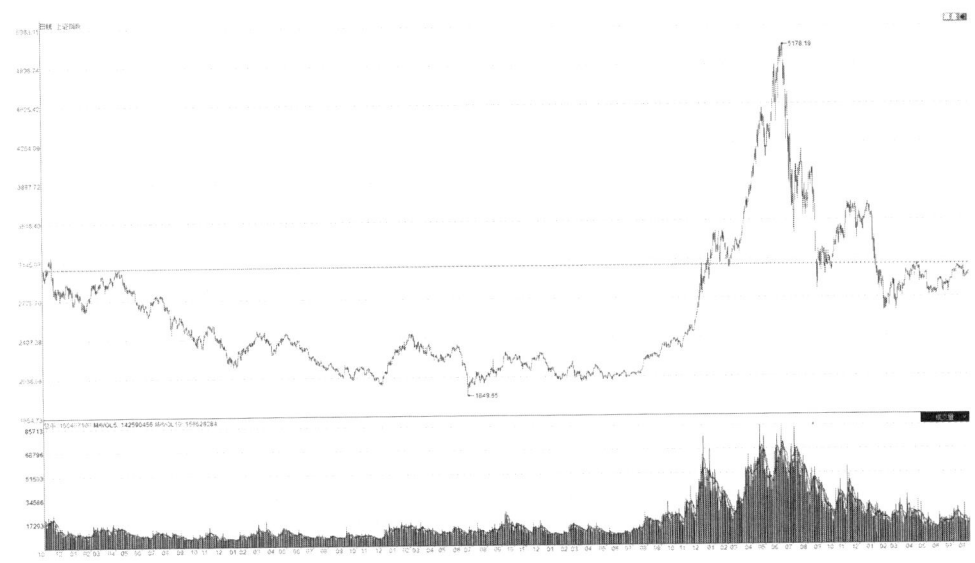

图 1-1　上证指数 2010 年 10 月至 2016 年 8 月走势图

1.1.2　技术分析法

技术分析注重于对影响股票价格的市场因素进行分析，主要侧重于对多空力量对比情况的考查，以此来分析、判断股市及个股走向。技术分析主要利用价格历史走势、成交量、盘口交投以及其他交易数据和技术分析指标，按照时间顺序绘制成价格趋势图表或图形，然后借助于这些图表或图形的变化来分析和预测价格波动的一种方法。技术分析只关心市场本身的变化。

技术分析派认为：一切影响价格波动关系的因素已经全部或大部分反映在市场价格走势中，因此研究价格如何变动比研究价格为什么变动更能了解未来市场价格的变动方向。他们所基于的假设是市场本身所显示的现象足以为市场未来价格的变动方向提供信息。

股市是一个资金驱动市，价格走势是多空双方交锋的结果，当多方力量更强的时候，股价会在多方力量的推动下而上涨；当空方力量更强的时候，股价则会因空方的打压而下跌。技术分析就是要透过多空双方的交锋情况来把握多空力量的转变，从而预测价格走势。

技术分析方法通过运用各种各样的盘面数据去研究多空力量对比情况及变化趋向，进而预测价格走向，即：技术分析从市场本身已发生的行为去分析并预测价格的未来走势，因而，它是一种实时性极强的预测价格走势的方法，在预测个股或市场的短期内走势时也会更加准确。

技术分析只关注于股票市场本身，而不会过于关注上市公司的基本面情况，一些看似没有什么投资价值的"貌不惊人"的个股往往会上演黑马行情，此时，借助于技术分析，我们就可以很好地理解并出击这类个股，而基本面分析方法则无能为力。

技术分析作为一类完善的分析方法，它既有自己的一套理论基础，也有其具体可行的分析手段。就当前市场中各式各样的技术分析方法而言，主要包括：K线分析法、量价分析法、分时图分析法、指标分析法、筹码分布分析法、主力行为分析法等内容，这些不同的分析法侧重于分析不同方面的市场特征，但核心内容都是分析市场多空力量的对比及变化。

从时间角度来看，技术分析方法既可以预测中期的趋势方向，也可以分析股价的短期波动，是一种长短兼顾、效率更高的预测方式。

1.1.3 技术分析的假设

技术分析有着自己坚实的理论基础，它建立在一些基础技术理论之上，并以三大假设为前提。要想更好地理解技术分析，理解短线交易，我们有必要了解这三大假设。它们如同几何学中的公理，其正确性是显而易见的，以这三大假设为前提，从而构成了技术分析大厦。这3条假设分别为：市场行为涵盖一切、价格依趋势运行、历史往往会重演，下面我们就来逐一解读这3条假设。

1. 市场行为涵盖一切

这一假设指出：任何能够影响价格变动的因素都反映在实际的买卖交易行为之中，其表现方式就是价格走势。

那么，市场行为涵盖了哪些要素呢？我们可以举例说明，如：宏观经济数据、政策面消息、行业趋向、场内资金进出力度、市场情绪、投资者预期、消息或题材的出现等，影响股价波动的因素绝不仅仅是企业的基本面因素，因而，这一假设指出了技术分析所涵盖的内容要远远大于基本面分析所涵盖的内容。

但是，虽然技术分析涵盖的因素众多，但我们不必劳神费力去分析这些因素，况且我们也无法详尽顾及这些影响因素，我们只需关注于市场的表现，即：市场行为。

2. 价格依趋势运行

"趋势"概念是技术分析中的基本概念，在技术分析中，趋势被认为是存在的，它是价格运行的大方向，持续时间长、力度大。趋势可以具体分为上升趋势、中继趋势、下跌趋势，技术派在进行分析时，要对市场目前的趋势有一个判断，判断的准确与否直接影响到其操作结果的情况。研究价格趋势的意义就是要在一个趋势发生发展的早期，及时准确地把它揭示出来，从而达到顺着趋势交易的目的。

对于趋势的理解，不仅决定了我们技术分析能力的高低，还直接对于短线交易有着重要影响，即使实施T0的超短线交易，同样也要兼顾趋势，并以此来控制仓位和决定操作方法。本章将在随后的小节中，结合道氏理论，单独讲解关于趋势的内容。

3. 历史往往会重演

"历史往往会重演"是指：相似的价格运行形态、相似的市场背景等因素，往往预示了相似的后期价格走势。

心理学研究表明，在相似的环境及情绪下，人们往往有着相似的行为。盘面形态不仅仅是多空双方的交锋过程及结果，它同样反映了投资者的心态、情绪、买卖意愿等信息。因而，两种盘面形态表面上看来是相似的，这也就往往意味着它们所蕴含的投资者买卖意愿、情绪、心态等因素也是相似的，也就预示了价格后期走势的相近。

结合这一假设的思想内容，技术分析手段往往也是通过研究历史走势的形态、量能等盘面数据，并进行抽象总结，当这种相似的盘面形态再度出现时，就可以借助其进行指导，并能够帮助我们大大提高预测成功率。

三大假设既是技术分析大厦的根基，也是我们深入理解技术分析本质、运用技术分析手段的关键要素。

1.1.4 短线交易与T0

"短线""中线""长线"这三个概念也是以时间跨度为标准来进行划分的，一般来说，中线、长线是以趋势分析为主要手段的，而短线则不同，它是指在一个星期或两个星期以内的时间跨度内。从概念的角度来理解，短线交易是指：在实盘操作中一般不考虑股票的基本面因素，而是通过运用技术分析的结果来把握多空力量的短期转变，进而实施快进快出的买卖操作，并力图在短时间内获利。

短线交易，是技术分析领域中实战性最强、也是最难以掌握的内容。因为从事短线交易，首先要对趋势有一个大致的判断，这涉及技术分析中的中长线分析手段，可以说，短线交易是建立在中长线交易之上的，是对其进一步的补充与完善。

短线交易是一种理念，短线投资者是真正意义上的纯粹技术分析派，要想更好地在实盘操作中展开短线交易，我们就要对短线交易的实质有一个更为透彻的认识。

无论股价的是处于总体上升趋势，还是下跌或盘整趋势中，都会产生一些短线机会的，而短线投资方法正是用于捕捉这些稍纵即逝的短线机会的。

在股市中，我们可以发现个股价格的走势往往是以波动的形态出现的，这也是短线投资者买卖个股的最大原因，短线投资者认为：股价的波动规律是有迹可循的，它们的短期波动规律既取决于主力的行为与意图，又取决于市场多空力量的快速转化、消息刺激等多种因素，而这些因素往往就是通过个股的盘面形态、价格走势反映出来。短线投资派最重视技术图表分析，他们认为与其花时间研究几个月甚至几年后的变化，倒不如分析好最近几周、甚至几天的变化，他们的利润是来自于股价短期内的上下波动。

T0交易法隶属于短线系统，它的持股时间更短，往往只有两三个交易日，是将短线交易发挥到极致的一种分析方法。从技术手段来看，T0交易更关注于分时图，这是因为分时图是多空力量实时变化的前沿窗口，把握好分时图的波动节奏，就能以一个较高的成功率来展开短线交易。

如图1-2所示的陕鼓动力2016年7月至2017年8月走势图，个股经历了这一年的运行，股价整体并未发生变化，但是上下波动却较为频繁，如果不施短线交易法，中长线持股的方法是很难获取利润的。

图1-2　陕鼓动力2016年7月至2017年8月走势图

而且，股市中的很多个股在运行上都有这样的特点，可以说，短线交易法不仅能够助我们大大提升时间收益比，还能扩大我们的选股范围，而我们要做的就是结合技术分析手段，把握好个股的短线波动节奏。

1.1.5 如何实现复利增长

爱因斯坦说："复利是人类最伟大的发明，复利是宇宙间最强大的力量"。对于股票交易来说，我们实现一笔交易获利是很容易的事情，但是，在多笔交易中，实现利润的不断增长却是相当难的一件事，而如果想要实现所赚得的利润继续增值，即：所谓的"利滚利"，则难度更大。

熟悉股票投资的许多朋友都知道一个"10年10倍"的故事：每年只需要盈利25.89254%，资金每3年就可以翻1番、每10年就可以增长到10倍。如果有10万元本金，在30年后将成为1亿元。这里面的奇迹就是被爱因斯坦称为世界第八大奇迹的"复利"。

复利，就是让每笔交易获得的本金与利息再次作为下一笔交易的全部本金，并继续产生利润。复利会带来神奇的力量，起初的增长速度也许不那么明显，但随着时间的延续，我们会发现，它的增长是几何级的，而并非我们常直观感觉到的那种匀速运动。

股神巴菲特的年收益率并不是很高，平均下来只有20%左右，但是他成功的最大秘诀在于利润增长的稳定性，这就是实现了复利方式的增长。对于散户投资者来说，可能在短短一个月内让资金翻倍，但却又在短短几天内大量亏损，账面数字起伏不定，这是难以实现复利效果的，因而，也就造成了征战股市多年，虽屡有斩获，账面资金却并不多的情况。

如果有人在1914年以2700美元买了100股IBM公司的股票，我们来看看将出现什么情形？直至1977年，按复利来计算，IBM公司63年间的年复合平均增长率仅为15.2%，这个业绩看似并不惊人，但如果我们仔细想想，其实它是十分了不起的，因为每一年度的业绩增长都是以上一年度为基础的，这就形成了一种"复利"效应。经统计，至1977年，这100股将增为72798股，市值增到2000万美元以上，63年间投资增值了7407倍。这个看上去平淡无奇的增长率，但由于这种增长率连续保持了63年之久，基于神奇的复利魔力，这区区的2700美元最终将为投资者带来了令人难以置信的财富！

通过前面的分析，中长线持续增长的个股是极少的，像IBM这样的股票更是少之又少，站在时间的角度上，我们没有未卜先知的能力，因而，用长线持股的方式来实现复利有着一定的运气成分。但是，短线交易则不同。

短线交易的持股时间短，一次的成功与失败并不会带来根本性变化，但是，通过不断的短线出击，如果可以保持一个相对较高的成功率，并控制好仓位，尽量做到赚时多赚、亏时少亏，是可以实现资金复利增长的。

但是，用短线的方式来实现复利，并不是说要每次都连本带利的展开操作，通过这种车轮战术，以实现资金的裂变式增长。成功的短线交易并不是每次都全仓出击的，仓位的控制也是一门学问，既取决于目标个股的可参与性，也取决于同期的市场环境。例如：股市行情向好时，可以重仓出击；市场交投清淡时则应轻仓参与；个股突逢热点题材、且身处低位时，此时可重仓出击；而当个股上升空间与潜力并不是很大时，只有些许利润空间时，则应轻仓参与。

笔者认为，要想利用短线交易来有效地实现复利增长，除了出色的技术分析能力之外，科学的仓位调度方法、止盈止损的交易策略等均是必不可少手段，这些内容属于综合性的策略性知识，需要投资者在实战之中不断积累经验，形成属于自己的短线交易系统。

1.2 常用短线技术点拨

开展T0超短线交易，还需要很多其他的技术分析手段验证，这样才能进一步提升成功率,这些验证手段也是不同种类的技术分析方法,它们侧重于不同的盘面数据,以此为依据来揭示多空力量转变。本节中,我们以概览的方式逐一盘点这些常用的技术分析手段,并为随后的 T0 交易方法做好铺垫。

1.2.1 K 线技术点拨

K 线被称作蜡烛线、日本线、阴阳烛,K 线具有东方人所擅长的形象思维特点,K 线图直观、立体地展示了价格的运行轨迹。

如图 1-3 为单根 K 线示意图,它有阴线与阳线之分,阳线代表上涨,阴线代表下跌,以每根 K 线来代表这个交易日的价格运行,并将一根根的 K 线以时间为横轴、价位为纵轴依次排列,就得到了 K 线图。K 线技术就是通过研究 K 线图形态来把握多空力量、预测价格走向的一种方法。

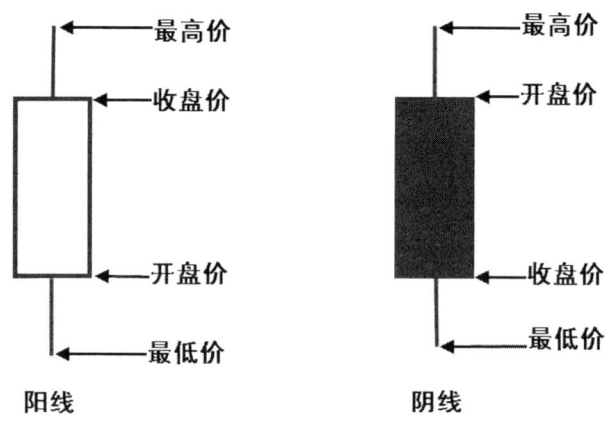

图 1-3 单根 K 线形态示意图

K 线分析方法也常被称之为形态分析方法,形态分析法是根据形态学来分析事物的方法,股市中的 K 线分析法是通过价格在过去一段时间走过的轨迹形态来预测价格未来走势的方法。K 线蕴含了丰富的市场信息,K 线形态可以直观、形象地反映出多空力量的转变情况,无论是单根 K 线形态,还是两根 K 线、多根 K 线的组合形态来说,只要我们善于挖掘,就能从中更好地把握多空力量对比的转向。

对于 K 线分析技术来说，理解并掌握一些常见的 K 线形态是关键点，例如：单根 K 线中的锤子线、流星线、长阳线、长阴线，两根 K 线组合中的乌云盖顶、抱线、孕线、待入线等。对于这些形态及市场含义，我们在本书随后的实战中，将结合 T0 交易技术综合讲解。下面结合一个案例来加深对 K 线技术的认识。

如图 1-4 为亨通光电 2017 年 4 月至 7 月走势图，在个股突破上涨后的短线高点，出现了一个形态鲜明的"流星线"，这就是 K 线形态所发出的短线卖出信号。

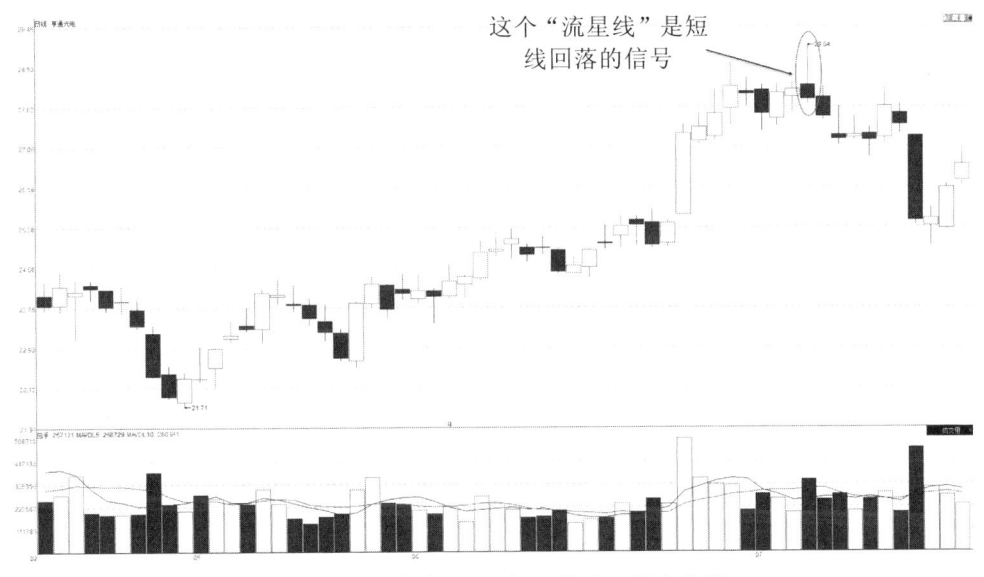

图 1-4 亨通光电 2017 年 4 月至 7 月走势图

所谓的流星线，它出现在短线高点，是上影线相对较长、实体极短、几乎没有下影线的单根 K 线形态，流星线可以是阳线，也可以是阴线。其市场含义是：多方无力推升个股、短线上涨难以持续，是空方力量开始占优的标志。

通过典型的 K 线形态来把握短线高、低点，这就是 K 线技术，识别这些

K线形态是基本功，而理解这些K线形态则有助于灵活运用，提高成功率。

1.2.2 量价技术点拨

美国著名的证券分析专家格兰维尔说过："成交量是股票的元气，而价格走势不过是成交量的反映罢了，成交量的变化，是价格变化的前兆。"这句话简单直接地说出了成交量的重要作用，基于成交量的重要作用，以量价形态为核心的量价技术也备受技术派青睐。

成交量是一种重要的盘面数据，在结合价格走势的基础之上，它可以很好地解释股市及个股的动力情况。量价技术实质是动力与方向的分析技术，成交量是动力，价格走势则是方向，不同的量价配合形态蕴含了不同的市场信息，体现不同的市场动力，为我们分析、预测价格走向提供了相对可靠的依据。

运用好量价技术，就要理解不同的量价配合形态，例如：短线上涨中的连续放量，短线高点的突兀式放量，连续下跌时的缩量，……，"成交量"与"价格走势"配对之后，往往就有了特定的市场含义，能否准确识别这些量价形态，理解其市场含义，是我们成功运用量价技术的关键。

如图1-5为太阳能2017年4月至7月走势图，个股以一个向上跳空的大阳线开始反弹，短线上涨似乎刚刚展开，以K线形态来分析，短线上涨仍然可期。次日的小阴线也可以看作是整理。但是，量价形态却揭示了其将要回落的情形。这是因为个股当日的上涨出现了单日突兀式的巨量形态。

单日突兀式放巨量，也可以称之为"脉冲式放量"，其放量效果只能持续一到两个交易日，且量能为此前均量的4倍以上，随后，量能突然断层式缩减。量能的放大与缩小没有一个连续变化的过程，显得十分突兀，类似于一种脉冲式的偶然波动。当其出现在短线高点时，它是一个下跌信号。

对于此股来说，反弹刚刚展开就出现了这种脉冲式放量形态，表明反弹行情难以持续，股价再度回落的概率更大，是短线卖出信号。

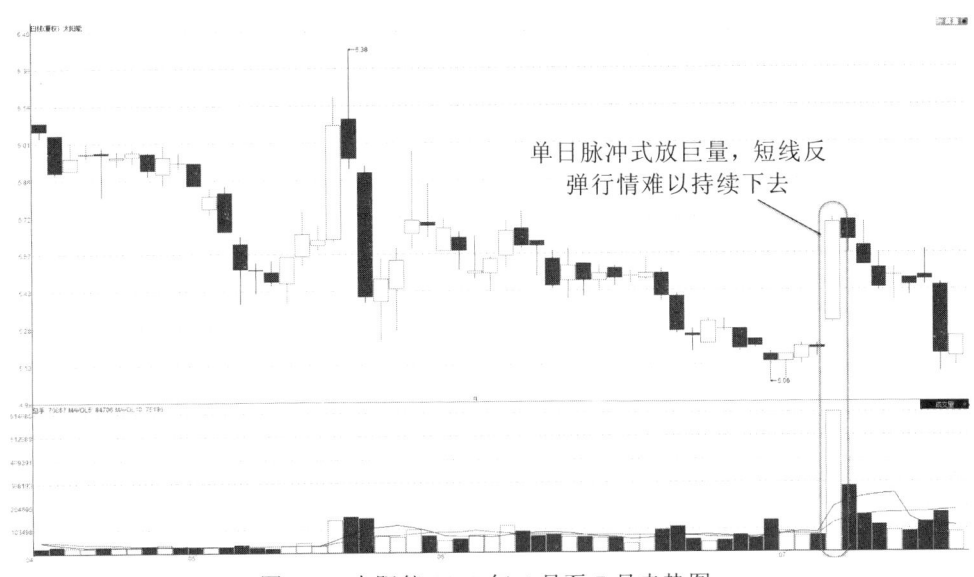

图 1-5 太阳能 2017 年 4 月至 7 月走势图

1.2.3 指标技术点拨

股价在波动过程中会产生很多有用的交易数据，如：每天都会有开盘价、收盘价、最高价、最低价这 4 个价位的信息以及成交量大小的信息。技术指标分析法是一种将盘面数据进行数学函数处理，并利用所得到的函数曲线或函数值来定量地研究市场交易的方法。不同的技术指标由于设定原理不同，会使用不同的盘面数据、遵循不同的计算方法。

对于技术指标分析法来说，指标值的大小、指标线的形态是分析判断的依据，它们可以对价格运用是否到达重要的区域发出预报，并解读市场某些方面的运行特征，对买卖决策有很大作用。

在指标分析中，我们是从定量的角度出发去分析市场某些方面的特征，一般来说，可以将各式各样的技术指标归入以下 5 类之中，即：趋势类、能量类、成交量类、摆动类、大盘指标。每一类的技术指标都反映了股市或个股某方面的特点，所以要想在股市中对市场个股的走势有一个全面的把握，就不能局限于单纯的某一个指标或某一类指标。

如图1-6为瑞茂通2016年5月至9月走势图，个股在短线高点持续的横向震荡，此时价格运行方向待选择、且难以判断。但是MACD指标却发出了卖股信号。

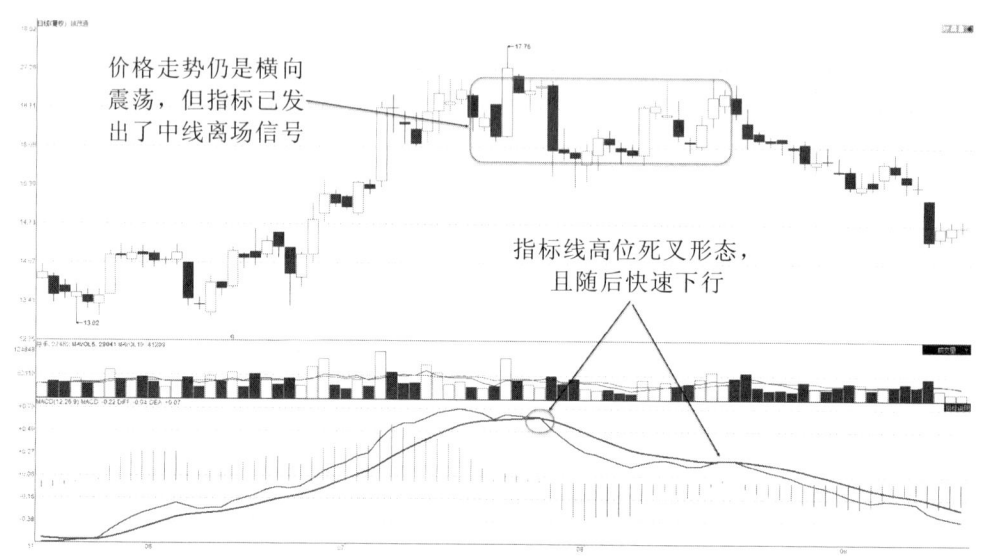

图1-6　瑞茂通2016年5月至9月走势图

如图中标注，MACD指标窗口中，指标线在高位区出现了向下交叉的"死叉"形态，随后快速下行，MACD指标的这种形态是多方力量开始转弱、空方力量则在不断增强的标志，预示了中线波段的下跌行情将出现。可以说，透过指标的这种运行形态，我们可以把握住中线上的反转区域。

运用指标技术的最大好处就是它的"量化"特征，即：指标能够对市场的多空交锋量化反映，并发出明确的信号。但是，我们也应注意，指标信号的准确性也是建立在特定价格走势之上的，同一种指标形态并不一定预示着买进或卖出，脱离了价格的特定运行方式，单独依据指标展开操作，则是本末倒置。

1.2.4　盘口分时技术点拨

每个交易日的盘口中，是多空双方交锋的最前沿，盘口中的一些实时数据，例如：分时线、分时量、挂单情况、成交细节、委比、量比、内外盘等，既是价格实时指示着价格波动，也是多空力量对比及转变情况的实时反映窗口，盘口分时技术是以盘口中的分时图形态（也可以称之为分时线形态）为核心，以多种盘口实时数据为依托，来分析多空双方的交锋情况，从而预测股价的短线波动方向。

在盘口分时技术中，分时线的形态无疑是最重要的，不同的分时线形态体现了不同的多空信息，分时线与均价线之间的位置关系、分时量的变化方式也有着丰厚的市场信息，实盘操作中，透过分时线挺拔、流畅的上扬形态，或是明显的异常波动，我们不仅可以更好地把握个股短期内是强势、还是弱势？还可以分析主力的市场行为，从而在第一时间把握机会、规避风险。

如图1-7为华升股份2017-06-22日分时图，个股在盘中低点突然脉冲式上涨，短短一两分钟的涨幅超过10%，随后则快速回落、并再度跌至均价线下方，这种盘口异动形态易引发更多的抛盘涌出，则股价回落至均价线的形态也表明空方占据了明显主动，是短线回落的可靠信号，应卖出。

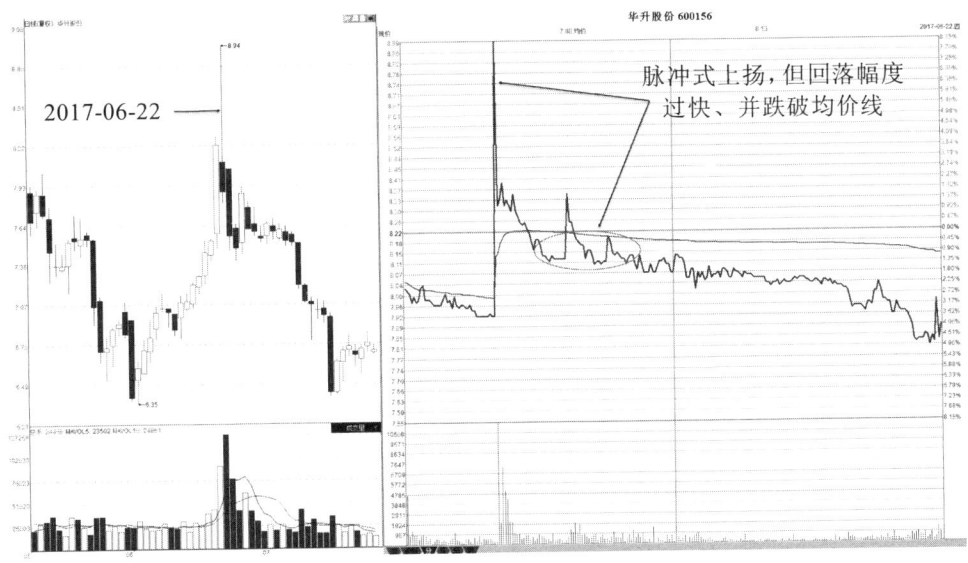

图1-7　华升股份2017-06-22日分时图

分时线的运行形态可能平稳,也可以突兀,一般来说,平稳的分时线更应结合均价线来综合分析,而突兀的分时线在更多的时候是短线卖出信号,在 T0 交易中,利用分时线形态来把握盘中买卖时机也是主要操作方法。

1.2.5 涨停板技术点拨

涨跌停交易制度是国内股市的一大特点,同时,它也催生了一种全新的交易技术——涨停板技术。涨停板技术就是实现复利增长的最高效的方法,涨停板形态的个股往往有着很强的短线冲击力,很多涨停股的次日盘中都会出现明显的冲高走势,虽然其短线波动更剧烈,但也同时蕴藏了巨大的机会。

"富贵险中求",涨停板交易更是将"风险"与"机会"进行了最大限度的融合。最佳买入时机可能稍纵即逝,卖出时机也往往十分短暂。

引发个股涨停板因素多种多样,有消息刺激、有热点题材、有超跌反弹、有主力运作,也有一些个股的涨停走势很难分析其成因,但"市场行为"是我们分析判断的关键因素,能够了解涨停成因固然重要,但从盘面上获取的多空力量变化才是最重要的,可以说,涨停板技术仍是以盘面形态为核心的技术分析方法。

利用涨停板来把握个股短线走势时,一要关注涨停当日的分时线形态,二要关注日 K 线图:

(1)涨停分时线有强、弱之分,强势涨停板可以引发短线飙升,是机会的象征;而弱势涨停板则往往是急速转向下行的信号,是风险的预示。

(2)日 K 线图上则要关注涨停板所处的位置点,是短线大跌之后的低点,还是盘整后的突破点,或是加速上攻中短线高点?并且,从日 K 线图上还应结合涨停板当日及随后的量能放大情形来综合分析,以此来推断涨停板走势是否引发了众多获利盘离场,还是市场筹码较为稳定?

(3)总之,涨停板技术是建立在 K 线技术、量价技术、分时技术基础之上的一门综合性技术分析方法，对投资者的技术功底、实战经验要求更高，也是我们 T0 交易的进阶学习内容，本书将在后面的章节中，结合 T0 交易方法详细讨论涨停板技术。下面我们先结合一个案例来了解涨停板技术是如何运用于实战之中的。

如图 1-8 为邦讯技术 2017-08-16 日分时图，个股开盘后经两波流畅上扬，站稳于盘中高点，回落不破均价线，这表明逢高抛压相对较轻、多方承接力度强，随后顺势上冲涨停板时，就是一个很好的短线追涨时机，这是涨停板技术中的抢涨停板买入技术，需要结合个股的日 K 线图、盘中运行来综合分析把握。因为早盘一旦牢牢封住涨停板，次日大幅高开、甚至再度涨停的概率是较大的，但抢板买入的风险同样不小，一旦个股无法如我们预期般成功封板，则当日就将出现亏损。可以说，涨停板技术对投资者的短线实战水平要求很高。

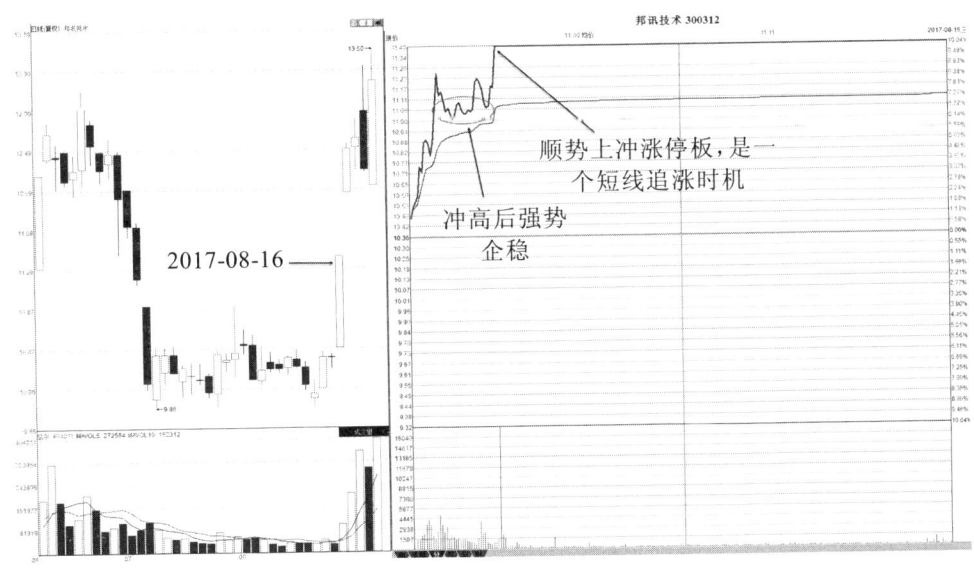

图 1-8　邦讯技术 2017-08-16 日分时图

1.2.6　筹码分布技术点拨

"筹码分布"的准确称呼应该叫"流通股票持仓成本分布"，在股票行情软件中一般也简称为"成本分布"或"移动成本分布"。

股市中用"筹码"这个词形象地代指股票。筹码分布理论常被用于测算市场投资者的持仓成本以及主力的持仓成本。

投资者的持仓成本状态、持仓成本变化方式对股价的走势有着极为重要的影响。筹码分布技术的核心问题是筹码的成本，筹码分布理论通过分析个股的持仓成本分布状态、流通筹码的转移情况，进而预测价格的后期走势。股票的筹码分布状况就是流通盘在股票不同价格位置上的股票数量。筹码分布反映一只股票的全体投资者在全部流通盘上的建仓成本和持仓量，它所表明的是盘面上较为可靠的仓位状况。

筹码分布图与K线图处于同一坐标系下，一般来说，调用它时，它将显示在K线图的右侧，其形态看起来如同是一个侧置的山峰，其实，这些"山峰"是由一根根横线叠加而成，每一根横线代表了这一价位上的筹码分布数量。

股票的交易是一个连续不断的过程，筹码分布图只是某一时间点市场持仓情况的一个静态写照，对于筹码技术来说，我们还要了解"筹码转移"这个概念。

市场对筹码价格的认同是随人们的心理预期而改变的。有人认为该筹码价格不会再上涨，不管盈亏，都要卖出；有人认为该筹码价格不会再下跌，要买进。只要双方同意某价格，就可成交。由于交易的不断持续，股票筹码实现了换手，投资者的持仓成本也在不断变化，这就实现了筹码的转移，也将改变原有的筹码分布情况。在股票行情软件中，筹码分布图一般在K线图右侧可以显示，在日K线图上，随着光标的移动，系统在K线图的右侧便会显示出随着股价的变化，筹码是如何发生转移的。

使用筹码技术时，我们主要依据筹码分布的形态、结合价格波动方向，以此来预测价格走向。一般来说，筹码分布形态主要有两个种类，一种是密集形态，即：大量的筹码堆积在一个相对狭小的价格区域内；一种是发散形态，即：

大量的筹码相对散乱地分布在价格空间较大的区域内。此外，密集形态还可以分为单峰密集、双峰密集、多峰密集等具体形态。下面我们结合一个案例来帮助读者理解筹码交易技术。

如图 1-9 为博晖创新 2017-04-11 日筹码分布图，个股在 2017-04-11 之前出现了连续大阳线的强势上攻，股价也处于低位，这是行情的反转，还是短促的反弹呢？依据筹码技术，可以得出更为准确的判断。

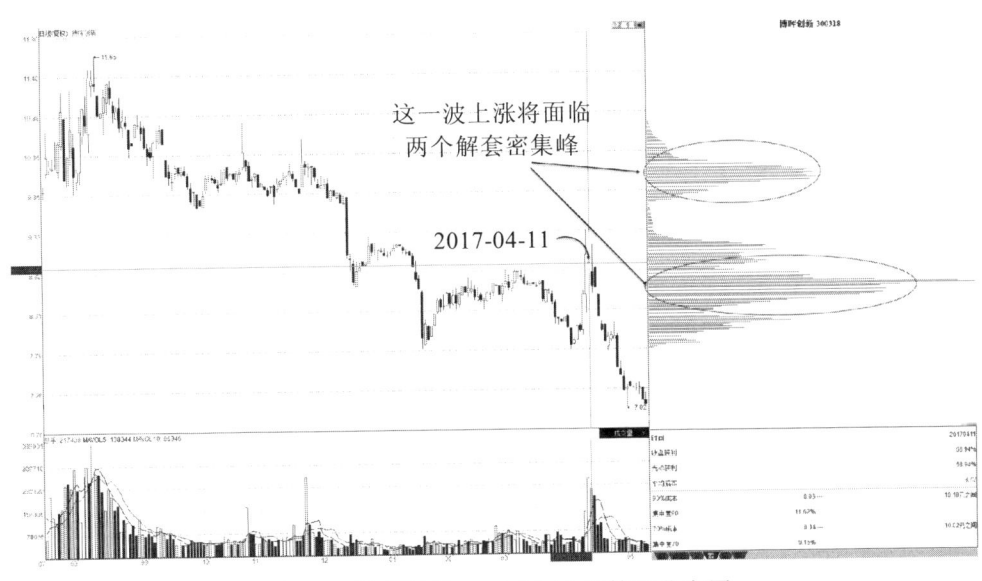

图 1-9　博晖创新 2017-04-11 日筹码分布图

如图标注所示，这一波上涨过程中将面临着两个筹码密集峰，这两个筹码密集峰在个股上涨之前均处于被套状态，可以说，上涨过程中的解套抛压将十分沉重。而且，两日的大涨之后，已使得下方的筹码峰处于解套状态，这势必会引发大量的解套盘离场，若个股没有热点题材支撑或大盘持续上涨带动，在强大解套抛压的作用下，上攻难度极大。

综合分析来看，这一波上涨应属于短暂的反弹，是个股超跌走势引发的，难以形成真正的反转行情，因而在操作上，持股者应逢高卖出，而场外投资者也不宜追涨买入。

1.3 影响个股短期走向的因素

个股的短线波动往往十分剧烈，这既是市场资金博弈、多空双方交锋激烈的表现，也往往与一些消息面、题材面等因素相关。知道股价走势、分析市场行为固然重要，但是，如果我们能更进一层去理解股价异动的原因，则分析得出的结论往往更全面，对价格走势的走向也会有一个更准确的判断。本节中，我们总结了几种对个股短线走势影响较为明显的几种因素，以帮助读者对个股运行有一个更好的理解。

1.3.1 大盘指数的波动

个股处于股市之中，它的走势固然有一定的独立性，但是市场的整体氛围也至关重要。指数持续收于阳线，市场做多氛围浓郁，个股的上涨就会很轻松，也更容易出现上涨；反之，即使价格身处低位，也往往仍然会跌跌不休。

对于大盘指数的影响来说，我们可以重点关注那些短线波动具有相对独立性的个股。这些个股或蕴藏着短线机会，或隐含了补跌的风险，实盘中，结合个股当前位置点、题材面、量价配合、大盘指数的波动情况等因素，可以更好地展开短线交易，特别是在超短线的T0交易中，大盘指数的运行更是必不可少的考虑要素。

如图1-10为东凌国际2016年12月至2017年6月走势图，图中叠加了同期的上证指数，在指数横向整理、止步不前的背景下，个股持续上扬、独立性较强，但是，这种独立上涨走势也隐含了风险，一旦高位区出现空方占优，则补跌空间将是极大的。

在图中标注的位置点，大盘指数连续几日下跌，短线跌幅较大，此时的个股也在高位区呈滞涨状，这就是一个危险的信号，个股上涨动力明显不足。在大盘指数短线走弱、中线不强势的背景下，个股随后出现深幅补跌走势的概率较大，应卖出以规避风险。

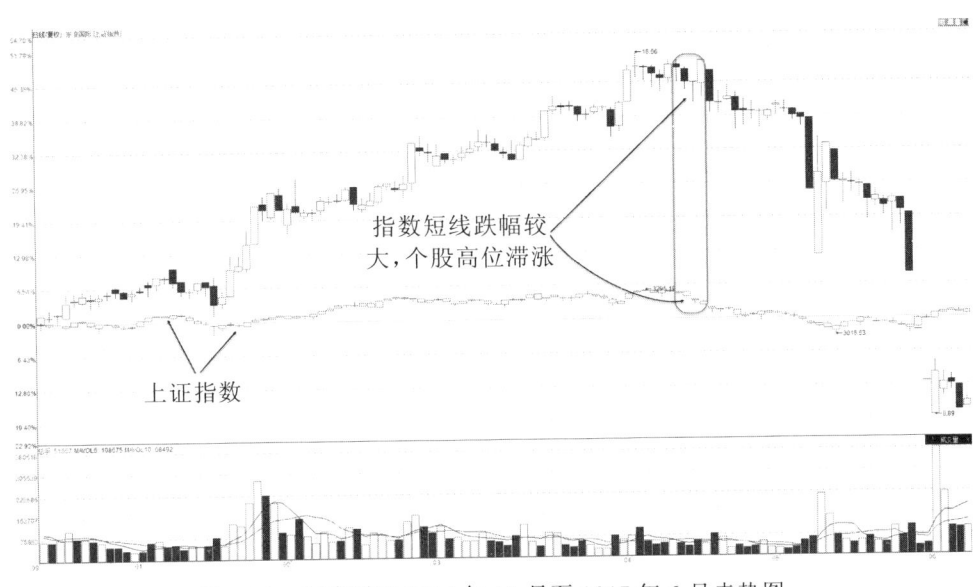

图 1-10　东凌国际 2016 年 12 月至 2017 年 6 月走势图

1.3.2　消息面因素

股市是一个对于消息面极为敏感的市场，消息面因素既包括政策面消息，也包括个股公告消息、市场传闻等。

一般来说，政策面消息会波及相关的一类股票，例如：金融政策、行业政策、区域政策等，相关个股有望在利好性的政策面消息触发下而集体异动，短线大涨；个股消息则只会影响到这一只股票的走势，个股的消息有很多种，例如：年报、季报，资产重组方案，重大投资事项，中标某项工程，大股东减持或增持，股权激励，……，这些消息有的是利好性的，有的则是利空性的，对个股走势的影响力也是不尽相同的。

当消息因素引发相关个股短线剧烈波动时，我们既要结合消息的性质来解读，也要结合二级市场的个股盘面表现来分析。例如：政策面消息涉及的多只股票,虽然有的个股看似受益良多且业绩不俗,但二级市场的表现却并不出众,对于这样的个股,它很可能是处于高位区、上涨潜力不足,也可能是盘子过大、资金推升阻力较大,这样的个股在短线交易上,一般并不是追涨的优异品种;而有一些个股虽然业绩平平、甚至只是微利,但由于盘子小、股价低,往往会引发场外资金的扎堆入驻,促成更有爆发力的短线飙升行情。下面我们结合一个案例来看看消息面对于个股短线走势的影响,以及我们的短线分析思路。

如图1-11为酒鬼酒2017年5月至8月走势图,2017年7月13日公告:"预计2017年1-6月净利润7000～8600万元,同比上升81%～122%;每股收益0.2154～0.2646元/股(上年同期净利润3875万元,每股收益0.1192元)。主要是本期酒鬼酒系列产品收入较2016年同期大幅增长所致。"

图1-11 酒鬼酒2017年5月至8月走势图

这是一则明显利好消息,业绩的增长超乎市场预料、且来源于主营业务的增长,业绩的增长有着更好的持续性,从而也促成了当日的跳空高开、盘中大涨。从K线图来看,当日的这个缺口使得个股突破了低位整理区,形态上有支撑、消息面有利好发酵，受这双重因素推动，股价持续上行、中短线涨幅可观。

在结合消息面判断个股的短线走势时，主要分析这则消息的性质及影响力度、对个股短线推动是否具有持续力，再做出买卖决策。

1.3.3 庆典、会议等热点事件

股市不是一个封闭的市场，社会生活中的一些重要事件、突发事件，往往会对一些概念相似的个股产生短线走势上的影响。例如：因天气的原因，燃气供应紧张了，此时，燃气概念股就可能出现短线上涨；环保会议的召开又会引发市场关注环境议题，相关的概念股也可能短线启动。场外的热点事件可以说是多种多样，凡是能引发大众关注、且能与股市相关概念联系起来的，都有可能引发相关个股的短线异动。

这些场外的热点事件一般来说并不会与个股直接关联，只是引发了投资者关注此类股票，引发市场关注这个概念，但是股市有着极强的"预期性"，市场往往就会借助于这些事件而形成题材热点，在实盘操作中，我们一定要有敏锐的意识，及时分析与当前热点事件相关的概念股，从而捕捉有可能短线启动的个股。下面我们结合一个案例来看看场外的热点事件对相关概念股的短线走势影响。

如图1-12为北信源2017-05-15日分时图，个股当日涨停开盘，但个股并没有发布利好消息，其实，这源于场外热点事件的助推。

2017年5月中旬，计算机病毒"勒索病毒"袭卷全球，"据IT之家消息，5月12日晚间，国内部分高校学生反映计算机被病毒攻击。据悉，此次病毒是全国性的，通过校园网传播，目前已经有多所高校中枪。一旦你的计算机中招，你计算机上的文档就会被加密、壁纸会被篡改，并且会给你弹窗，强制要求你支付'赎金'至攻击者账户。"

这一事件引发了人们对于网络安全的关注，对于股票市场来说，相关的网络安全股成了资金围猎的对象。

5月15日，周一开盘，网络安全概念板块大幅高开，像"任子行""启明星辰""北信源"等题材纯正的网络安全概念股甚至以涨停价开盘，市场对于网络安全的关注度陡然提升，从而也促成了个股的短线异动。

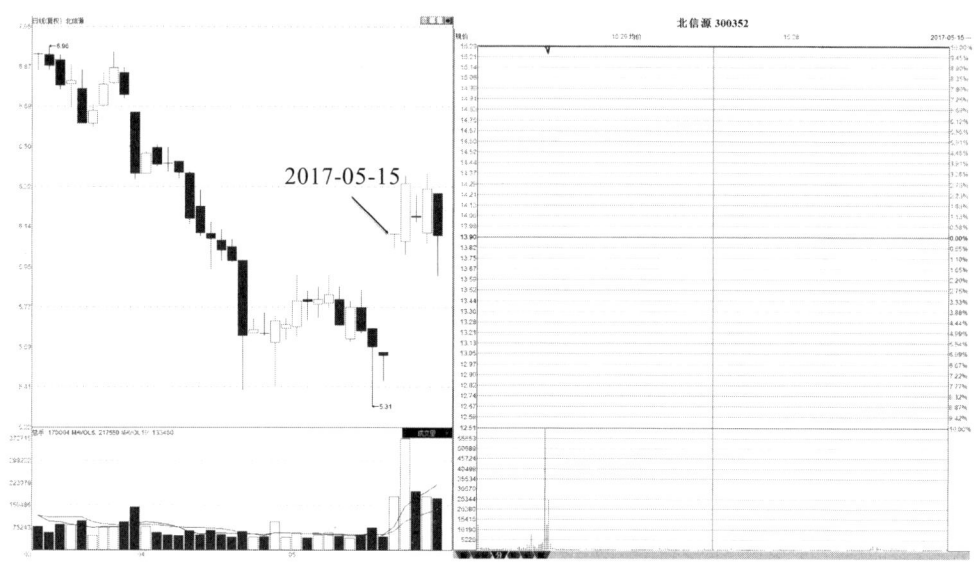

图1-12　北信源2017-05-15日分时图

从这些个股的短线表现来看，大部分概念股均出现了高开低走、短线回落的运行格局，这也说明场外热点事件对个股的短线波动往往是极为短促的，如果盲目追涨，很有可能高位被套。以北信源为例，当日盘中打开涨停板，如若追涨介入的话，次日也要经历低位震荡再冲高的曲折波动，才能获利出局。而如果追涨买错的概念股，则短线将亏损较大。

如图1-13为南洋股份2017-05-15日分时图，此股也是网络安全概念股，当日个股高开低走、盘中回落幅度大，可以看到，热点事件引发的短线大涨其实也隐藏了较大的追涨风险。

图 1-13　南洋股份 2017-05-15 日分时图

1.3.4　外围股市波动

股市是经济变化的晴雨表,"全球经济一体化"不仅体现在各国之间的经济贸易合作、互动之上,它也体现在各国股市之间的相互影响上。

当外围股市出现大幅度震荡时,由于时差的关系,当国内股市开盘后,走势往往就会受到一定影响。综合来看,美股的影响力最大,国内的 A 股市场开盘时间为:北京时间 9:15～11:30 及 13:00～15:00 这两个时间段,美股每个交易日的时间段为:"夏令晚上 9:30 至清晨 4:00,冬令晚上 10:30 至清晨 5:00"。由于交易时间的不同,在 A 股每日开盘之前,美股已经结束了最近一个交易日的交投。如果美股于当日出现剧烈的波动,如大幅的下跌或上涨,则其往往会影响到次日 A 股市场的开盘及开盘后走势。

一般来说,牛市对利好消息有放大效应,熊市则对利空消息有放大效应,这种效应也体现在国内股市受外围股市的影响之上。除了短线上有影响外,美股的持续走高或持续下行等中期运行方向也值得关注。

1.3.5 大宗商品价格走向

大宗商品指同质化、可交易、被广泛作为工业基础原材料的商品，如原油、有色金属、农产品、铁矿石、煤炭等，包括3个类别，即能源商品、基础原材料和农副产品。大宗商品的价格变化往往呈现趋势性，这与市场上的供求关系相关，也与期货市场的资金驱动相关。当大宗商品价格的中短期波动较大时，例如：涨幅较大或跌幅较大，往往就会对相关的个股走势造成影响。

这种影响虽然不能立刻体现在业绩的变化上，但随着时间的推移，相关上市公司的业绩也会出现大波动，股价会提前反映这种预期。特别是那些坐拥矿产资源、以大宗商品作为销售收入的企业，其业绩变化与大宗商品价格变化呈倍数关系。例如：对于煤炭企业来说，在煤价持续上涨的背景下，企业开采自家煤矿的成本不会有多大改变，但是利润却会随着煤价的上涨而大幅上扬，从而就会造成利润的成倍增长，这自然会反映到股价走势中。反之，当大宗商品价格持续下跌时，这类企业的业绩也将成倍下降。这些与大宗商品价格息息相关的企业多属于资源类企业，市场上常常称之为周期股，当大宗商品价格开启新一轮上攻行情后，这类个股的表现往往极为抢眼，是值得布局的中短线优异品种。

如图1-14为平煤股份2017年3月至9月走势图，在大盘横向震荡、涨幅较小的背景下，个股却出现了一轮接近翻倍的上升行情，这与煤炭价格持续上扬相接相关，而且，从个股的走势来看，短线的大幅上涨、甚至涨停板时有出现，这正是煤炭价格的大幅波动激活个股短线走势的表现。

1.3.6 增减持及解禁

上市公司的大股东，特别是持股数量较大的股东，其二级市场的买卖行为既会影响筹码的供求关系，也深深影响着投资者的心理。大股东的增持行为往往被视为利好，有利于股价短线上涨；而减持行为、或是批露的减持公告，常被视为利空，特别是在市场处于弱势之中时，易引发股价的下滑。一般来说，在高位区，若股价走势出现震荡滞涨，而大股东又屡屡减持的话，此位置区见顶的概率较大，投资者也应顺势逢高卖出、规避风险；反之，在低位，若股价走势出现止跌企稳，而大股东又屡屡增持的话，此位置区见底的概率较大，投资者可以逢震荡回调时积极买入布局。

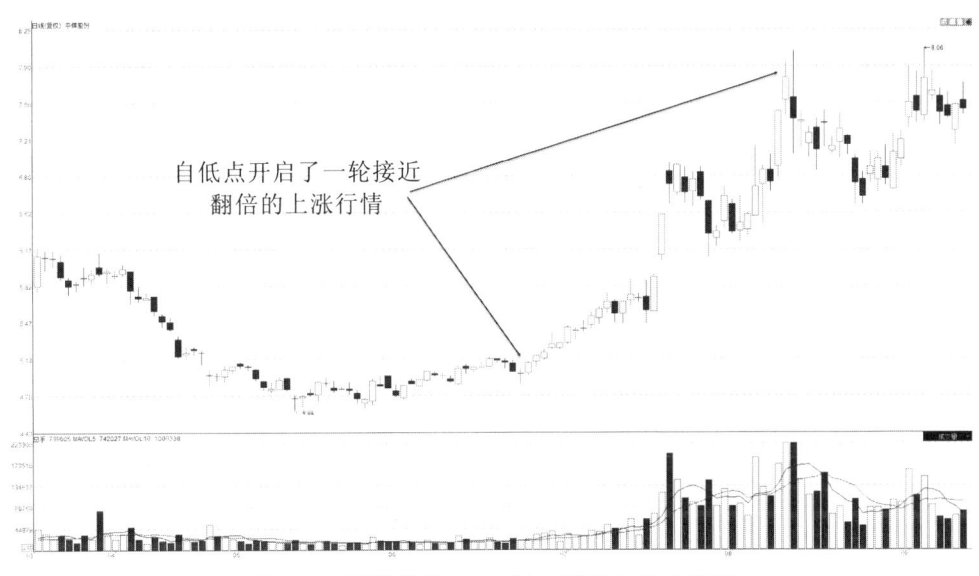

图 1-14　平煤股份 2017 年 3 月至 9 月走势图

除此之外，限售股的解禁也是值得关注的。如果限售股解禁数量较大、且持仓成本远低于当前的二级市场股价，即使个股已经历了较大幅度下跌、从中线来看处于低位区，往往仍会形成较大的抛压，促成股价在解禁前后出现大跌，这是值得重点关注的风险信息。

如图 1-15 为第一创业 2016 年 11 月至 2017 年 6 月走势图，2017 年 5 月 11 日，券商股第一创业限售股解禁，其影响可谓立竿见影。当日，占总股本 44.77%、相当于此前流通股 4.48 倍的第一创业限售股解除限售，第一创业随即连续 3 个交易日一字板跌停。

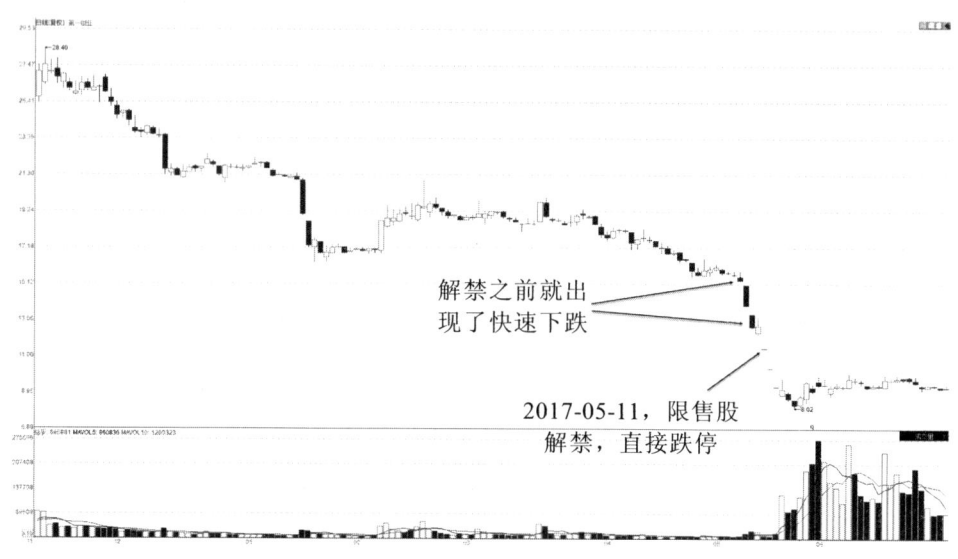

图 1-15 第一创业 2016 年 11 月至 2017 年 6 月走势图

其实，早盘个股解禁之前，股价就已经提前开始下跌，这正是市场对解禁股到来的一种心理预期体现，虽然此时的股价从中长线来看是处于明显的低位，但当前的二级市场股价却远高于解禁股的持仓成本，且当前的市场为弱势格局，在这种环境下，大规模的解禁股到期，对个股短线走势是一种很大的利空。

1.4 技术理论之趋势与波浪

老股民常说："炒股就是炒趋势"，趋势在技术分析领域中具有核心地位，能否正确地识别并把握趋势，将直接决定着我们能否成功获利。道氏理论是技术分析领域中鼻祖理论，其最早揭示并阐明了股市中的趋势运行规律；而波浪理论在其基础之上，进一步阐述了股价运行中的波浪式特征。这两个技术分析领域中的基础性理论，既能用于指导实战，也是提升我们技术分析功底的重要储备。本节中，我们就结合道氏理论与波浪理论的基本要点来看看股市运行的客观规律。

1.4.1 价格运行级别与趋势

道氏理论（Dow theory）的思想最早来源于华尔街日报的记者、道琼斯公司的共同创立者查尔斯·亨利·道（1851—1902 年）的社论，通过对道琼斯指数的研究，查尔斯·道发现了股市运行的趋势性特点，这与当时市场的主流观点（个股走势具有独立性，股市运行无规律可言）截然不同，这也彰显了其思想的开创性。道氏理论的最伟大之处在于其宝贵的哲学思想，它通过设立市场指数来反映股市的走势，并借助于市场指数的运行来揭示股市的运行规律。

1902 年，在查尔斯·道去世以后，威廉姆·皮特·汉密尔顿（William Peter Hamilton）和罗伯特·雷亚（Robert Rhea）继承了道氏理论，他们所著的《股市晴雨表》《道氏理论》成为后人研究道氏理论的经典著作，今天，我们所用到的道氏理论就是这三人共同的研究成果。

在道氏理论中，提出了价格走势的三种级别，也可以称为价格波动的三个级别：基本趋势、折返走势、短期波动。下面我们来看看这三个概念：

（1）基本趋势：也就是我们常说的"趋势"，基本趋势大规模的、中级以上的上下运动，通常持续一年或有可能数年之久，并导致股价增值或贬值 20% 以上。基本趋势依据方向性可以分为三种，即：上升趋势、下跌趋势、水平趋势。

（2）折返走势：也称为"次级趋势"，它出现在基本趋势的运行过程中、与基本趋势的运动方向相反，是对基本趋势的调整与修正，例如：上升趋势中的回调走势、下跌趋势中的反弹走势均属于次级趋势。次级趋势的持续时间相对较短，多在一周或几周内即可结束，且震荡幅度不大，对原有主要趋势的修正幅度一般为价在一波上涨（上升趋势中）的下跌（下跌趋势中）中的 1/3 或 2/3。

（3）短期波动：短期波动反映了股价在几天之内的变动情况，多由一些偶然因素决定。

图 1-16 表示了这三种不同级别的价格波动，其中从 1 到 6 的这个大过程均隶所于基本趋势，这里具体表现为上升趋势；从 2 到 3、从 4 到 5 这样的回调走势则属于次级趋势；从 A 到 B 这样的小幅度波动是短期波动。

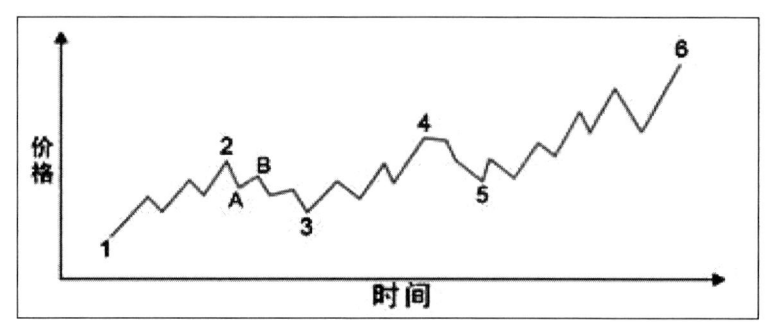

图 1-16　基本趋势、次级趋势、短期波动示意图

在三种趋势中，上升趋势与下跌趋势最为重要，一个是获利市，一个是亏损市，正确认识这两种趋势有着重要意义：

（1）上升趋势，是指价格的总体运行方向是向上的，它具体体现在价格的走势就是：后期出现的波峰及波谷要分别高于前期出现的波峰及波谷，当然这也并非是绝对的，只要股价总体走向是向上的，我们就可以将其称为上涨趋势；

（2）下跌趋势，与上升趋势正好相反，它是指价格的总体运行方向是向下的，它具体体现在价格的走势就是：后期出现的波峰及波谷要分别低于前期出现的波峰及波谷，当然这也并非是绝对的，只要股价总体走向是向下的，我们就可以将其称为下跌趋势；

（3）水平趋势，一般也称为中继整理趋势或是横向震荡趋势，是价格整体走势呈横向震荡的一种状态。这种趋势常被看作是连接升势与跌势的过渡或反转阶段。

1.4.2 趋势的三段划分法

趋势，只是一个笼统的说法，对于升势与跌势，道氏理论将它们各划分为三个阶段，更为细致地揭示出了趋势运行的过程，有助于我们进一步理解趋势的形成及发展，下面我们就来看看这种三阶段划分方法。

对于上升趋势来说，我们可以将其划分为以下三个阶段：

（1）第一阶段是多方力量不断积累的阶段，虽然总体涨幅较小，但随着走势的持续，市场看多、做多的预期明显提升，从而导致了多空力量整体对比格局的变化，多方力量开始总体占优。这一阶段往往都处于市场前期经过大幅下跌之后、或者是处于股市估值的低估区，起初的市场交投较清淡，随着企稳走势的持股，价格重心会缓缓攀升，这正是多方力量开始积累的标志；

（2）第二阶段是持续上涨阶段，这一阶段的涨势较为凌厉、涨幅最大，往往会伴着宏观经济向好、企业盈利能力的增强等基本面因素的推动，随着股市财富效应的显现，股市开始吸引了更多场外资金的关注，在场外资金快速的涌入之下，股市的上涨也开始加速，在此阶段，成交量往往会随着价格的不断上扬而出现同步放大的形态，这说明市场买盘充足、且推动价格持续上涨，一般来说，这一阶段上涨幅度最大，技巧娴熟的交易者也会获得最大收益；

（3）第三阶段是见顶阶段，由于前期涨幅过大，市场处于明显高估的状态，虽然市场预期仍旧乐观，但买盘资金却开始入场乏力，上涨的动力与高位支撑力明显减弱，随着公众的蜂拥而入，潜在的场外买盘也得到了极大的消耗，多空力量对比格局开始扭转，当卖压开始占据上风后，股市也就迎来的中长期的顶部区。

对于下跌趋势来说，同样可以将其划分为以下三个阶段：

（1）第一阶段是空方力量不断积累阶段，这一阶段与牛市的最后一个阶段交织在一起，在空方力量不断增强、多方力量不断减弱的阶段，价格走势多呈现出滞涨状态，随着交易的持续、上涨的乏力，卖压不断加重，股市的重心开始下移，行情也开始走弱并逐步下跌；

（2）第二阶段是持续下跌阶段，空方力量占据了完全的主导地位，市场观望气氛浓郁，场内的持股者也完全转变了思维方式，每当股市出现一定的小幅反弹，就会有大量的抛盘涌出，从而进一步促成新一轮的下跌。这一阶段的累计跌幅往往极大，跌速也十分迅捷，在市场情绪的助推下，往往能跌去上一轮牛市五成以上的涨幅。很多没有业绩支撑的个股在熊市中的跌幅往往更大，甚至会回到牛市启动之初的位置点；

（3）第三阶段是见底阶段，这一阶段与牛市的第一阶段交织在一起，由于股市前期跌幅过大，此时在市场情绪的助推下，往往会再度的出现了一波下跌，这也是空方力量的最后一次宣泄，随后的止跌企稳即宣告着底部的来临。

三阶段的划分方法主要侧重于多空力量对比的演变过程，也可以从市场心理及股价估值状态来理解，透过三阶段划分方法，我们可以更好地理解趋势为何形成，形成之后又为何延伸，其实，这既与基本面因素的持续变化有关，也与市场风向的转变及持续有关，金融市场总是在"热情"与"冷漠"两种情绪中不断转变，每一种市场情绪的持续其实就是趋势的一轮发展过程。

1.4.3 成交量与趋势运行

道氏理论认为：成交量可以有效地验证趋势运行情况。在上升趋势或下跌趋势的典型运行阶段，量能形态也往往呈现出一定特定的形态，透过这些量能形态，我们可以有效地识别并验证当前的趋势运行情况。

一般来说，上升趋势的出现是源于充足买盘的推动，因而在上升趋势的运行过程中，一般要呈现出明显的"量价齐升"形态，这说明市场做多动能充足，股市上升趋势稳健、可靠；对于下跌趋势来说，由于价格的持续下跌源于买盘的无意入场及卖盘的持续抛出，因而，下跌趋势中的量能往往无法有效持续放大,这也恰恰说明了少量买盘在下跌途中的介入是无法阻挡抛盘涌出并打压价格的。

但道氏理论认为成交量只是一种辅助的验证工具,真正具有决定意义的还是价格走势,这一点是投资者应格外注意的。

1.4.4 趋势力度与转向信号

趋势一旦形成,它就有极强的持续力,不会轻易发生转向,并且,在趋势转向时,往往会有明确的反转信号出现。

这一原则也可以作为指导我们进行实盘操作的一条原则,即:我们不要主观臆断升势的顶部、跌势的底部。因而,因为市场的热情完全可以将股市推向一个难以理解的高度;反之,市场的担忧情绪同样也可以让股市跌破一个个重要支撑点位。在升势中我们应耐心持股待涨,不应过早离场,否则的话,将错失升势本应带给我们的更多利润;在跌势中,我们则应耐心的持币观望,以免过早抄底入场、损失了本金。

那么,趋势在反转时会发出什么样的反转信号呢?例如:上升趋势末期经常出现的量价背离形态、经典的顶部 K 线组合形态等,下跌趋势末期经常出现的放量企稳形态、经典的底部 K 线组合形态等,这些都是提示原有趋势方向结束的信号。

1.4.5 波浪运行的核心思想

道氏理论虽然阐述了股票市场的趋势运行规律,但是却没有指出趋势具体运行方式,波浪理论正是在此基础上弥补这一不足。波浪理论(Wave Principle)又称艾略特波段理论,是由美国证券分析家拉尔夫·纳尔逊·艾略特(Nalph Nelson Eilliott)在 1938 年所提出的,艾略特以道琼斯工业指数为研究对象,发现股市的走势呈现出一种"自然的韵律",这种"自然的韵律"其形态就如同大海中此起彼伏的波浪，他将市场上的价格趋势形态，归纳为 13 种形态（Pattern）或谓波（Waves），这些形态在市场上不断重复出现，但是出现的时间间隔及幅度大小并不一定具有再现性，经过十年的时间潜心研究，提出了一套以"波浪"为核心的系统分析理论——波浪理论，其理论在其著作《Nature's law-the secret of the universe》得到了系统的论述，这一理论可以说是一种金融市场中重要的分析工具。

在波浪理论中，有三条假设：

一是，人类社会是永远向前发展的，反映在波浪理论中就是股市的整体运行模式是向上的；

二是，社会、人类的行为在某种意义上呈可认知的形态。反映在波浪理论中就是其对于波浪形态的揭示；

三是，股市反映的就是人类的群体行为。

这三条假设保证了波浪理论可以应用在股市的预测当中。在这三条假设下，波浪理论有了自己的理论基础，是投资者应用其对股市进行分析预测的可靠保证。

有一种说法很好地论证了道氏理论与波浪理论之间的层次关系："道氏理论告诉人们何谓大海，而波浪理论指导你如何在大海上冲浪"。波浪理论以大自然的波浪运动方式来阐述股市的趋势运动过程，以帮助投资者更好地把握趋势。

1.4.6 五升三降的八浪循环

波浪理论的核心内容就体现在它所总结出的"五升三降"的八浪循环过程，即：五浪上升、三浪下降。波浪理论认为：股票市场的上升趋势与下跌趋势将会交替出现，一个完整的上升与下跌趋势是通过"五升三降"的波浪式运行完成的。

在这种五升三降的八浪循环过程中，有所谓的"推动浪"与"调整浪"，推动浪是与趋势运行方向一致的、规模较大的浪，而调整浪的规模则相对较小、且与趋势运行方向相反。推动浪与调整浪是最为基本的两种波型，波浪可以拉长，也可以缩短，但其基本形态永恒不变，市场会依照其基本形态发展，时间的长短并不会使其改变。在一个"五升三降"的运行过程结束后，一个循环也宣告完成，股票市场的走势将进入下一个八浪循环走势中。

如图1-17为波浪理论的八浪运动过程示意图，其中的第1浪至第5浪代表上升趋势，第a、b、c三浪则代表下跌趋势。这八个浪合起来就构成了一轮完整的上升、下跌趋势，体现了股市牛熊交替的运行过程。

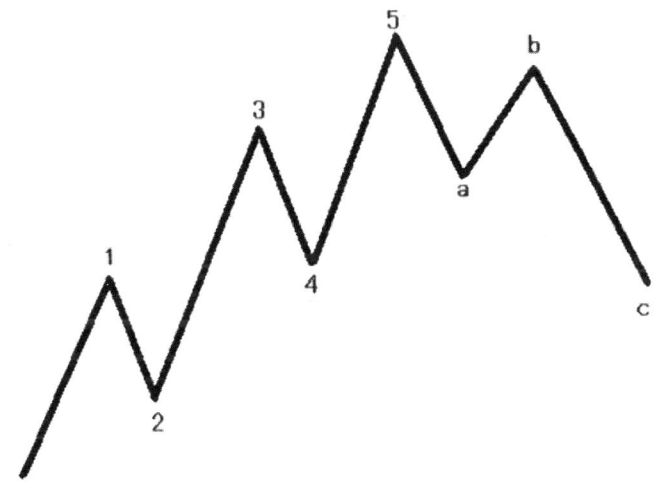

图1-17　波浪理论的八浪运动过程示意图

这八个浪各有特点：第1浪、第2浪相对来说较为温和；第3浪是升势的主升浪，这一浪是升势中最凌厉、涨幅最大的一浪；第4浪属回调修整浪；第5浪可以看作是拔高浪，是市场见顶的信号；第a浪、第b浪属于跌势的预演阶段，较为温和；第c浪是跌势中的主跌浪，这一浪的下跌速度最快、跌幅最大。

对照于道氏理论，八浪运行方式将趋势刻画得更为细致，且展开了趋势运行中的"波动"特点,以上升趋势的三阶段划分来看,第 1、2 两浪可以看作是升势第一阶段;第 3、4 两浪是升势的第二阶段;第 5 浪是升势的第三阶段。但是,在市场实际运行中,由于大浪套小浪、小浪套细浪,就很难准确识别了。

1.4.7 数浪的基本原则

八浪模式只是一种抽象的表现方式,实际的市场走势更为复杂,有大浪、小浪、细浪,浪与浪之间的分隔、嵌套往往很难确定,同样的价格走势,不同的人来数浪,往往得到不同的结论,这使得数浪有着很强的主观性。即使艾略特本人,也难以正确地指出每一浪。如何准确识别每一浪,这成了波浪理论与实际应用之间的一道鸿沟,为了跨越这道鸿沟,艾略特在总结大量经验的基础上,给出了四条数浪的原则,以此来提供帮助:

(1)第 3 浪不能是前五浪中最短的一个。第 3 浪往往是最具爆炸力的一浪,其持续时间最长、累计涨幅也最大。这一原则有助于我们识别第 3 浪;

(2)第 4 浪的浪底应高于第 1 浪的浪顶。这一条规则可以保证投资者以一种宏观的角度去审视股价走向,而不是把目光局限在反映个股短期内波动的细浪上;

(3)浪的形态都有"简单"与"复杂"之分,对于同方向的推动浪(或是调整浪)来说,"简单"形态与"复杂"形态往往是交替出现的。例如:对于都属于逆流行走的调整浪的第 2 浪和第 4 浪而言,如果第 2 浪的形态较为简单,则第 4 浪的形态往往会相对较为复杂,反之亦然;

(4)1,3,5 浪中只有一浪延长,其他两浪长度和运行时间相似。

1.5 短线交易的技巧

短线交易不仅要掌握好技术分析方法,同样要辅以一定的交易技巧。由于股价的波动方式千差万别，如果不能正确地理解价格波动，仅仅从技术形态着手，很难收到好的效果，对于买卖时机的判断也常常会出现偏差。

在短线交易中，对于高点与低点的判断，以及对原有运行格局是否被打破的判断，是我们把握股价波动方向的关键，也是最为重要的短线交易技巧。本节中，我们就来看看如何结合价格的短线波动方式来展开交易。

1.5.1 软件应用技巧

"工欲善其事，必先利其器"，短线交易注重盘口分析，特别是T0交易，准确分析盘口信息是一笔交易成功的关键所在。

每个交易日的盘中，总有一些个股强势上涨，也有一些个股大幅下跌，个股日内的走势分化是十分鲜明的，我们是出击强势股、实施追涨？还是逢跳水之机抄底入场？这取决于对个股短线方向的判断，无论我们采取哪种操作，筛选出符合自己交易风格的股票是首要事情，这就涉及对股票行情软件的熟练运用并掌握一定技巧。一般来说，涨幅排行榜、实时综合窗口、实时观察、盘中预警几个功能的实战作用较强：

（1）涨幅排行榜，以"涨幅"为依据对全体个股进行排序，哪些个股涨停了或将要涨停，透过涨幅排行榜可以一目了然地看到，如果我们要出击涨停板，就应该利用涨幅排行榜来快速切换个股，实时观察，并依据个股的盘口表现决定是否展开操作；

（2）实时综合窗口，利用数字快捷键"80"可以启动综合排名窗口，它的主要功能是反映最近5分钟内涨跌幅较大的个股，是一个实时性的盘口指示，方便我们实时了解当前的异动股有哪些；

（3）实时观察，或称之为实时解盘，一般来说，会以小窗口弹出的方式显示在行情软件的右下方，它会对一些个股的当日异动给予解读，"实时观察"是我们实时了解市场的一种重要方法，对于市场上突然出现的热点、消息，它

可以在第一时间帮助我们了解一些个股的异动原因,也是我们盘中出击个股时的一种选择依据;

(4)盘中预警,即:我们可以对相关个股、甚至是全体个股设定预警条件,例如:个股的盘中涨幅超过 5%,5 分钟涨幅超过 2%,出现单笔超过 1000 手的大买单,等等,例如:在同花顺炒股软件中,通过菜单栏的"智能—鹰眼盯盘"可以对全体个股的预警条件设定,如图 1-18 所示;对于单独的个股来说,在 K 线图走势图界面,鼠标右键呼出的快捷菜单,选择"雷达预警",会弹出如图 1-19 所示的对话框,在这里可以设定个股、板块等的预警条件。

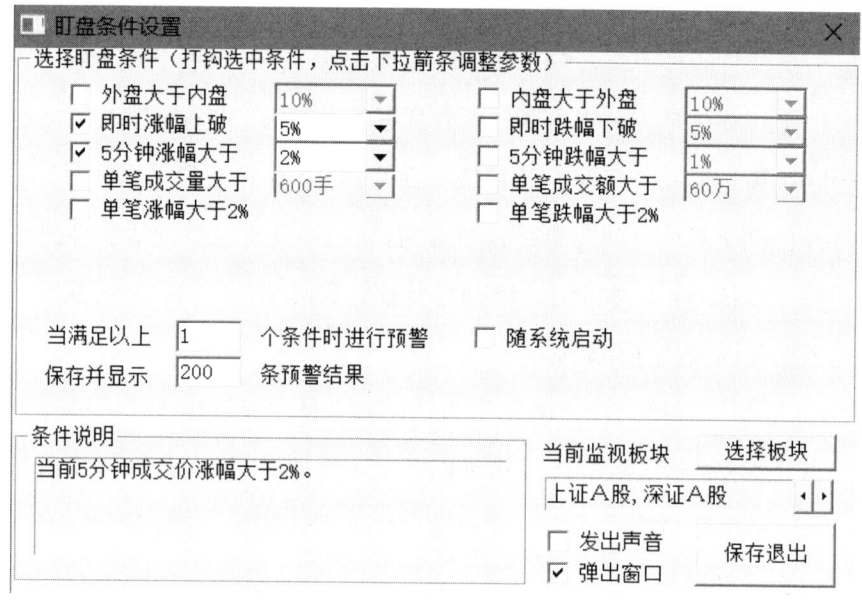

图 1-18 "盯盘条件设置"对话框

(5)强弱分析,强势股无疑是我们最为关注的对象,但沪深两市有几千只个股,我们没有时间和精力去逐一排查哪些个股的近期走势强劲,一些股票行情软件还提供类似的功能,例如:同花顺行情软件,通过菜单栏的"分析—强弱分析"打开,若弹出一个下载数据对话框,点击"直接进入"即可,随后,会进入强势分析行情表,在这一行情表中,有"今日强度""5 日强度""10

日强度"等行情数据,点击相应的名称即可以进行排序,从而找出阶段性的强势股。

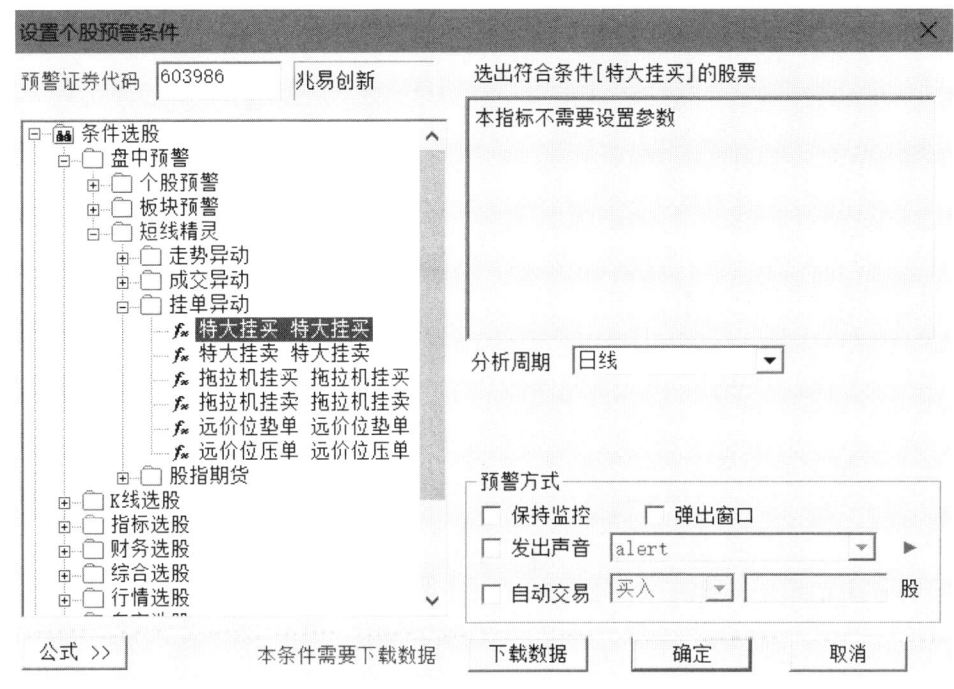

图 1-19 "设置个股预警条件"对话框

1.5.2 支撑、阻力技巧

支撑位与阻力位是把握个股波动节奏的关键点位。所谓的支撑位,可以用支撑线来表现,主要用于反映个股震荡上行背景中,股价回落时具有较强支撑力度的点位,将个股震荡上行过程中的相邻低点连接,会得到一条倾斜向上的直线,这就是支撑线,随后,当股价经一波回落至此线附近或回踩此线时,将获得较强支撑,转向上行的概率较大。

如图 1-20 为山西汾酒 2016 年 8 月至 2017 年 9 月走势图,个股开始震荡上行后,此时可以结合个股的波动,利用支撑线画法寻找支撑位,以寻求中短线买入时机。如图中标注，将个股开启攻势之后的最初两个相邻低点连接，就得到了一条向上倾斜的支撑线，利用支撑线，随后当股价回落至此线位置点，只要个股累计涨幅不是很大，这就是一个风险较低的中短线入场点。

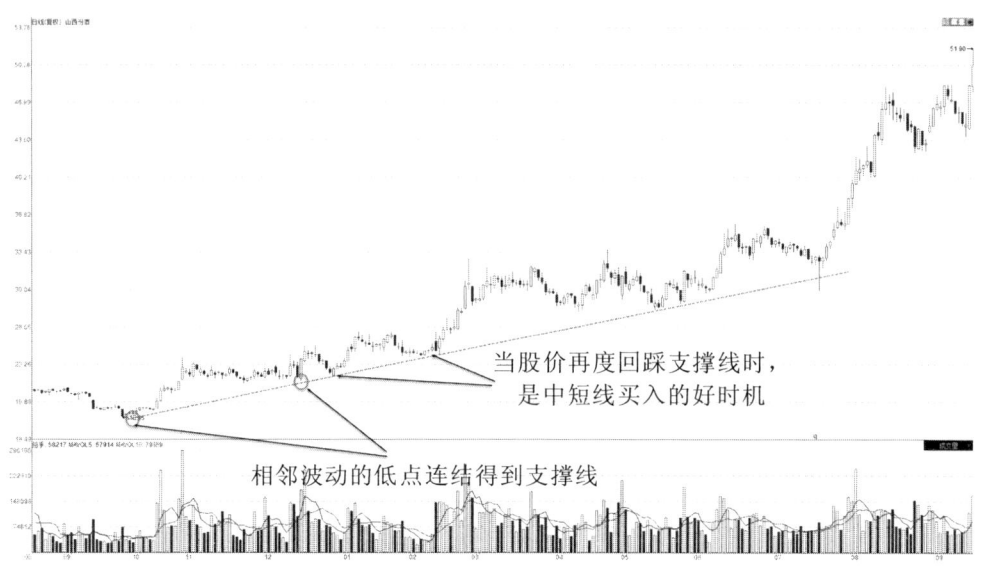

图 1-20　山西汾酒 2016 年 8 月至 2017 年 9 月走势图

对于支撑线来说，它用于价格走势的震荡上行之中，有两个要素要注意，一是震荡的运行方式，二是总体上行的格局。以此为基础，才能画出支撑线。除此之外，支撑线的角度也至关重要，一般来说，45 度角左右的支撑线最为牢靠，过陡的支撑线其支撑力度将会减弱，而过缓的支撑线往往是弱势股的标志。

所谓的阻力位，可以用阻力线来表现，主要用于反映个股震荡下行背景中，股价反弹时具有较强阻挡力度的点位，将个股震荡下行过程中的相邻高点连接，会得到一条倾斜向下的直线，这就是阻力线，随后，当股价经一波反弹至此线附近或触及此线时，将遇到较强阻挡，转向下行的概率较大。

如图 1-21 为华控赛格 2017 年 2 月至 9 月走势图，个股在盘整中出现了大幅度的上下波动，且后峰低于前峰，这是股价整体下行的信号，此时可以画出一条倾斜向下的阻力线，随后当股价再度反弹至此线时，将遇强阻挡，是卖出时机。利用阻力位，在震荡下跌行情中，如果我们展开超跌反弹的短线交易方法，则阻力位是一个很好的卖出参考点。

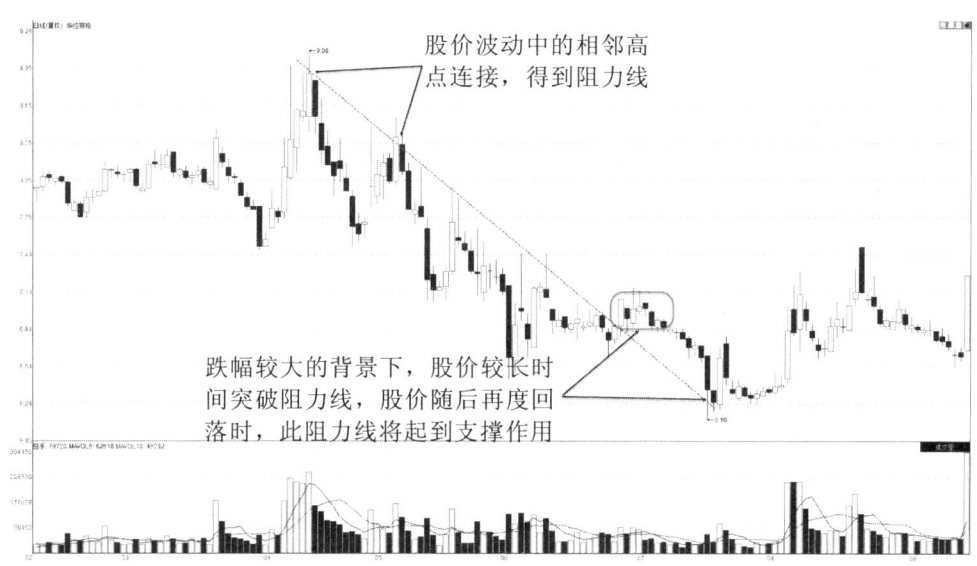

图 1-21　华控赛格 2017 年 2 月至 9 月走势图

支撑位用于把握震荡上升中的买入点位，而阻力位则主要用于震荡下行中的卖出点位。除此之外，我们也应注意，一轮趋势的持续力度与时间都是不确定的，趋势随时存在着反转的可能。在上升行情中，若支撑线被跌破，那么，它的支撑作用将转变为阻力作用，对价格的随后反弹起到阻挡作用；下跌行情中，若阻力线被突破，那么，它的阻力作用将转变支撑作用，对价格的随后下跌起到支撑作用，如图 1-21 所示，个股在累计跌幅较大的背景下，当阻力线被突破后，它就开始起支撑作用了。

1.5.3　箱体波动技巧

在很多时候，由于大盘指数并没有明确上升或下降方向，这也会导致大多数个股处于横向震荡之中，一般来说，在这样的市场环境下，如果没有炙手可热题材股行情，结合一些震荡幅度较大、股性相对较活的个股展开高抛低吸的箱体交易是一个不错的选择。

箱体波动，一般要求个股前期的上下波动幅度不小于30%，但也不宜超过50%。过小的波动幅度难以形成有效的支撑与阻力位，也难以准确判断买卖点，且利润空间相对较小，这类上下波动幅度较小的个股还容易随着大盘的走弱而破位向下，并不是箱体区高抛低吸的理想品种。过大的波动幅度往往意味着升势与跌势的交替，难以形成上下震荡的规律，当股价经一轮下跌之后，再度反弹上涨的动力较弱，容易在低位区长期徘徊。

如图1-22为西藏城投2015年12月至2016年4月走势图，个股在低位区开始震荡上扬，股价上下波动较为剧烈，股性活跃，随后受大盘带动出现了一波深幅回落，股价回到了低位启动点，此时的个股箱体波动区间较为明确，我们可以画出这个大箱体区的支撑与阻力点位，而短线深幅回落至这个支撑点位时，就是很好的箱体区低吸买入时机。

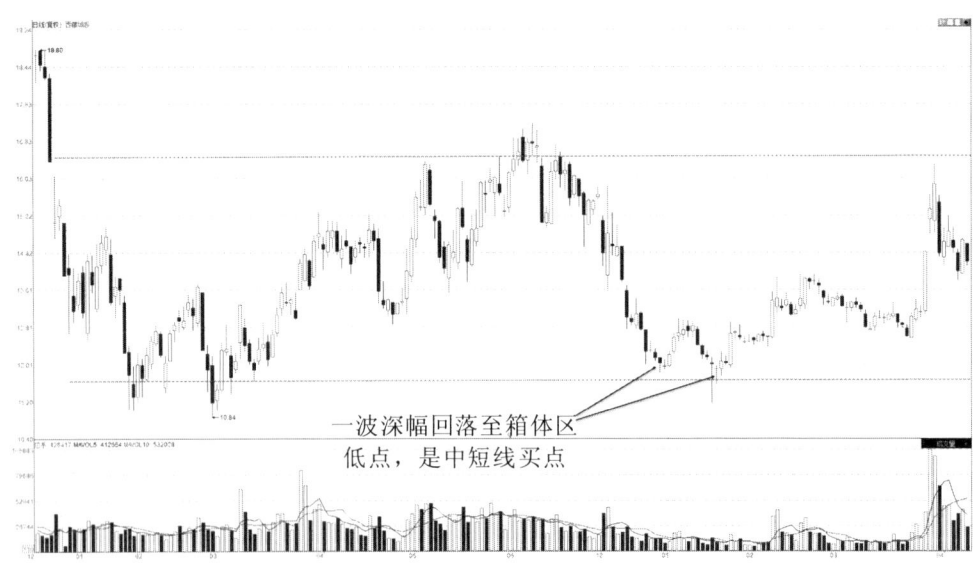

图 1-22　西藏城投 2015 年 12 月至 2016 年 4 月走势图

对于这种大箱体波动特征的个股来说，接近箱底的位置点是中短线买入点，而接近箱顶的位置点则是中短线卖出点。

1.5.4 震荡突破技巧

当个股的上下震荡幅度相对较小，在20%左右，这样的震荡格局易因个股的走势转强或转弱而打破震荡格局。一般来说，低位区震荡格局之后出现的向上突破较为可靠，高位区震荡格局之后出现的向下破位风险更大。实盘操作中，我们一要结合同期的市场热点，二要关注股价的位置区间，在这两方面相互配合时，结合股价的方向选择展开操作。

如图1-23为电科院2017年1月至4月走势图，个股在一波大幅上涨之后出现了横向震荡整理的走势，上下震荡幅度不大，随后，一根长阴线向下跌破了这个区间，这就是方向性的选择。一般来说，当出现这种方向性选择的信号时，股价的短线走势将较为迅捷，持股者宜在第一时间卖出，以规避破位后快速下行的风险。

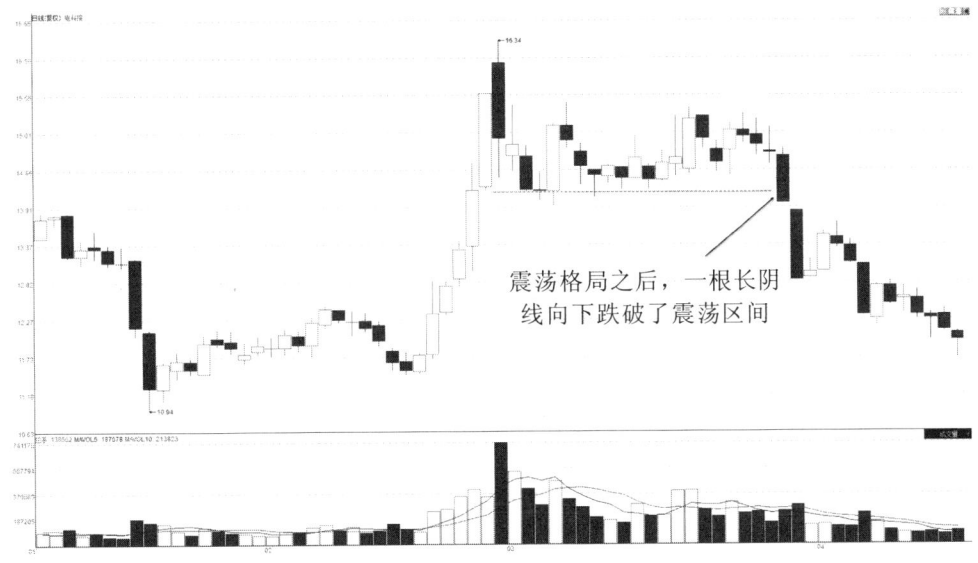

图1-23 电科院2017年1月至4月走势图

1.5.5 逢低买入技巧

低位投资艺术往往比单边上涨时的选择更具技术含量,盈利也更具确定性,只是更需要胆识和谋略。对于低位来说,有两种表现方式,一是中长期的低位,它的出现源于股市整体大幅下跌,此时的市场及个股均处于历史上的低估状态,一旦市场转暖、外在利好因素触发,后期的上涨空间是极大的;另一个则是短线意义上的低位,它出现在个股震荡回落之后、或是短线上攻后的回调时,此时对于低位的判断既需要技术分析手段,也需要良好的盘感。

对于逢低买入的交易方式来说,实盘中,主要结合股价的波动、分析短线低点的多空力量转变,进而实施买入。由于我们以短线交易为主,因而,逢低买入时可以借助于中长期均线与股价的位置关系,也可以关注强势股的第一波深幅调整,还可以结合个股与大盘涨跌幅对比情况把握低点,这些低点既需要实战经验的积累,也需要对于技术手段的综合运用。下面我们结合一个案例加以了解。

如图1-24为东湖高新2017年1月至7月走势图,个股经两波强势上扬,突破长期构筑的震荡整理区,独立、强势的放量飙升形态表明多方推动力度极大,随后,因获利抛压导致股价短线回落幅度较大,当股价回落至原震荡区突破位置点时,价格走势开始企稳,此时的量能并没有大幅度萎缩,多空交锋仍旧保持着较高的活跃度,由于前期的强势特征以及短线的深幅回落,个股有望以此短线低点为支撑,再度上攻,这是一个相对理想的逢低买入时机。

但是,强势股的短线回落也并非就一定会产生逢低买入时机,在把握回落低点时,更多的依靠于技术分析,特别是量价方面的配合。

如图1-25为昆百大A 2016年7月至2017年5月走势图,个股在连续两根长阴线回落后,短线跌幅较大,但此时却并不是逢低买入时机,因而,两根长阴线当日出现了大幅放量,这表明市场抛盘在集中涌出,个股短期内很难展开反弹，一旦买盘入场力度不足，新一轮的抛压势必会再度打低股价，此时抄底的风险大于机会。

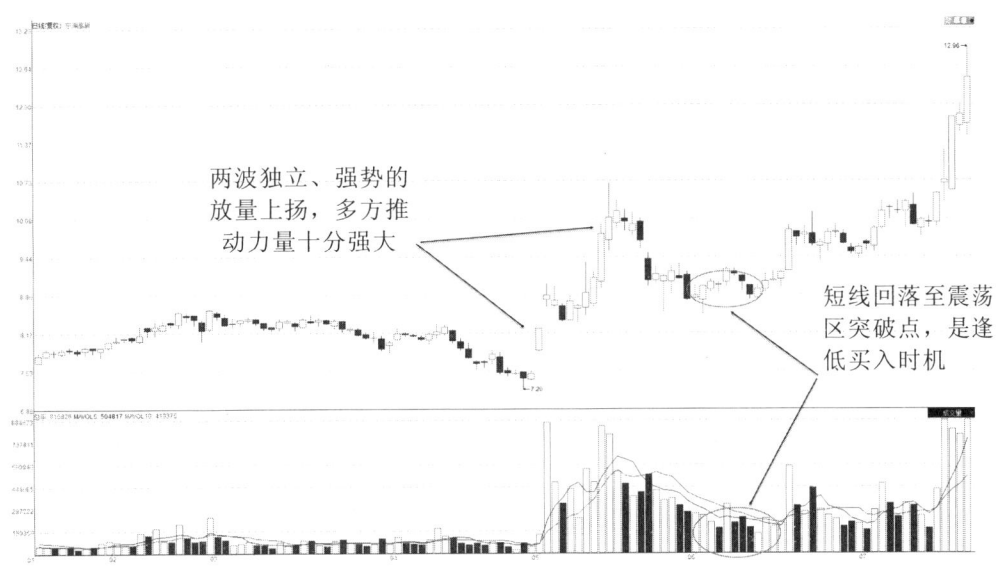

图 1-24　东湖高新 2017 年 1 月至 7 月走势图

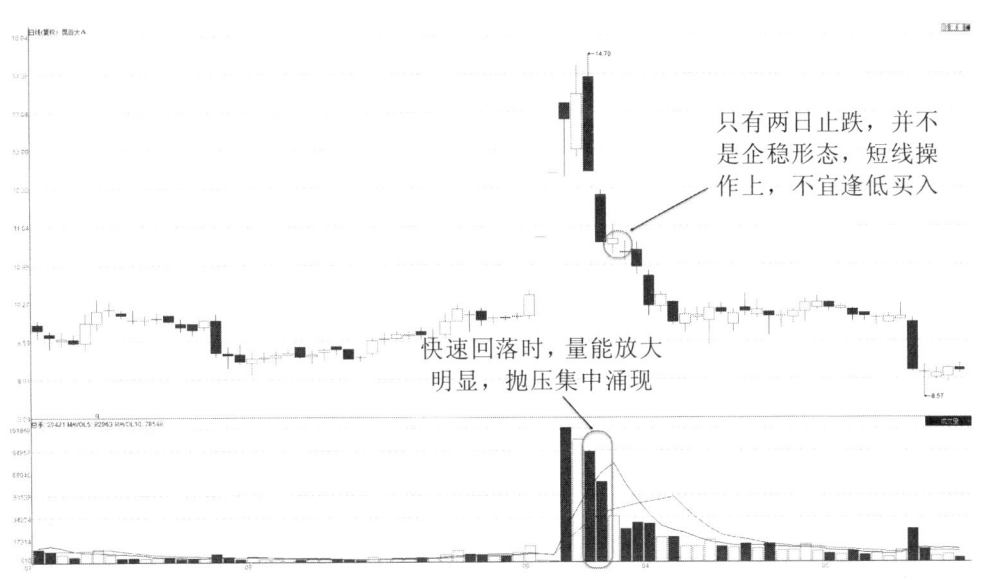

图 1-25　昆百大 A 2016 年 7 月至 2017 年 5 月走势图

1.5.6 强势股追涨技巧

"强者恒强"是个股中短线走势的一个显著特点,这是因为个股短线走强往往有触发因素,例如:大宗商品价格持续上扬,周期股开始进入业绩增长周期,从而导致股价中线持续走强;又如:市场风格出现了切换,场内外资金开始更多的关注有业绩支撑的蓝筹股,而市场风格一旦形成,往往有着一个很强的延续能力。基于个股中短线上的"强者恒强"运行格局,我们在交易时,也应多关注强势股。

就短线交易来说,在牛市或盘整市(也称为震荡市)中,"追涨强势股"是一个不错的方案;而在快速下跌的市场环境中,追涨的风险较大,易高位被套,不宜实施这种交易方法。

如图 1-26 为大西洋 2017 年 6 月至 9 月走势图,个股以连续两根大阳线实现向上突破,开始呈强势格局,随后的整理不回落正是强势格局持续进程中的一次短暂休整,因而,这个强势整理区就是我们短线追涨买入的时机。

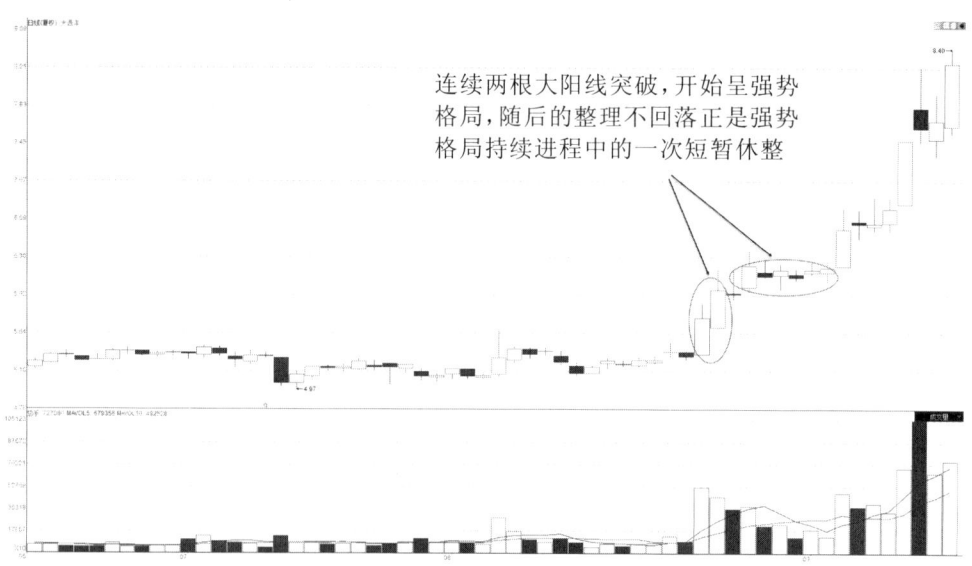

图 1-26 大西洋 2017 年 6 月至 9 月走势图

1.5.7 "补涨"买入技巧

"补涨"是指在同类个股大幅上涨的背景下,个股仍旧热蛰伏于相对低位,短线上涨幅度很小。"同类"主要是指概念题材的相近,或是主营业务的相同、相近的一类个股,可以将这些同类股划入为一个板块。能够率先启动、强势上涨的个股可以称之为龙头股,龙头股的上扬往往会吸引场内外资金高度关注这个板块,进而吸引资金继续挖掘那些未启动的个股,这些个股就具有了"补涨"潜力,也是我们短线交易中可以积极布局的品种。下面结合一个案例加以说明。

如图1-27为陕西黑猫2017年5月至8月走势图,图中叠加了平煤股份走势,两只个股前期的走势高度相似,主营业务相似度较高,都随着煤炭板块的良好表现而稳健上扬,但是,在图中标注的位置点,平煤股份短线大涨超过20%,且陕西黑猫则仍旧在相对低位横向震荡,这就使得陕西黑猫具备了补涨的条件,此股随后的短线走势也明显强于平煤股份。

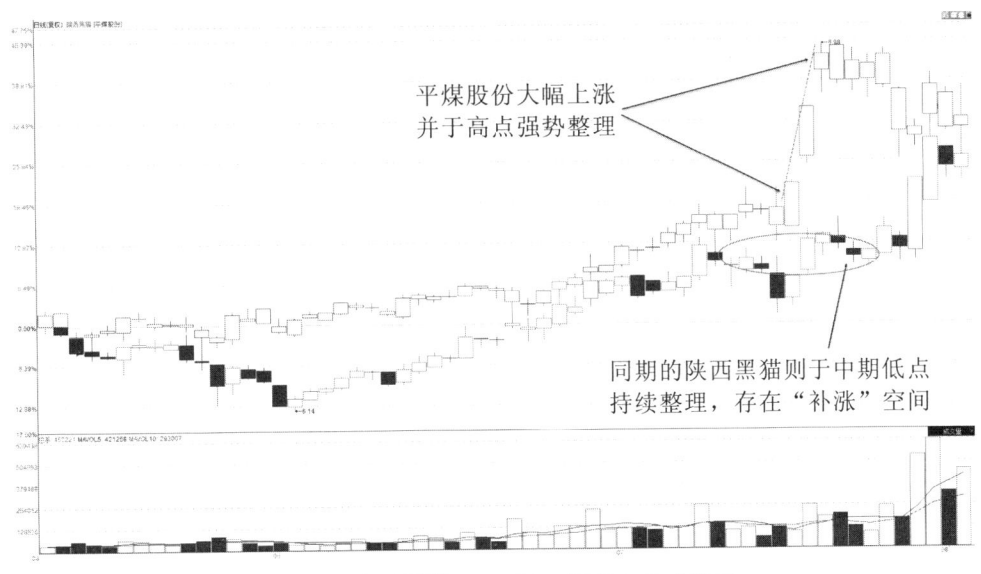

图1-27　陕西黑猫2017年5月至8月走势图

"补涨"只宜在市场环境相对较好、大盘指数具备稳健运行的背景下,在市场低迷、指数持续下行的背景下，是不宜利用这种方法实施短线交易的。

1.5.8 "补跌"卖出技巧

"补跌"的卖出方法与"补涨"的买入方法正好相反，它是指：具有相似特征的两只股票，若一只个股因短线涨幅较大而处于高点，另一只股票、或是同类个股走势较弱、甚至是震荡下行，则短线上涨的强势股随时有可能出现由强转弱、大幅度下跌回落的"补跌"走势。

如图1-28为路通视信2017年3月于9月走势图，图中叠加了雄帝科技的走势，这是两个上市时间接近的次新股，且均为创业板，两只个股的前期走势相似度较高，但是，在图中标注的时间段，路通视信出了一波大幅上涨，而雄帝科技仍旧低位徘徊，随后，当路通视信在短线高点出现滞涨时，这有着较大的补跌倾向，短线走势或将明显弱于雄帝科技，这就是"补跌"。

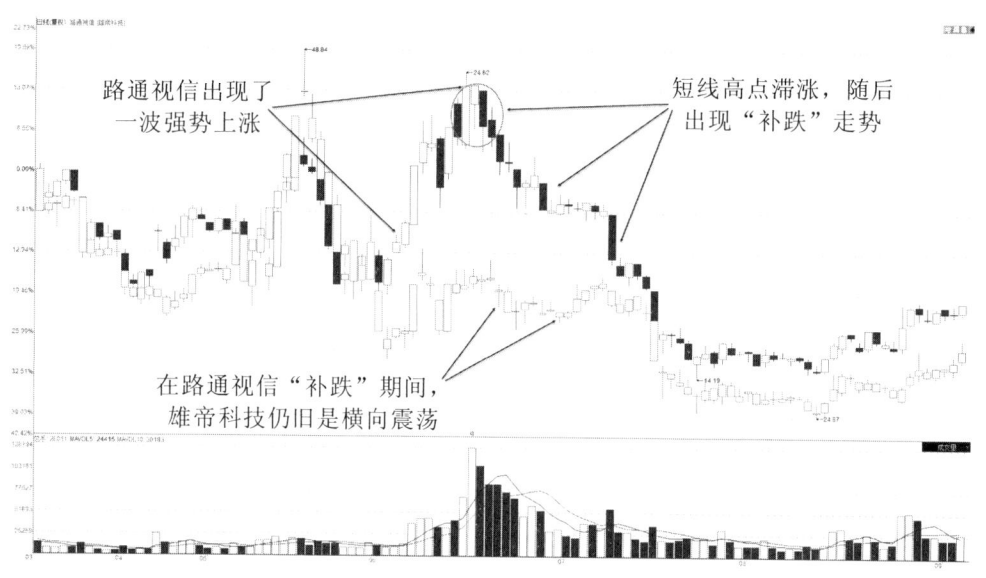

图1-28 路通视信2017年3月于9月走势图

对于本案例来说，雄帝科技并没有因路通视信的短线上攻而出现"补涨"走势，这是因为同期市场的次新股走势整体处于弱势状态，极个别的次新股出现一波上扬是难以激活数量众多的同类个股的，因而，在次新股整体低迷的背景下，高位股的"补跌"走势出现概率更大，而相对低位股的"补涨"走势则难以出现。对比上一案例，陕西黑猫之所以出现了"补涨"走势，这与当时的市场做多氛围较浓，前期的煤炭板块整体表现强劲直接相关。

对于"补涨"与"补跌"的短线交易技巧，这只是一种或然性的判断，与投资者对股市的理解方式直接相关，也需要在实战交易不断积累经验，观察、分析不同个股在走势、题材上的相似度及关联性，这样才能更好地把握"补涨"品种所蕴藏的机会，并规避"补跌"品种所暗藏的风险。

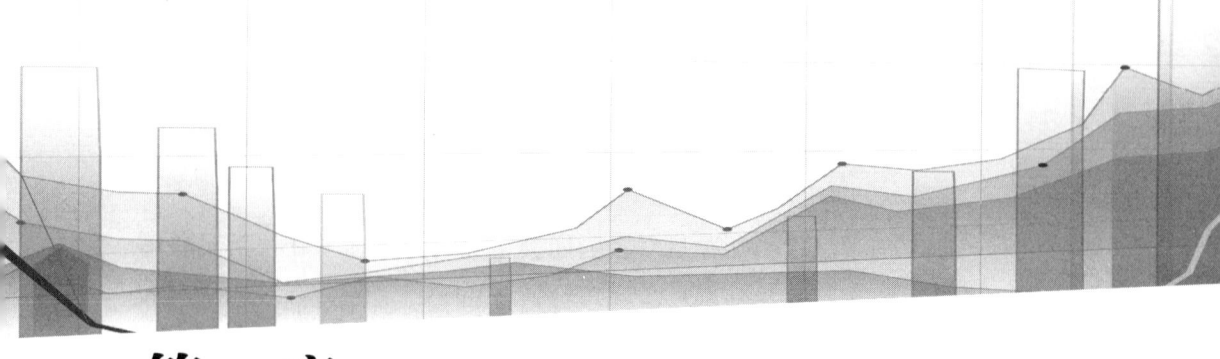

第 2 章

T0 交易思路及方案

T0 交易是一个系统化的短线交易方法,虽然股票市场是先买后卖的 T+1 交易制度,但是,如果我们可以通过仓位的调度、结合股价的日内波动或日间波动,就可以展开近似于 T0 的超短线交易。要想更好地理解 T0 交易技术,在学习具体的技术分析方法之前,有必要系统了解 T0 交易思路及交易方案。本章中,我们就来讲解这些内容,力图帮助读者构建一个完善的 T0 实战系统。

2.1 T0 交易方向及仓位调度

在手中未持股的情况下,我们只能先买入再卖出,但是,如果手中持有个股,且预测盘中波动较大,则可以先卖出再买回,这就涉及两种不同的交易方向:先买后卖、先卖后买,在进行 T0 交易时,我们要熟知这两种交易方向且能熟练运用。本节中,我们结合仓位的调度来看看如何开展这两种不同方向的 T0 交易。

2.1.1 单股单次 T0 交易

单股单次 T0 交易,是一种先买后卖、一次清仓的交易方法,在买入个股时，结合其盘中波动把握入场时机，当股价探至盘中低点时、或者是有突破启动倾向时，应及时买入，随后，次日紧密跟踪个股走势，一旦发现短线走势转弱就应及时清仓离场，并继续寻找下一个交易品种。

实施单股单次 T0 交易，仓位的控制是关键，其次是对出击品种的选择。一般来说，出击的品种不能局限于某种特定的方法，而应结合市场及个股波动情况展开交易，例如：箱体低点买入、涨停板追涨入场、盘中跳水抄底等，每一种短线交易方法都有一定的适用环境，在当日选取个股时，不能随意而为之，短线买入个股应有足够的理由，或者是技术面优异，或者是题材较热，或者是市场整体看涨氛围浓郁，再结合对盘面的观察、分析，以此为前提展开单股 T0 交易，就会有着更高的成功率。

对于仓位的控制来说，单股 T0 交易法由于参与的是活跃个股，往往会造成账面资金的大波动，如果能实现正收益自然最好，但是，股市的风险及个股走势往往与我们的预期并不相符，技术分析高手也只是能保持一个相对较高的成功率，同样也会买入短线大跌的个股，因而，如果不能控制好仓位，且运气不佳，起初就重仓买错股，则将在随后的操作中十分被动。

而且，实施单独 T0 交易，也是一个相对高频的短线交易方式，多的时候一周会出击两三次，少的时候一周也会出击一次，对于这样的高频短线交易，轻仓出击是一个很好的选择，只要保持相对较高的成功率，并能对错误的交易及时止损，就可以让账面资金在相对稳定的状态下实现增长。下面我们结合一个案例来看看如何利用技术分析手段展开单股 T0 交易的。

如图 2-1 为中科电气 2017-09-13 日分时图，个股以"涨停板+大阳线"的方式突破了整理区，由于有石墨烯、新能源等符合当时市场热点的题材面支撑，个股走势较为活跃，市场参与资金涌跃，这类个股由于有资金驱动，一旦突破成功，短时间内再度破位回转的概率较低。

在图中标注的突破位置点，可以看股价上下波动较为剧烈，但突破位置点的支撑力却较强，这提示我们：当股价短线回落至这一支撑点位时，次日反弹上行的概率较大，可以实施单股T0交易。

如图2-1标注所示，经两个交易日的回落，当日尾盘阶段，股价接近震荡区的低点，这也是突破行情后的支撑点，因为这类个股的强弱转换十分迅速，当日走弱，次日走强的概率就会增加，因而，此时就是一个较好的T0买入点。

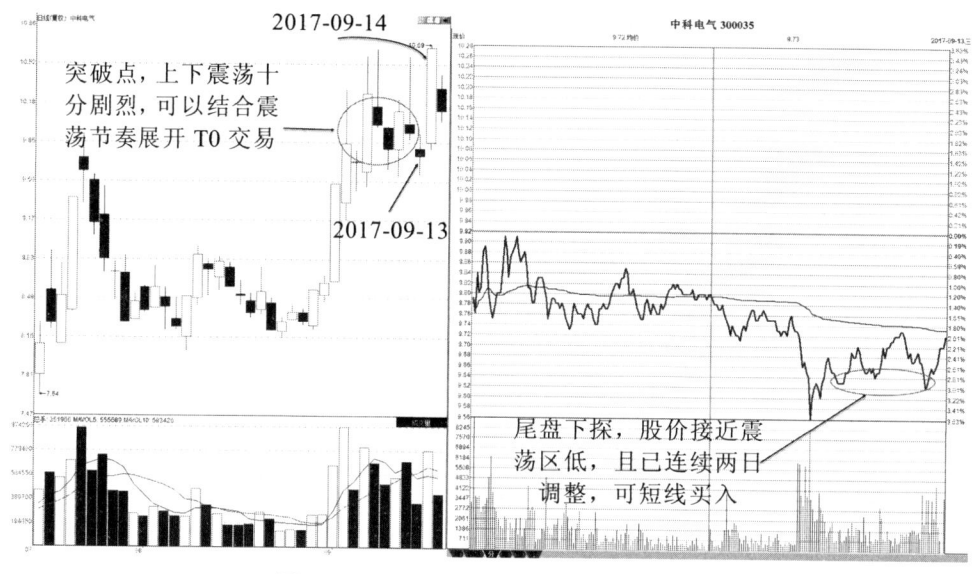

图2-1　中科电气2017-09-13日分时图

次日，如图2-2所示，个股小幅高开后，摆脱了前两日的弱势回落格局，开始强势上扬并成功封板，此时，应耐心持有。但是，尾盘阶段出现转变，个股打开涨停板并放出巨量，结合个股之前的震荡方式来看，这是再度出现由强转弱的信号，应卖出。

通过本案例，我们利用技术分析方法，结合个股的活跃波动方式，展开的当日买入、次日卖出的超短线T0交易，可以看到，这类个股的短线波动十分剧烈，如果能保持一个相对较高的成功率，是可以极大提高时间收益比。

图 2-2 中科电气 2017-09-14 日分时图

2.1.2 单股反复 T0 交易

单股反复 T0 交易，是指在买入一只个股，中线、短线均看涨个股，但为了规避股价短线上涨过程中出现的盘中回落或是短线调整，力保账面利润不出现大幅缩水，从而结合股价的盘中波动或是日间波动，实施高点减仓、低点接回的滚动操作。

对于单股反复 T0 交易法来说，正确地判断盘中冲高后的回落走势、或是将出现的盘口跳水走势至关重要，这样就可以提前减仓、保障利润。在反复交易时，一般来说，盘中高点可以减掉半仓甚至大半仓，但不宜清仓，毕竟个股的中短线走势仍旧看好，我们当前卖股的目的并不是为了获利出局，只是规避盘中短暂跳水，以备随后在盘中低点接回。不直接清仓的另一个目的是为了避免错误判断导致行情踏空，下面结合一个案例加以说明。

如图 2-3 为常铝股份 2017-07-10 日分时图，从日 K 线走势来看，个股连续出现小阳线、突破形态优异，中短线仍可以看多做多。

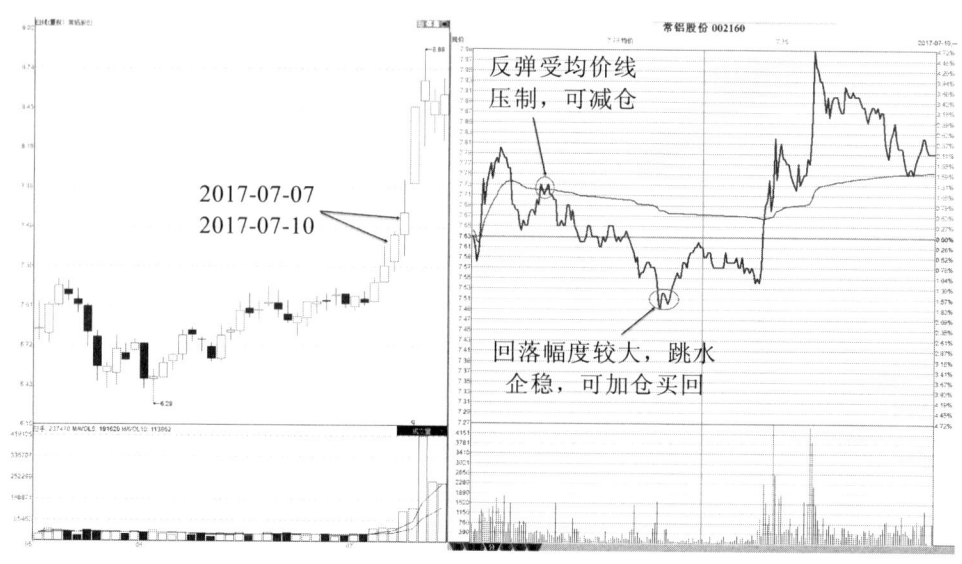

图 2-3 常铝股份 2017-07-10 日分时图

但是短线涨幅较大,有一定的获利抛压,易在盘中出现冲高回落,而且,此股的前一交易日是午盘之后的大涨(如图 2-4 所示),这种午盘后的强势上扬并不是十分强势的短线上攻形态,在此背景下,我们可以结合当日的盘中波动实施"减仓卖出、低点接回"的 T0 交易方法。

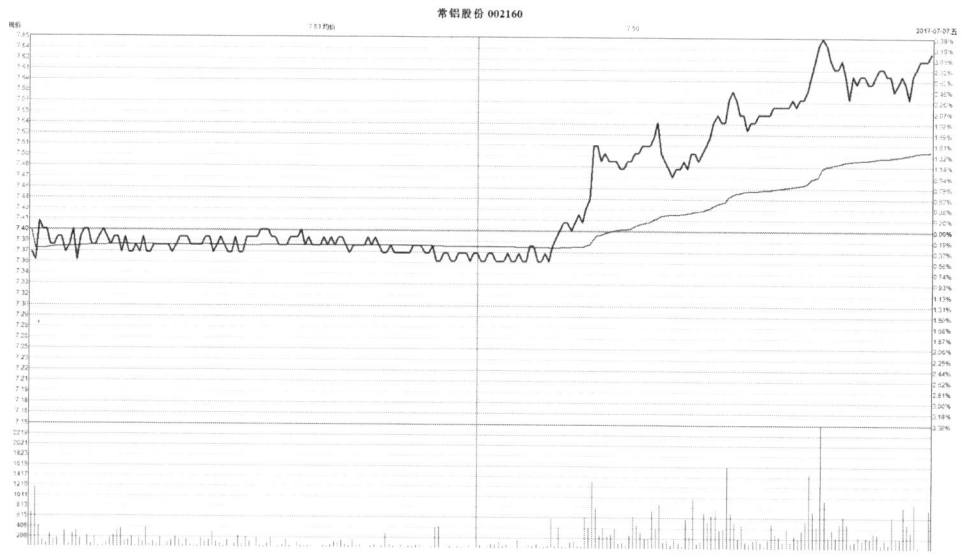

图 2-4 常铝股份 2017-07-07 日分时图

如图 2-3 标注所示，早盘冲高后随即跳水跌破均价线，这是多方盘中上攻遇阻、获利抛压相对较重的标志，随后再度反弹时也遇到了均价线的阻挡，结合上一交易日午盘后大涨、当日早盘的冲高来看，当日盘中有回调整理、释放抛压的需要，此时可以减仓卖出；由于中短线仍旧看好个股的继续上涨，因而，应在盘中跟踪个股走势。在股价震荡跳水之后，自早盘高位减仓点测算，跌幅近 4%，只要大盘不出现暴跌，个股的盘中运行有再度回升的需要，此时，就是盘中低点接回筹码的时机。

单股反复 T0 的交易方法，更适合于那些题材热度不高、短线技术形态良好的个股，这类个股多是以盘中震荡的方式实现上涨，而不是直接向上飙升。对于那些有热点题材支撑的短线飙升股，一旦盘中减仓卖出，就很有可能无法在低位接回，从而踏空行情，因而，稳妥的方法就是等到个股短线上发出明确的卖出信号，一次清仓离场。

2.1.3 多股轻仓 T0 交易

多股轻仓 T0 交易是指：只以少量的仓位买入了一只个股，在没有明显获利的情况下，继续买入其他个股时，应控制好总仓位，保持相对轻仓状态，一般来说，在股市运行相对平稳的状态下，持仓量控制在半仓左右；在股市运行较弱的情况下，持仓量不宜超过 1/3。

实施多股战术时，如果先前买入的个股在数个交易日都无法向上脱离我们的持仓成本，多预示着这笔交易并不成功，在未获利的情况下、或是小幅亏损的情况下，可以考虑卖出，从而为继续挖掘短线机会预留仓位。

实施多股轻仓 T0 交易应紧随市场热点展开，而不应过分注重于个股当前是否处于明显的低位，因为这些处于明显低位的个股往往都是当前市场的冷门品种，也许它们的业绩不错且有一些题材支撑，但是，由于市场整体并未处于上升走势中，在我们买入后，个股短期内出现启动突破的概率是很低的。

如图2-5为五矿资本2017年5月至8月走势图，图中叠加了云意电气走势，同期的市场处于横向震荡走势之中，走势相对较弱，在图中标注的整理平台，如果我们几乎买入这两只股票的话，就应控制好总仓位，可以控制在1/3仓位左右。如果我们一前一后实施买入，先买入了五矿资本且随后处于获利状态，那么，再继续买入其他个股时，则可适当提升总仓位，但也不宜超过半仓。

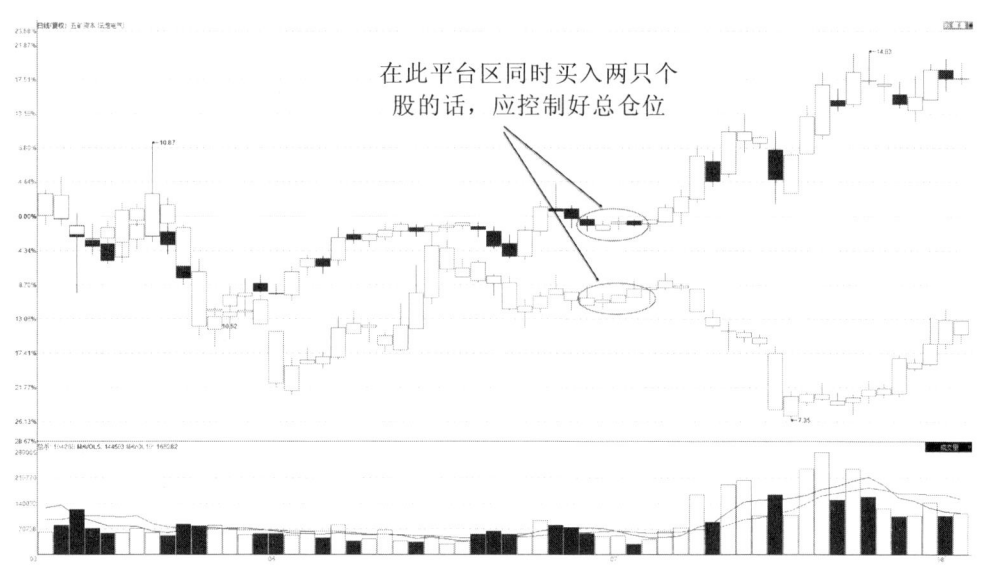

图2-5　五矿资本2017年5月至8月走势图

由于T0交易的短线特性，我们在买入一只个股后，若个股走势与预期不符，则应及时止损，至少应部分仓位止损，"现金为王"是T0交易法下的核心思想，因为一旦买入的个股进入到被套状态，那随后的操作以及对于市场机会的把握就会十分被动。

2.1.4　多股重仓T0交易

多股重仓T0交易是指：买入多只个股，总仓位保持在半仓以上，甚至是满仓操作。在买入多只个股时，有两种方法，一种是在先前买入的个股获利情况下，由于看好此股的走势，继续持有，只有当其发出短线卖出信号时，才清仓此股；在持有此股的情况下，继续挑选其他优异的短线品种实施买入；每一只个股的卖出都是以短线信号为主；另一种方法是，在买入一只个股后，即使此股未明显获利，但看到其他个股出现了好的短线买入机会，仍实施买入。

第一种方法更适合于震荡市中，此时的市场并非处于整体上升通道，个股的分化较为明显，如果买入的个股处于获利状态，此股占有的这部分仓位就可以不列入总仓位之内，因为这部分仓位可以随时获利卖出、空出这些仓位，这可以说是一种变相的多股轻仓 T0 交易法；第二种方法更适宜于升市，由于股市整体上行，即使是重仓，风险也很低，而且我们又持有多只个股，在一定程度上降低了个股突发利空所带来的风险。

如图 2-6 为新易盛 2017 年 6 月至 9 月走势图，图中叠加了云意电气的同期走势，基于个股上涨节奏不同、启动时间不同的原因，我们可以采取先后买入的方法展开多股操作，对于此股来说，如果先在低位平台区买入新易盛，就会十分主动，因为随后个股十分强势地实现了突破启动；此时，可以再积极选股布局其他品种，本例中，我们选择了云意电气。两笔交易有一个明显的时间差，在新易盛未明确获利的情形下，是不宜再实施新的买入操作的。

2.1.5 解套 T0 交易

解套 T0 是指：在实施短线买入操作后，股价走势出现了较为迅急的大幅回落，从而没能及时地止损出局，此时由于短线跌幅较大且个股盘中波动较为剧烈，则不妨结合个股的盘中波动、以持有此股的头寸为基础，展开低吸高抛的盘中交易，进而解套出局。

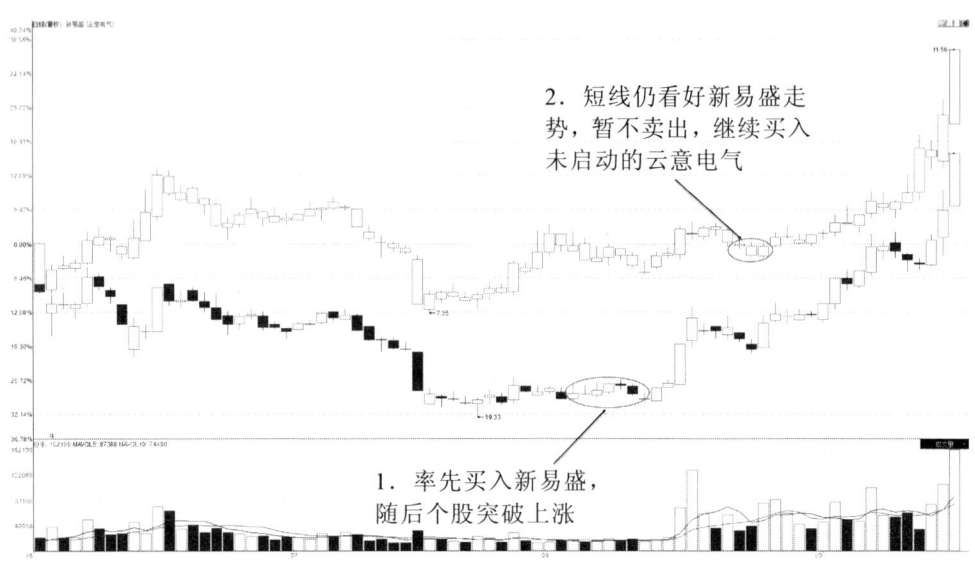

图 2-6 新易盛 2017 年 6 月至 9 月走势图

之所以实施解套 T0 交易来营救个股,而不是直接止损离场,这与个股的盘中波动剧烈有关,而且由于个股短线的突破回落,再度短线大跌的概率降低,此时,若直接止损出局,不仅损失大,随后的操作也将较为被动。解套 T0 常常发生在追涨、特别是追涨飙升股时。下面我们结合一个实例来加以说明。

如图 2-7 为上海贝岭 2017-07-10 日分时图,个股盘中启动、强势上扬,午盘之后顺势上冲涨停板、且随后牢牢封板,表明短线有一定的冲击力,结合个股的分时线形态、K 线运行来看,短线突破上行的概率较大,如果我们于盘中用少量仓位实施了追涨操作,短线风险不大。但是,次日此股却在盘中逐波下行,出现了调整,这种走势虽与我们的预期不符,但由于个股的突破走势刚刚展开,中短线涨幅不大,且同期大盘运行相对稳健,因而不必急于止损离场,可以结合股价的盘中波动,适度展开解套 T0 交易。

如图 2-8 为上海贝岭 2017-07-12 日分时图,这是个股涨停后的第二日连续回落,早盘的持续下跌已使得个股短线回落幅度较大、短线抛压释放较为充分,盘口走势有望由弱转强,此时可以先买入部分仓位(不能超过 7 月 10 日的买入量），收盘时，由于午盘后的逆转幅度较大，可以卖出与早盘买入量相等的数量，从而实施了一次成功的 T0 交易。

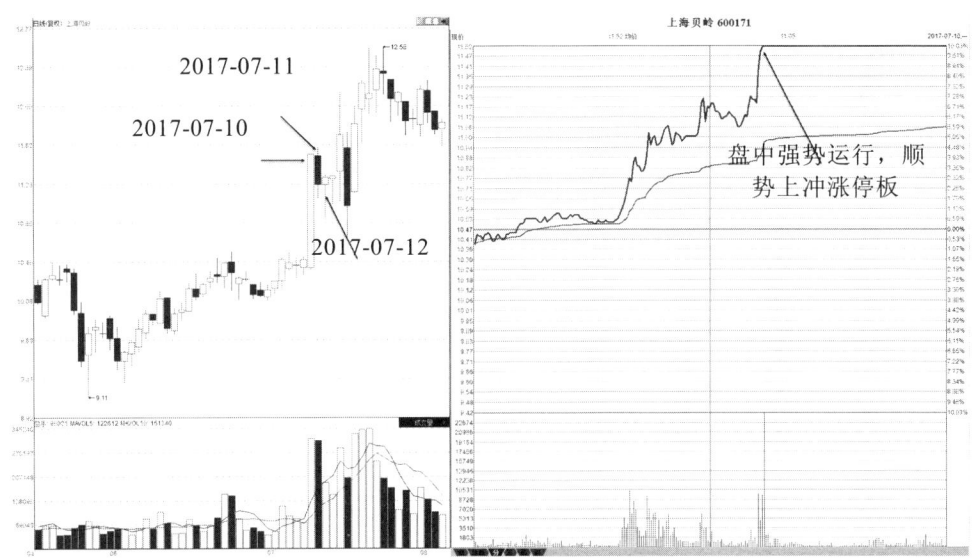

图 2-7 上海贝岭 2017-07-10 日分时图

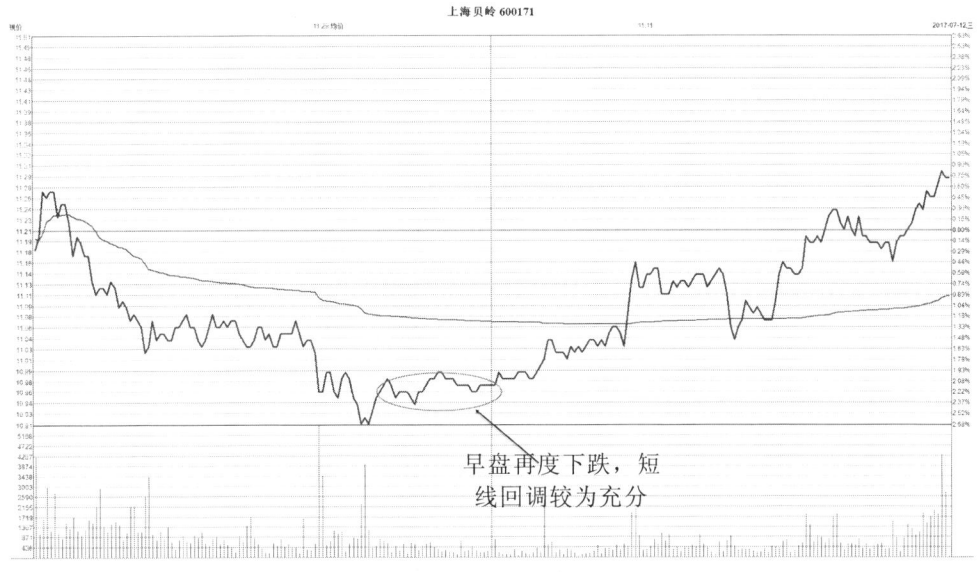

图 2-8 上海贝岭 2017-07-12 日分时图

如果对个股短线上涨看涨、且未发现其他更好的短线机会，此时基本处于解套状态，可以继续持有，并在随后的波动中继续实施T0交易。

解套T0交易方法不宜用于短线飙升幅度过大、且短线高点出现了急速反转信号的个股，例如：短线高点的巨量阴线。除此之外，解套T0也不适用于大盘出现短线大跌之际，一旦发现大盘出现快速跳水走势、两市跌停股剧增，这往往是系统性下跌开启的信号，应及时止损出局，保护本金。

如图2-9为三孚股份2017-09-01日分时图，个股的短线飙升十分凌厉，如图标注，如果我们在盘中因经验不足，误判个股将由弱转强，从而买入，但随后走势证明判断错误。结合此股短线涨幅巨大、且当日收于巨量阴线来看，这是一个快速的多空转向信号，个股出现短线急跌的概率较大，在这样背景下，及时止损出局是最好的选择。

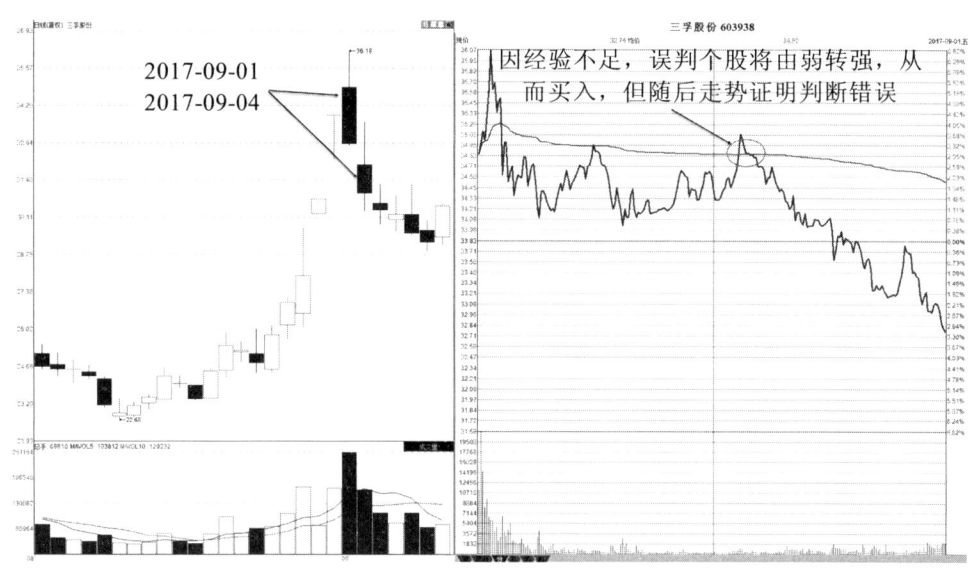

图2-9　三孚股份2017-09-01日分时图

图2-10标示了此股次日的盘口走势，早盘低开后出现了小幅度上冲，这使得我们昨日的买入仓位出现了减亏，且个股在小幅上冲后无力再度发起新的攻势，此时就应及时止损离场。

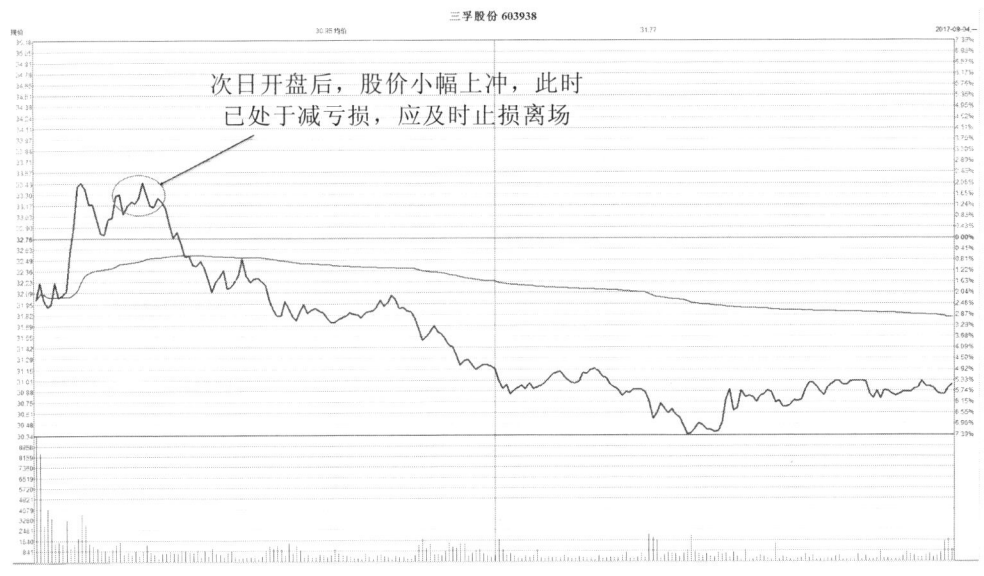

图 2-10　三孚股份 2017-09-04 日分时图

2.2　绩优、蓝筹股 T0 思路及策略

对于盘子较大的一些绩优股、蓝筹股来说，它们的中线运行更具有方向性，一般来说，在短线未见大幅度波动的情况下，只宜实施中线操作，稳步攀升时要耐心持有、持续下行时应持币观望。当其出现短线异动、或是从形态上来看出现突破或破位，则应及时地跟随操作，且可以结合股价波动展开 T0 交易。

2.2.1　窄幅波动的操作策略

对于在较长时间段内经常以"盘中小幅度波动"为主要盘口形态的大盘股来说，并不适宜展开超短线的 T0 交易，我们更应关注连续小阳线或连续小阴线所形成的突破（或破位）形态，因为这往往是方向的选择，当连续小阳线向上突破时，多预示了一波上升行情的展开，此时应持股待涨；当连续小阴线呈破位倾向时,应果断卖出、止损离场。

值得注意的是,由于这类个股往往是投资者中线持有布局的品种,操作上,往往不会关注,但是,这类个股一旦深度套牢,往往很难解套,因而,每几个交易日之后,都应关注一下这类个股的K线形态。

如图2-11为申万宏源2016年12月至2017年5月走势图,个股在相对低位出现了长期整理的走势格局,在图中标注时间点,连续小阴线的出现使得个股向下跌破了支撑点位,虽然价格走势仍以小幅度震荡为主,但这是趋势选择的一个预示性信号,如果持有此股的话,应中线卖出以规避风险,至少应减掉大部分仓位。

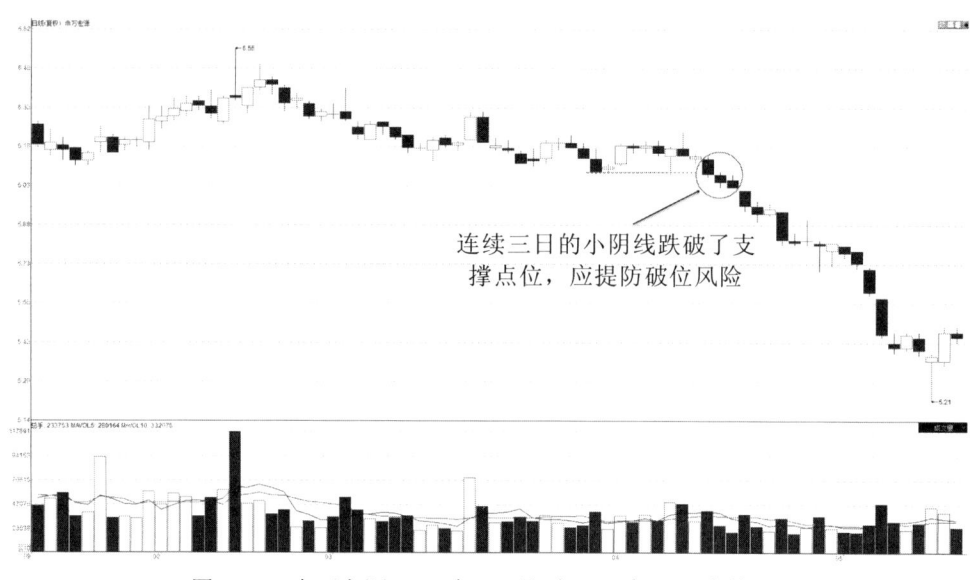

图2-11 申万宏源2016年12月至2017年5月走势图

2.2.2 盘中上冲的交易方法

一般来说,大盘股于盘中大幅上冲后,在短线累计涨幅不大的时候,盘中高点将有着相对较强的支撑力,特别是盘中稳健式的放量上冲形态,对于超短线 T0 交易，不宜追涨买入，但持股者仍可持有，以待大盘股短线上攻动能释放较为充分时，再择机卖出。

对于大盘股来说，它的短线上涨虽然面临着更多的获利抛压，但在行情启动之初却有着较强的支撑力，因而在实施 T0 交易时，不必过于担心它的快速回落。虽然也有一些大盘股可以实现短线连续上涨，但这往往都发生在市场风格转换的时候。

如图 2-12 为华泰证券 2017-07-19 日分时图，从 K 线图来看，个股经短线调整后，当日盘中大涨，盘口放量上扬形态稳健、攀升幅度大，这是资金大力推动的标志，T0 交易上，当日不宜卖出，应继续持有。

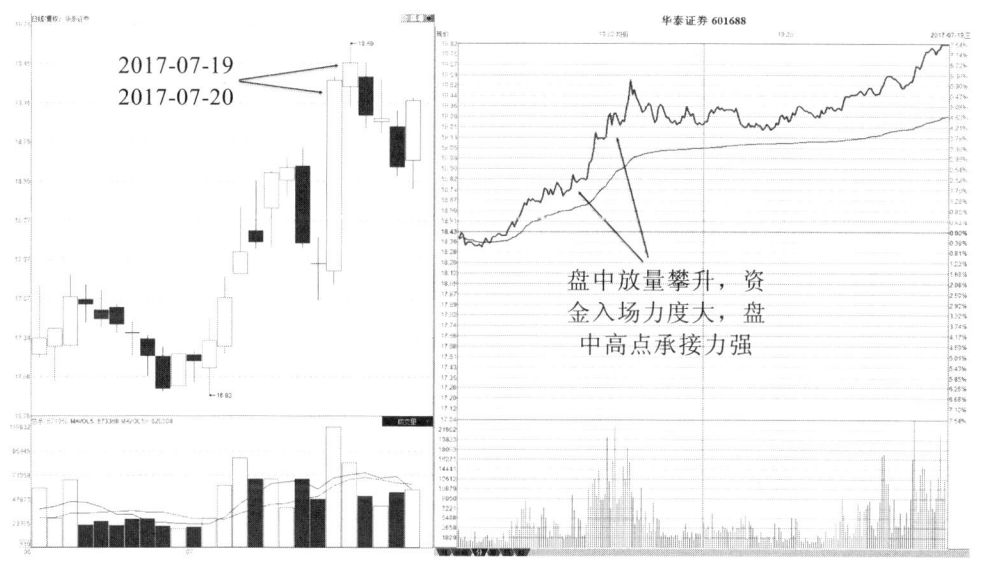

图 2-12　华泰证券 2017-07-19 日分时图

次日，此股于盘中小幅震荡，失去了短线强势上涨态势，且当日相对缩量，这表明短线上攻遇到了一定阻力，多方推升力度也开始减弱，虽然中线仍旧看好此股，但以超短线 T0 的角度来看，此时可以减仓卖出，规避短线调整风险。

图 2-13　华泰证券 2017-07-19 日分时图

2.2.3　盘中跳水的交易方法

大盘股的短线上冲虽然是一波三折，但跳水时却往往会引发较多的抛盘离场，因为大盘股以中线持股者居多，跳水走势易引发持股者中线看空，从而造成短线连续下跌。因而，对于大盘股来说，当中线形态趋坏时，一旦于盘中出现跳水、且跌破了具有支撑意义的点位，应及时卖出、以规避风险；如果中线上的震荡上升形态较好，当前的跳水仅仅是源于短线大涨后的获利抛压，则中线交易不必卖出，短线上也不宜抄底，因为大盘股在短线回调后，往往会在低点连续整理数日，而不是迅急地反转上行。

如图 2-14 为中兴通讯 2017-03-29 日分时图，个股早盘出现了跳水，大盘股的盘中跳水当日并不是短线入场的好时机，因为盘中逆转上行的概率较大，相反，跳水后再度走弱的概率则较大。

随后两日，个股短线企稳，从日 K 线图来看，前期的突破形态较好，此时短线企稳也进入到了突破后的支撑点，此时可以短线参与。

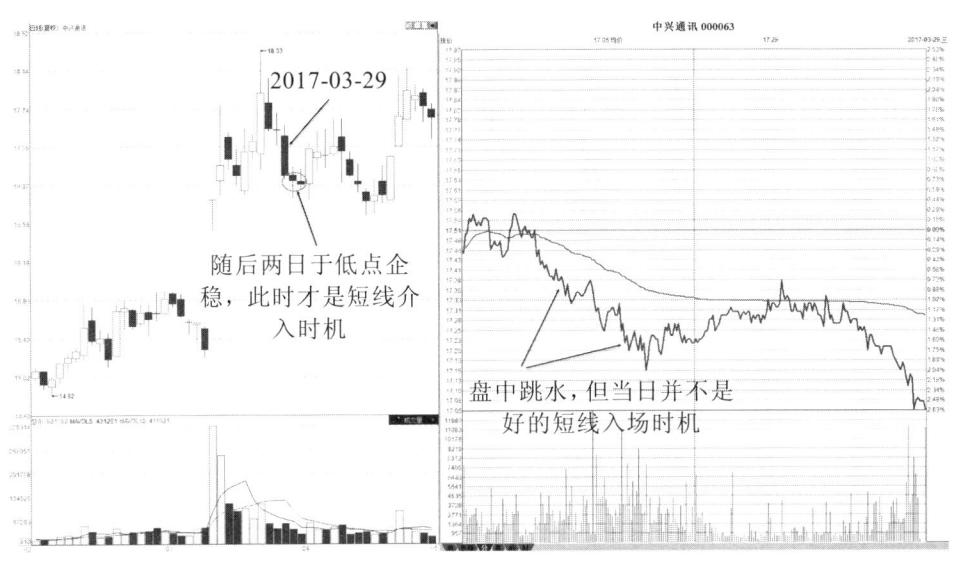

图 2-14 中兴通讯 2017-03-29 日分时图

2.2.4 仓位的控制方案

对于绩优型、蓝筹型的大盘股来说，由于有业绩支撑，而且持股多以中线思路操作，因而，在结合盘中的上冲或跳水展开超短线的 T0 交易时，可以通过加仓、减仓的方法来规避短线风险、降低持仓成本。只要个股的中短线涨幅不是很大，且日 K 线形态较为稳健时，短线卖出时不必实施清仓处理，因为一旦卖错，将很可能错失中线行情。除此之外，我们也应关注市场风格，如果市场风格以大盘蓝筹型个股为主基调，则只宜在短线大涨后再实施"高减低增"超短线 T0 交易。

2.3 短线活跃股 T0 思路及策略

短线活跃股，常见于中小盘个股及题材股的走势上，它们的短线波动往往较为迅急，特别是在市场热点转换的时候，相关的个股可能会出现剧烈的短线波动，此时，我们可以结合个股的盘中波动及短线走势展开高抛低吸、反复买卖的T0交易。本节中,我们就结合具体的实例来看看开展这类个股的T0交易思路及分析方法。

2.3.1 局部运行的位置要素

对于股价波动频繁的一些中小盘个股来说,短线走势往往呈现"重势不重质"的特征,因而,技术意义上的支撑、阻力点位对市场心理影响很大,在T0交易过程,我们一定要关注股价运行过程中的重要区域,例如:突破点、破位点、前期筹码套牢区等。

如图2-15为兴发集团2017-08-04日分时图,个股早盘强势上扬、日K线图上也呈突破形态,但盘中冲高后出现了快速回落且跌破均价线,这是盘中的偶然波动?还是将要出现调整?如果我们再结合日K线运行中的位置要素综合考虑,就会得出应短线卖出的判断,因为当日的位置点正处于前期下跌前的筹码套牢区附近,解套抛压相对较重。如图2-16标示了此股当日所处的K线运行位置。

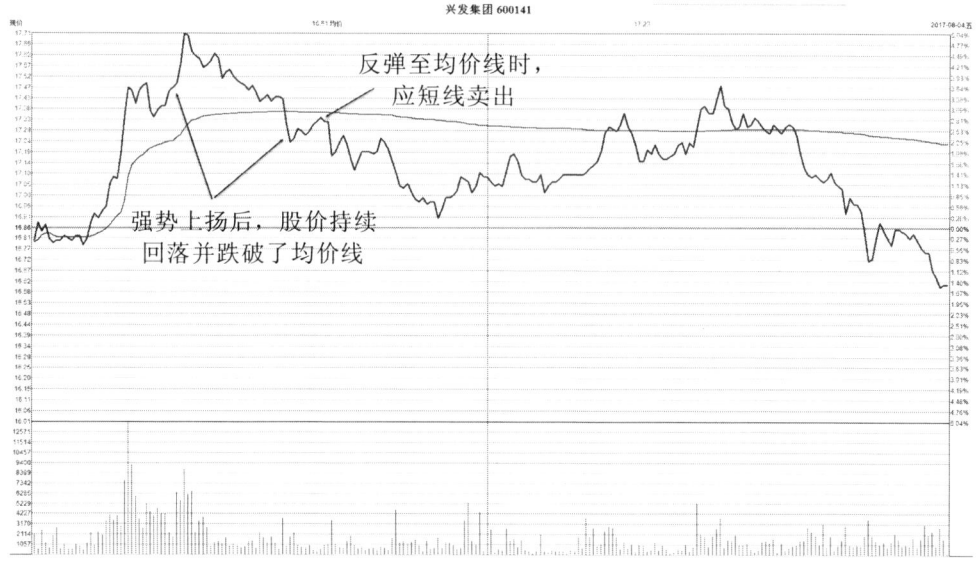

图2-15 兴发集团2017-08-04日分时图

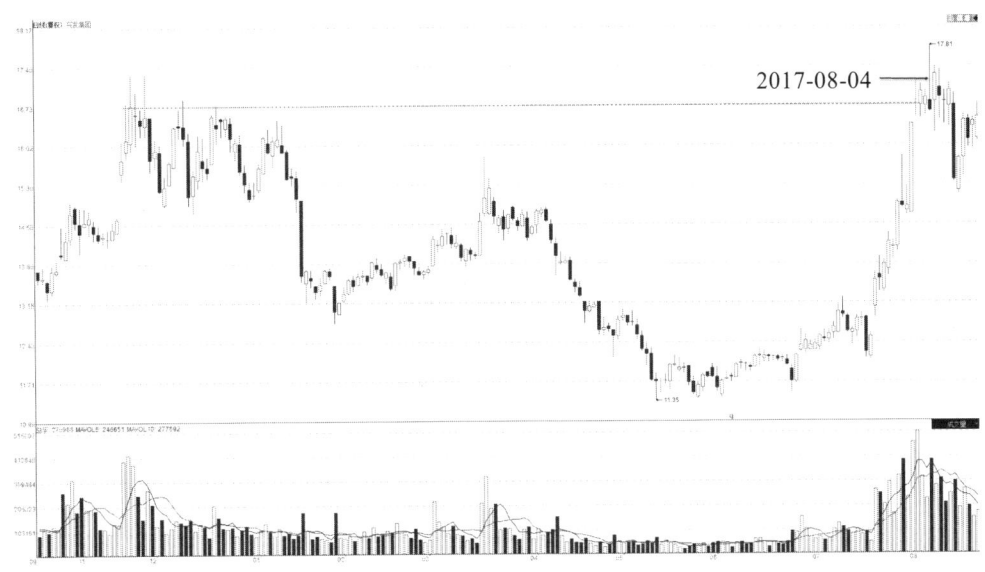

图 2-16　兴发集团 2016 年 10 月至 2017 年 8 月走势图

2.3.2　启动、破位的方向选择

一般来说，在个股出现向下破位形态时，会引发较多的短线盘止损离场、场外买盘的积极性也较差，因而，在刚刚破位时，由于短期内的空方力量未释放充分，此时不宜展开抄底搏取反弹的超短线 T0 交易。

如图 2-17 为长春一东 2017-04-17 日分时图，先是横向震荡，期间的上下波动幅度较大，可以适当展开 T0 交易，这是建立在个股未破位的情况下。随后，2017-04-17 日的跳空低开、且盘中跳水走势使得此股在日 K 线图上呈向下破位状，虽然股价处于短线最低点，但由于位置区间发生了变化，此时就宜再实施 T0 交易了。

反过来，如果个股突破上行，则易引发短线盘追涨买入，技术形态上的突破往往被投资者视作一轮上攻行情展开的信号，因而在刚刚突破的位置点，会有着较强的支撑力，在此位置附近结合盘中大幅度波动展开 T0 交易的风险相对较小。

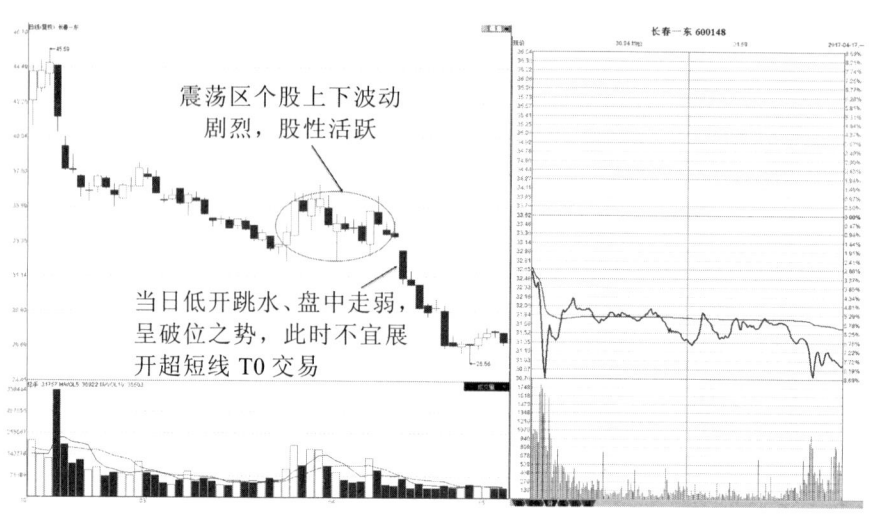

图 2-17 长春一东 2017-04-17 日分时图

如图 2-18 为三维工程 2017-02-15 日分时图，个股以一个强势的涨停板突破了低位整理区，但是并没有急速上攻，而是在突破点反复震荡，由于短线涨幅不大且突破形态良好，这个刚刚突破的位置点是可以展开 T0 交易的。如图中标注，个股早盘出现跳水、承接了前两日的回调，这使得其短线回调幅度较大，且此时的股价正处于突破后的支撑点，而且，随后盘中有足够的时间逆转走强，这就是当日 T0 买入的好时机。

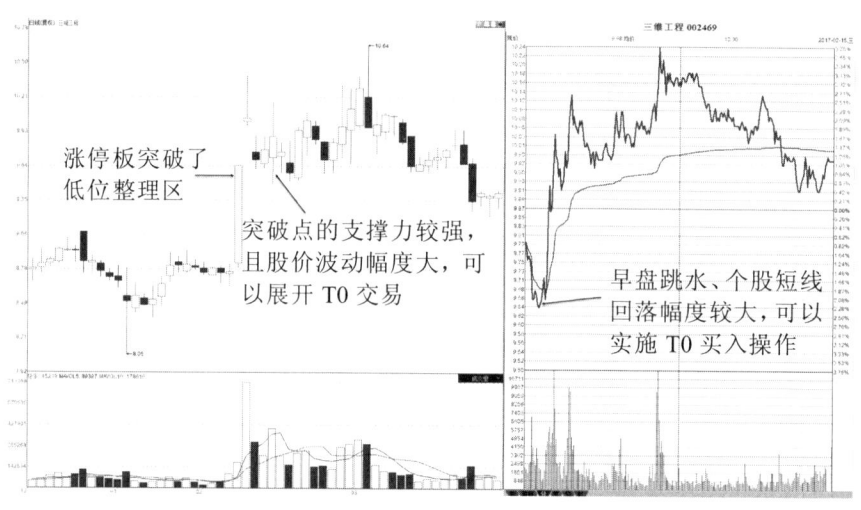

图 2-18 三维工程 2017-02-15 日分时图

2.3.3 短线延展的惯性力度

短线活跃股，最大的一个特性就体现在它短线走势上的巨大波动上，有的时候是以震荡的方式，但也有的时候能够出现短线飙升形态，因而，在对活跃股实施 T0 交易时，在其快速上涨过程，我们一定要关注它的惯性力度，即：判断个股的短线上冲是连续、不回调的方式，还是一波三折、反复向上的震荡方式。一般来说，我们可以从 K 线上的突破空间、盘口的量价配合、个股的题材面、早盘 10:30 之前的表现等几个方面来综合分析。下面我们结合一个案例加以说明。

如图 2-19 为华资实业 2017-07-11 日分时图，从日 K 线图来看，个股以大阳线的方式实现的低位整理区的突破走势，是大阳线而非涨停板，这表明突破行情难以出现"逼空"式的直线飙升，盘中的一波三折震荡或是主要基调。

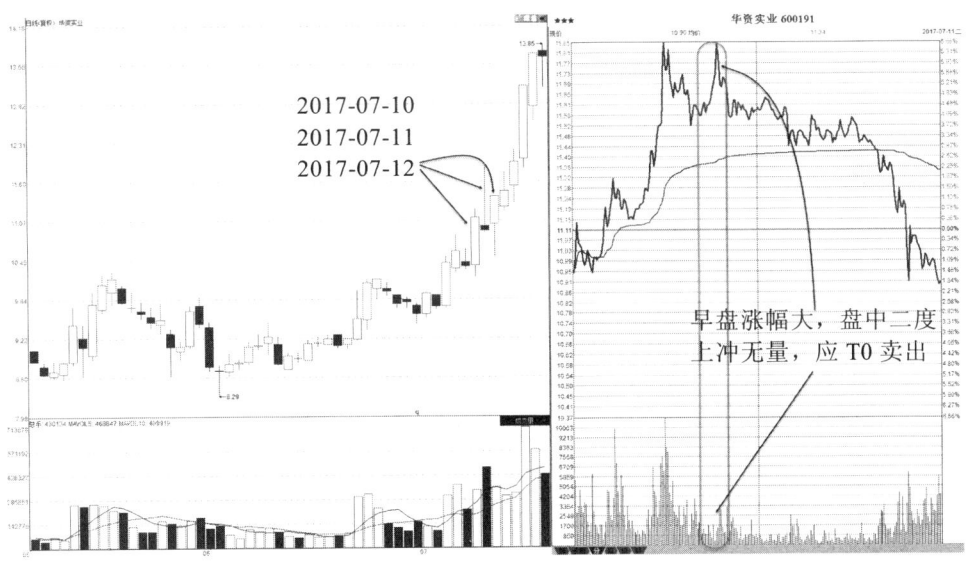

图 2-19　华资实业 2017-07-11 日分时图

当日，此股在早盘阶段大幅度上涨，盘中高点二度上冲时，如图标注所示，成交量大幅缩减，表明买盘入场力度较弱，结合上一交易日的尾盘涨幅较大来看（如图 2-20 所示），昨日的尾盘加上当日早盘，已使得个股产生了过多的短线获利抛压，当日的交易仍将持续 2 小时以上，无论从盘口技术面来看，还是从短线涨幅来看，出现回落的概率较大，应实施 T0 卖出交易。

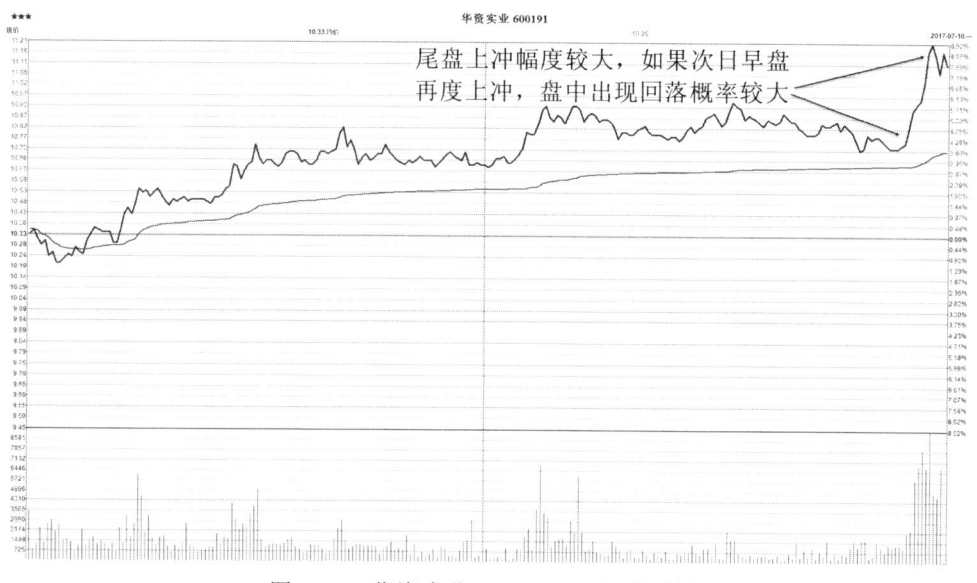

图 2-20　华资实业 2017-07-10 日分时图

次日（2017-07-12 日），如图 2-21 所示，承接了上一交易日的盘中回落，当日早盘再度跳水超过三个百分点，大盘走势较为稳健，这只是个股短线抛压引发的，而个股的突破行情又刚刚展开，盘中出现由弱转强的概率较大，这是一次早盘低点实施 T0 买入的机会。

对于短线活跃股的 T0 交易，更需要我们对个股及大盘走势有一个很好的盘感，将个股的涨跌与大盘的波动结合起来，这样才能更为准确地找出盘中的高低点，在活跃股的盘中大幅波动中寻找潜力大、风险小的 T0 机会。

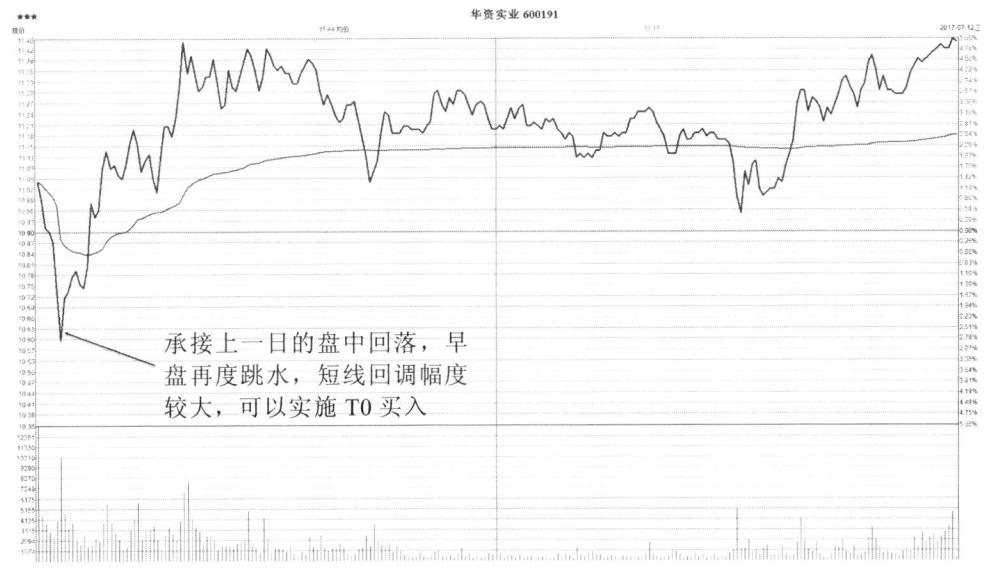

图 2-21　华资实业 2017-07-12 日分时图

2.3.4　仓位的控制方案

相对于绩优股、蓝筹股的盘中小幅波动来说，活跃股的盘中波动往往更大，我们更应结合交易的成败情况来控制仓位。

一般来说，若第一笔交易在当日买入后即实现的获利，或者是股价向上小幅脱离了成本区，那么这就可以看作是一笔成功的交易，此时可以继续寻找其他的 T0 超短线买入机会，增加总仓位，依此类推。反之，若第一笔交易在当日买入后未明显获利，甚至出现了小幅度亏损，那么，这笔交易就是我们随后一两日应重点操作的品种，此时不宜再加仓操作，可以通过余仓实施解套 T0 交易，也可以在止损之后再寻找新的机会。总之，活跃股的超短线 T0 交易的滚动加仓更宜建立在获利的背景下，而不是建立在亏损的背景下。

2.4 运用指数展开 T0 交易

个股走势虽然具有独立性,但这往往出现在大盘指数运行相对平稳的状态下,如果指数的短线波动幅度较大,则个股也将深受影响,可以说,展开超短线的 T0 交易一定要关注指数运行,这其中既包括反映股市整体走向的大盘指数,也包括反映市场热点的板块指数,其中,犹以大盘指数最为重要。本节中,我们就结合大盘指数的基本知识与分析技巧,来看看结合指数展开 T0 交易的方法与策略。

2.4.1 查看大盘指数走势

在股市中,我们所说的指数也称为大盘指数,股票价格指数,它是由证券交易所或金融服务机构所编制,是用以描述股票市场总的价格水平变化的指标,在股票市场上,指数可以衡量股票市场交易整体波动幅度和景气状况,是投资人做出投资决策的重要依据。

在 A 股票市场中,有上海证交所与深圳证交所两个集中地,一般用上证指数来代表大盘指数。虽然从计算方法来看,上证指数只是反映了上海证券交易所的全体股票平均走势情况,但由于在上海证券交易所上市的公司往往股本更大、企业更具代表性、数量也更多,因而,它可以很好地反映国内股票市场的运行。我们所说的大盘指数就是指上证指数。

对于指数而言,我们需了解它的样本空间与计算方法。样本空间:是指计算指数时所依据的股票集合,例如:上证指数用在上海证券交易所上市的全体股票作为样本空间。这样,上证指数就可以很好地反映出上证市场的整体表现;指数的计算方法:就目前来说,指数的计算方法多采用加权平均法,即流通股数量越多的股票它在指数中的影响力也越大,这也是为什么大盘股对指数的影响更大的原因所在。上证指数也采用了这种加权法进行计算。

在股票行情软件中，我们可以通过敲击数字键盘上的"03"或者按功能键"F3"打开上证指数走势图，并可以通过功能键"F5"在日K线走势图和当日分时图之间进行切换。此外，也可以通过在键盘上输入指数名称的首字母来进入相应的走势图，例如："上证指数"的首字母为"SZZS"，在键盘上键入"SZZS"，同样可以调用出指数走势图。

2.4.2 大盘指数含义解读

对于大盘指数来说，K线图上的量价关系与盘口形态是超短线T0交易中关注的要点，特别是当指数的短线走势呈明显异动时，例如：量能突然放大，盘口走势出现跳水，等等，此时，对于指数进行分析所得出的结论，将直接影响到我们的T0买卖。对于指数日K线图上的解读方式，以常见的量价形态为指导，结合指数的中短线所处位置点，来把握短期走向。对于指数分时图来说，盘中的上升、跳水等形态值得关注，特别是应注意盘中量能的配合，除此之外，也应关注市场风格的变化，这主要体现在两种指数在走势上的分化。

如图2-22为上证指数2017-08-28日分时图，在分时图中，可以看到两条分时线，本图中，粗线为上证指数分时线（也称为上证综合指数），这就是我们常说的大盘指数；细线为上证领先指数分时线。那么，两种指数的区别是什么呢？

两种指数的样本空间是一样的，都是上证的全体股票，它们的区别在于计算方法的不同。上证指数以"加权法"进行计算，其中的"权"对应着个股的总股本，这意味着一只股票的股本越大，则它对指数的影响力也越大。综合来看，上证指数可以更好地呈现大盘类个股的整体运行情况，而上证领先指数由于不考虑股本因素，个股的股价高低是其影响指数的唯一因素，中小盘股的股价往往更高，因而，上证领先指数可以更好地呈现中小盘类个股的走势。

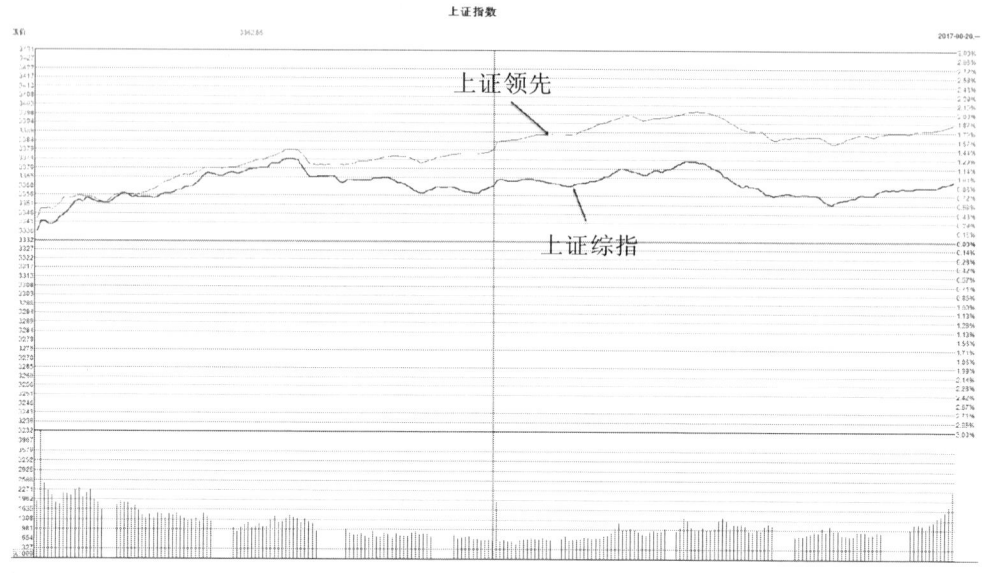

图 2-22 上证指数 2017-08-28 日分时图

以图 2-22 来分析，当日的上证领先指数涨幅明显大于上证指数，这表明当日市场的中小盘类个股涨势更好，大盘股表现相对较差。

2.4.3 指数转向点的判断

在大多数情况下，大盘类个股与中小盘类个股在走势上是趋同的，它们的不同只是涨跌幅度的不同，而且，在一个交易日中，这种涨跌幅度也相差较小。因而，我们此时只需关注上证指数的运行即可。

但是，也有的时候，股市会出现"大盘类个股"与"中小盘类个股"的走势分化，特别是在指数短线涨幅较大的时候，这代表着市场风格的变化，也说明短期内的做多资金力度减弱，一般来说，两种指数的盘中明显分化，特别在走势上的背景，往往预示着将有深幅调整出现，此时，我们若实施T0交易，则应轻仓参与，且尽量选择在盘中大幅跳水时买入、且快进快出，以规避市场或将出现的大级别波动风险。

如图 2-23 为上证指数 2016-11-25 日分时图，当日开盘之后，上证指数缓缓攀升，但同期的上证领先指数却大幅跳水，两种指数在早盘阶段上演了明显的背离，结合大盘指数中短线涨幅较大来看，这或是市场短线将见顶的信号之一。

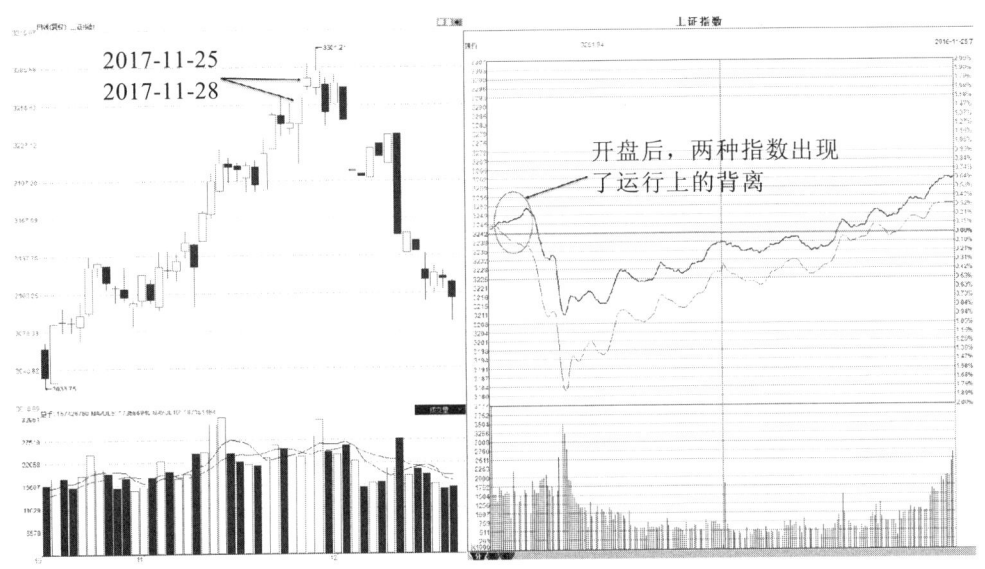

图 2-23 上证指数 2016-11-25 日分时图

此时若展开 T0 交易，一是要轻仓，二是只宜逢盘中大幅跳水时买入，因为透过指数的波动，市场短期内或有深幅调整出现。

以当日指数走势来看，开盘后的中小盘个股出现了大幅跳水，幅度较大，由于这是短期上涨过程中刚刚出现的跳水，且发生的早盘阶段，市场并没有利空消息出现，因而，随后的盘中运行出现修复跳水空间的概率较大，可以实施 T0 买入操作，但只宜轻仓参与。

次日，如图 2-24 所示，早盘阶段再度出现了两种指数的分化，说明指数短线见顶的概率在加大，若上一交易日实施的超短线 T0 买入，则当日就应及时逢高卖出，在市场处于短线转折的关键位置点，持股时间应尽可能的短，且要降低获利预期。

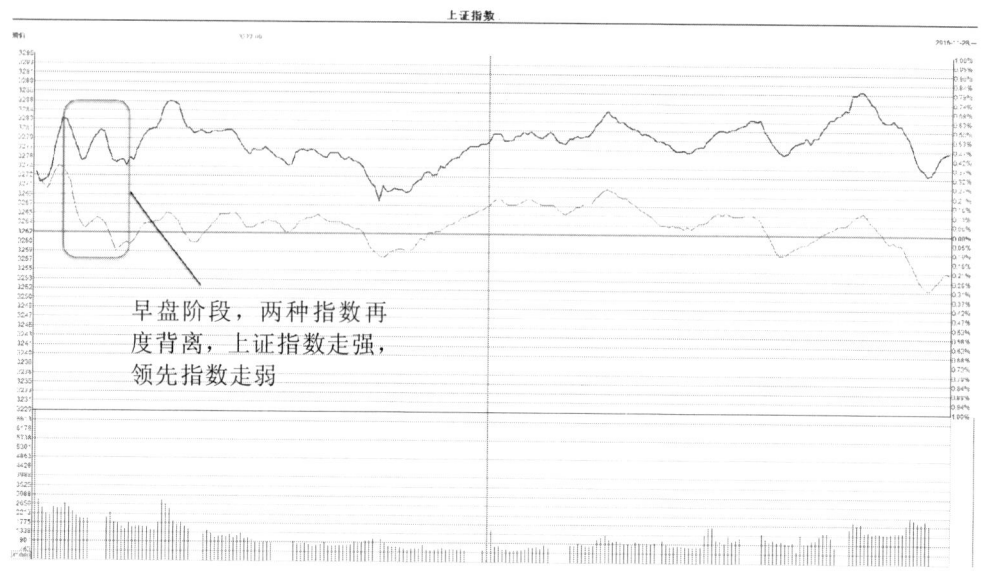

图 2-24　上证指数 2016-11-28 日分时图

2.4.4　板块指数解读要点

做超短线 T0 交易，除了熟练应用技术分析方法之外，紧跟市场热点也是十分重要的，有热点支撑的个股，会在短时间内吸引市场各路资金涌入，从而促成个股的短线大涨。而股市的热点又往往是以板块的方式呈现的。那么，什么是板块呢？

板块，我们可以将其理解为具有相同属性的同一类个股的集合。相同的属性，可以为"行业"，可以为"地域"，可以为"概念题材"。以板块为组织方式，我们对个股的理解就更深入了一层，将个股纳入板块中来考虑，对于研判个股的短线走势往往有着重要意义。

理解板块这一概念是至关重要的，它对于我们把握股市的运行特征、股市节奏的变化有着重要指导意义。有实盘操作中，若我们稍加留意就会发现，在某个交易日的强势上涨或大幅下跌个股中，其实很多个股都隶属于同一板块。如果我们不了解板块的概念，就很难正确地发现这些个股之间的内在关联，也很难及时察觉到市场热点所在。

如图 2-25 为有色金属板块指数 2017 年 2 月至 9 月走势图,对比可以看到,在大盘指数横向整理不前的背景下,有色金属板块指数持续上扬,这表明此板块是当前市场热点所在。一旦板块热点形成,就会有较强的持续力,这一板块中的个股也是我们 T0 交易中值得关注的品种。

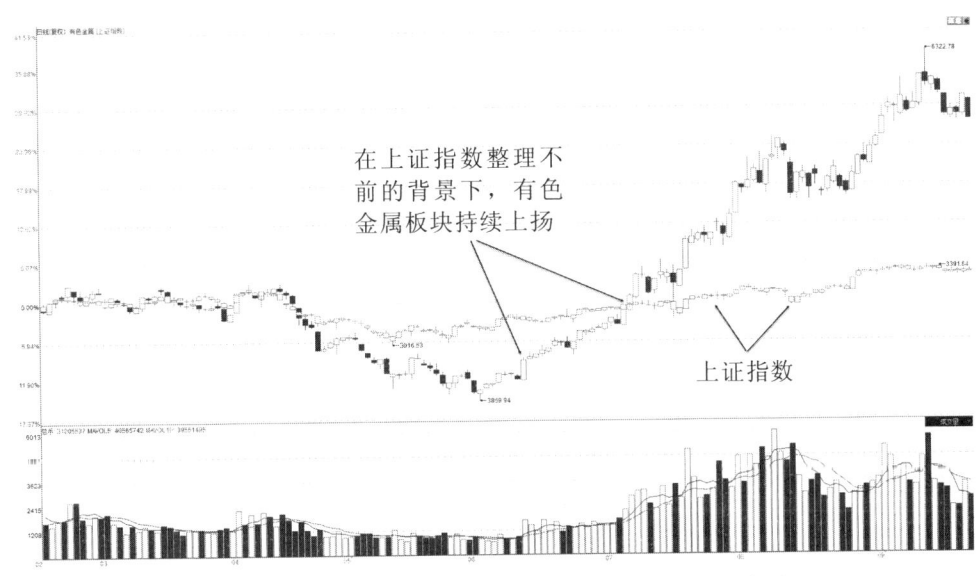

图 2-25　有色金属板块指数 2017 年 2 月至 9 月走势图

在超短线 T0 交易中,强势板块中的个股更值得参与,无论是布局于未启动的补涨股,还是追涨板块中的龙头品种,都是相对较好的、风险较低且短线获利预期更强的交易方法。因而,观察、分析板块指数运行有着重要的实战意义。

2.4.5　指数涨跌与 T0 思路

在指数运行相对稳健、市场风格较为确定的背景下,我们可以将精力更多放在关注个股的表现,依据个股的盘中信号来实施超短线 T0 交易。此时,指数的小幅度波动并不是我们 T0 买卖的触发信号。但是,在市场短线涨跌幅度较大的背景下，指数的盘中波动开始加剧，这时的指数运行对个股走势将有着明显的影响力，而且，个股的盘中波动幅度往往会成倍于指数，特别是当指数出现盘中跳水时。

除此之外，在指数短线涨幅较大的位置点，还应关注两种指数的分化，即：上证指数与上证领先指数是否出现分化。

在结合指数的波动展开T0交易时，指数的盘上扬与跳水两种鲜明的形态值得关注：

指数的盘中放量上扬代表着市场看多、做多氛围浓郁，此时应积极持有个股，不宜过早卖出，实施T0交易时，追击强势股、甚至是参与涨停板，是一个较好的策略，因为在市场稳健上扬的时候，强势股的短线延续性更好。若布局于未启动的个股，很可能错失当前良好的大市氛围；

指数的盘中放量跳水代表着市场抛压较重，这种形态出现了短线高点或盘整后的破位点时，往往是一轮市场行情的方向性选择，在市场下跌的背景下，虽然也有一些个股能够逆市走强，但这只是一个非常小的概率，如果我们参与的个股未见强势上涨特征，就应及时卖出，以保证本金的安全性，即使之前实施T0买入时，当前未获利且处于亏损状态，也宜止损离场，而不是抱守亏损状态、被动地等待反弹。下面我们结合一个案例来看看结合大盘指数实施T0交易时的分析思路。

如图2-26为卫士通2017-08-29日分时图，在分时图与日K线图上，我们分别叠加了上证指数走势，通过对比指数的运行，我们可以更好地了解个股的盘中运行情况进而实施T0交易。

从当日盘中运行来看，个股的早盘飙升有着明显的独立性且强势特征明显，日K线图上，个股正处于快速上升通道中，可以结合当日及次日的表现来决定是否实施追涨强势股的交易方案。次日，个股在短线高强势企稳、盘中未见明显回落，短线强势运行格局有望延续，此时，可以实施超短线T0买入。

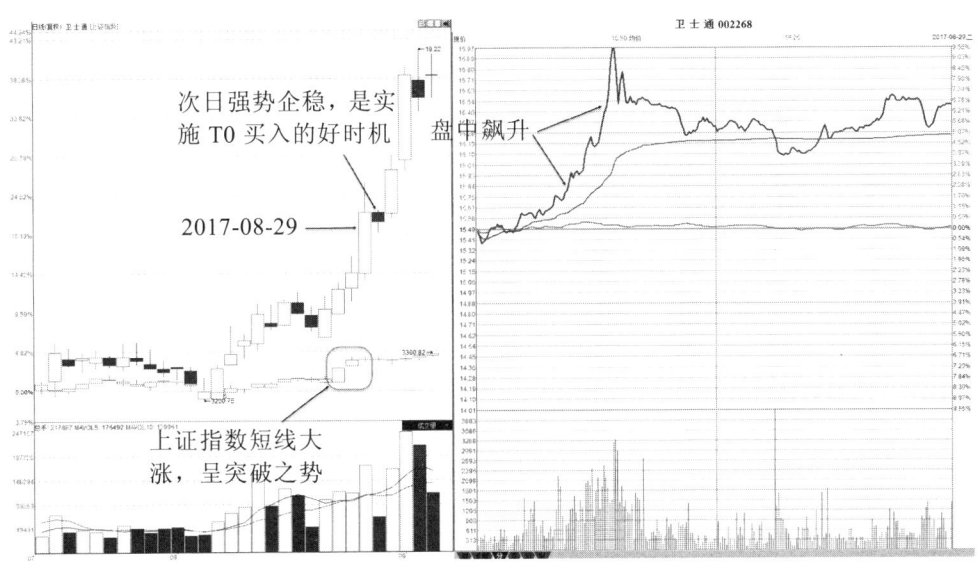

图 2-26　卫士通 2017-08-29 日分时图

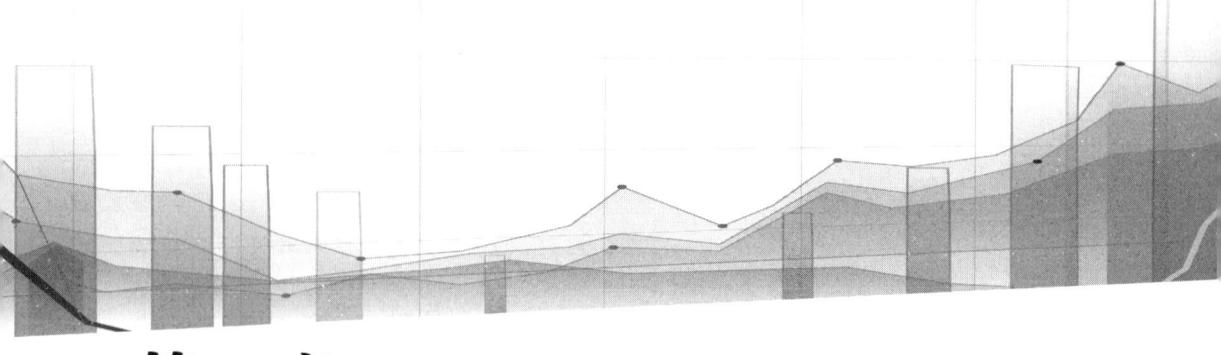

第 3 章
T0 技术基础——分时图基础分析

分时图,是超短线 T0 交易的核心技术分析手段,对于分时图的掌握程度直接决定着我们 T0 交易的成功率。学习分时图,既要掌握它的基础知识、强弱特征,也要学会解读各个时间段、典型分时特征所蕴含的信息,本章中,我们先从基础着手,全面讲解分时图的基础知识。

3.1 基本的分时图要素

盘口分时图是反映多空交锋的最前沿窗口,买卖成交情况、价格实时波动情况都反映在分时图上,其中分时线的形态是盘口分析的核心,一般来说,我们常说分时图形态,狭义来说,就是指分时线的具体波动形态。上一章,我们讲解了大盘指数的基础知识,本节中,我们将以个股分时线这一概念为出发点,介绍分时图的主要构成要素。

3.1.1 个股分时线与均价线

分时线以分钟为时间单位,实时反映着价格的盘中走势,如图 3-1 为大洋电机 2017-09-23 日分时图,分时图以价位为纵轴、以时间(时间周期为分钟)为横轴,在分时图中:

分时线：实时反映价格走势；

均价线：均价线用来表示从当日开盘到目前为止的市场平均持仓成本，计算方法：某一时刻均价值=（到目前时这一时刻的当天成交总金额）/（到目前这一时刻的当天成交总股数）；

分时量：分时图下方的柱形图，它以分钟为单位，每一根柱形代表着这一分钟的成交量大小。

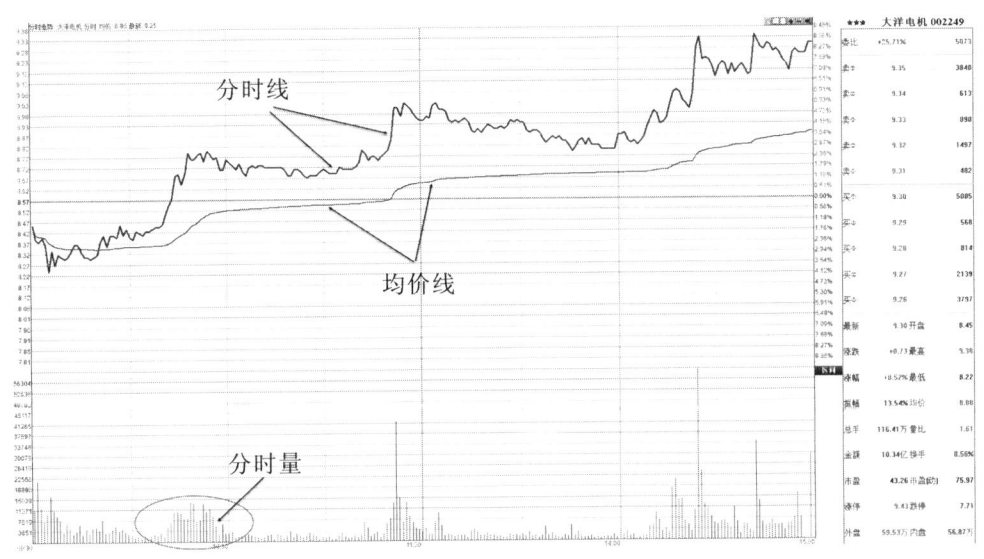

图 3-1　大洋电机 2017-09-23 日分时图

从最基本的市场含义来看，分时线反映着价格的实时走势，均价线反映着市场当日的平均持仓成本，分时量则是多空双方盘中交锋力度的体现。除此之外，分时线的形态、分时线与分时量的配合、分时线与均价线的位置变化等，都蕴含了丰富的市场信息，是我们解读分时图、把握股价波动方向的重要依据。

3.1.2　分时图中量价配合

对于分时线与分时量的配合关系，我们一样以量价理论为依据，所不同的是，我们在平常应用量价理论时多是将其应用于日 K 线走势与日成交量之间的配合之上，其实这种量价关系同样适用于分时线与分时量配合关系。

例如：日 K 线图上的放量攀升是个股涨势牢靠、买盘涌跃的标志；同样，在分时图中若出同这种量价配合，一般来说，股价在盘中高点的更有支撑力；反之，如果盘中上冲没有分时量的有效放大来支撑，往往难于站稳；又如：日 K 线图的放量跳水代表着抛压较重、卖盘多，个股短期内反转上行的概率较低；同样，在分时图中若出现了放量跳水，则当日反转收复的概率就是较低的。

利用分时线与分时量的配合关系，我们可以对股价的盘中运行方向有一个更为准确的预判，从而决定是持股待涨还是及时止损离场。随后的章节中，我们将结合具体情形、具体案例详细讲解分时图的量价配合之道。

3.1.3 委托单的变化

参见图 3-1，在分时图的右上方为委买委卖盘窗口，也称买卖盘窗口，我们可以看到上面五档为委卖盘，下面五档为委买盘，在买卖盘窗口中，委托挂单情况也是一个关注的要点，特别是当委买盘与委卖盘挂单数量相差极大时，往往蕴含着重要的市场信息。

一般来说，有两种特殊情况值得关注：大单托底、大单压顶。

当大量的委卖盘压在上面且其数量要显著多于委买盘数量时，这称为"大单压顶"，它往往给人一种乌云压顶的感觉，一般来说，这说明市场抛售欲望较强，股价后市看跌；

当大量的委买盘托在下面且其数量要显著多于委卖盘数量时，这称为"大单托底"，它往往给人一种千斤托底的感觉，一般来说，这说明市场买入欲望较强，股价后市看涨。

但是，这只是两处直观的感觉判断，在很多时候并不准确，我们一定要结合股价的盘中表现来综合分析大单压顶与大单托底。

如果个股在大单托底的情况下，其盘中走势却明显弱于大盘，这表明挂在下面的大买单主动买入意愿并不强，这类个股在指数出现波动时，跳水幅度往往更大，大托单并不能有效地止住下跌；反之，如果个股在大单压顶的情况下，其盘中走势却明显强于大盘，这表明挂在上面的大卖单主动卖出意愿较差，虽然暂时影响了个股盘中上涨，但随时有可能因大买单的扫盘而出现上涨。

可以说，这是对两种特殊挂单形态的逆向思考，而且，准确率相对较高，实盘中，我们不仅要学会从正向的角度解读盘口数据，也要学会逆向思维，但逆向思维并不是建立在主观臆断的基础上，而是以其他盘口信息为依据来分析，例如：对于大盘压顶与大单托底的逆向解读就是以分时线走势强弱为依据的。

3.1.4 大笔成交细节

委托盘的单子只要不成交是不用交手续费的，成交细节则是指那些真实成交的单子，在成交细节当中，大笔成交是研究主力动向较为重要的信息。股价大幅上升或下跌是由市场中的主力资金推动的，主力资金不可能一手两手地买卖股票，连续的单向大买单或大卖单，往往能够体现主力资金的市场行为。在看盘时，如果我们可以将大笔成交细节及大挂单情况结合起来进行分析，对于我们把握主力动向、分析个股走势则无疑会起到更好的效果。

例如：当一只个股涨停后，若屡屡出现千手级别的大抛单且持续时间很长，这或许就是主力资金在涨停板上出货的信号；又如：一只个股在短线回调幅度较大的背景下，盘中涨幅虽然不大，但却频繁出现千手级别的主动性买盘，这类个股随后的短线表现往往会较强，值得重点关注。

3.2 看涨股的分时图特征

对于分时图形态来说，了解它的强弱特征是一个首要因素，强势型的分时图才是短线上涨的大概率事件，而弱势型分时图虽然未必预示着短线下跌，但参与这类个股的风险无疑将增加。本节中，我们将解读强势分时图的典型特征，这些特征具有一定的普遍性，是超短线T0交易中应关注的要点之一。

3.2.1 分时图的强、弱特性

在具体讲解分时图的强弱特征前，我们应首先了解，何为强势型分时图？何为弱势型分时图？强势型的分时图是否一定预示了短线上涨？弱势型的分时图一定是T0卖出信号么？

其实，股票交易的技术分析方法，包括T0分析之法，它只是一种或然性的判断，是建立在概率的基础之上，当然，也是投资者的经验总结。每一种技术形态都有它的局限性，脱离了具体环境、具体走势的形态都只是孤立、片面的技术开态，并不能很好地提高成功率。但是，了解这些技术形态却是提高交易成功率的一个基础环节，如果对于技术形态没有一个全面的了解，就很难结合具体的价格走势、市场环境展开成功交易。

强势型的分时图，主要是指这样的分时图具备了一些特征，这些特征从某个方面反映了个股的短线强势特性，例如：主力资金的拉升行为、多方力量的明显占优、个股独立走势强劲势头等，结合这些强势特征，再结合个股当前的位置点，我们对其短线走势的判断就会有一个较高的正确率，从而决定是否实施追涨买入。

反之，强势型的分时图，主要是指这样的分时图具备了一些从某个方面反映个股短线弱势的形态特性，例如：主力资金的大笔出货、空方力量的明显占优、个股独立走势独自下跌等，结合这些弱势特征，再结合个股当前的位置点，从而决定是否要短线离场。

3.2.2 形成支撑的均价线

盘口中的均价线，既反映了市场持仓成本的变化情况，也是多空力量对比的分水岭，而且，它对于市场心理有着重要的影响，一般来说，当股价稳健运行于均价线上方时，这代表着多方力量相对更强，个股盘中看涨，此时的均价线起到了支撑作用，由于技术派对于均价线的重视，这种支撑作用往往较强，易促使个股盘中上扬。因而，"股价稳健的运行于均价线上方"这种形态可以看作是强势分时图的特征之一。

如图 3-2 为华谊兄弟 2017-07-25 日分时图，个股在早盘及午盘前后均出现了明显的上扬，而且，在盘中上扬后的短线高点，可以看到均价线起到了明显的支撑作用，结合日 K 线图上短期涨幅较小的情形来看，个股的盘中强势运行特征有望延续，当日的盘口形态是一个短线看涨信号。

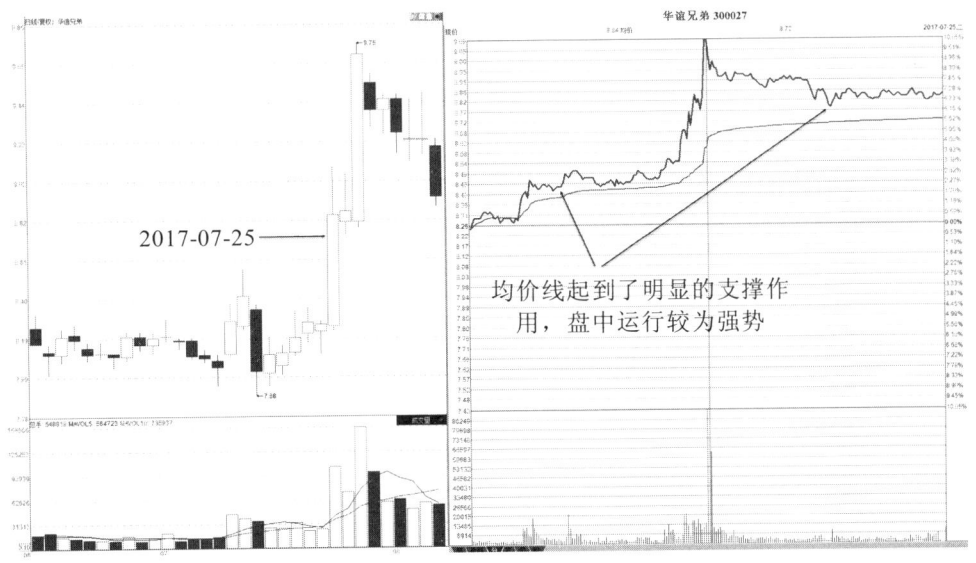

图 3-2 华谊兄弟 2017-07-25 日分时图

3.2.3 流畅的盘中飙升

个股的短线强势上涨往往与主力资金的积极推升密不可分,主力资金在盘中买入个股时,往往是以连续大买单的形式呈现的,体现在盘口中就是较为流畅的飙升形态、且飙升时有分时量的明显放大。因而,借助于盘口出现的流畅的放量飙升形态,往往可以把握住阶段性的强势品种。

如图3-3为华谊兄弟2017-08-25日分时图,个股在午盘后出现了流畅的放量飙升形态,结合短线刚露涨势来看,这种强势型的盘口形态预示着短期内仍有上涨空间,可以积极地参与短线行情。

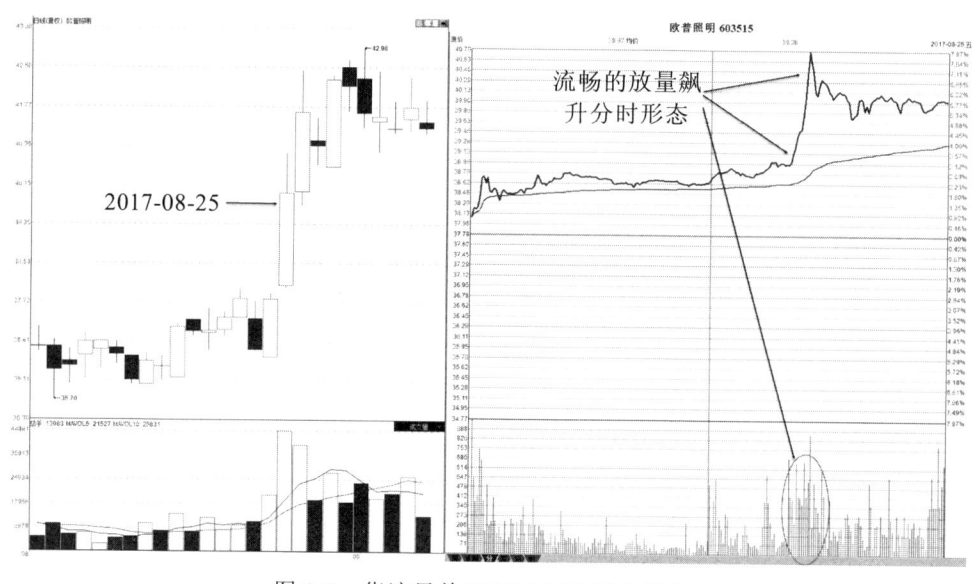

图3-3 华谊兄弟2017-08-25日分时图

3.2.4 分时的同步放大

对于盘中没有出现流畅放量飙升形态的个股来说,可以结合分时线上涨过程中的量能变化判定强势状态。如果个股的上涨走势明显强于大盘、呈稳健攀升状，且分时量随着上扬走势而不断放大，日 K 线图上也呈温和放量状态，则这种分时图可以视作相对强势，短线上涨倾向较强。

如图 3-4 为华昌化工 2017-07-20 日分时图，个股在午盘之后开始震荡上扬，走势相对强劲，整个上扬过程中可以看分时量随股价的节节攀升不断放大，两者呈同向正比关系，这就是强势分时图的常见特征之一——稳健式放量攀升。

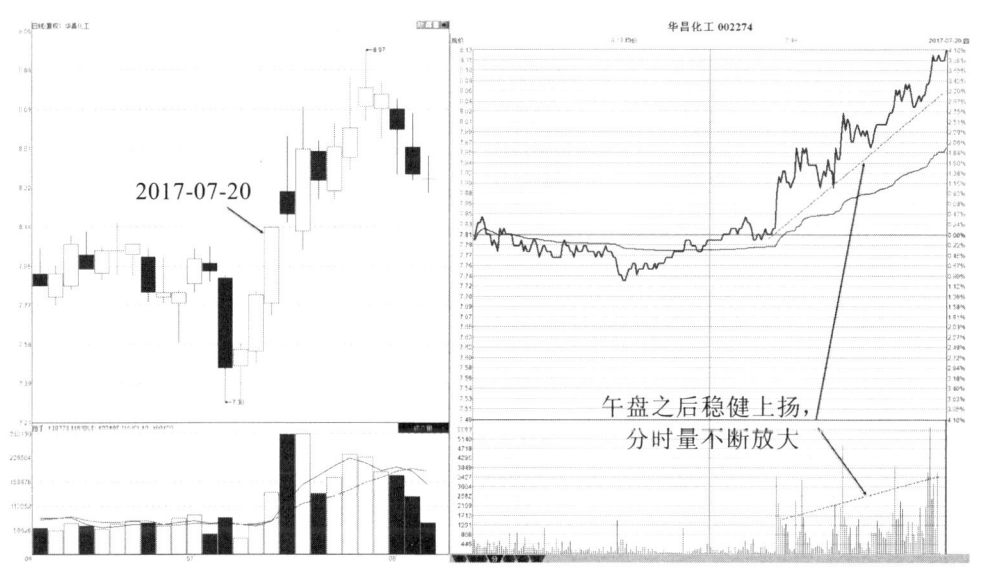

图 3-4　华昌化工 2017-07-20 日分时图

稳健式的放量攀升是指量能随着股价的上扬而不断放大，并不是量能一直保持明显放大状态，这只会让当日的放量幅度过大，并不利于股价的短线上扬，实盘中要注意这种区别。

如图 3-5 为天宝食品 2017-07-04 日分时图，个股在稳健攀升过程中，起初的上涨波段就大幅放量，随着股价的再度上扬，成交量并没进一步再度放大，整个上扬过程中，成交量始终保持明显放大状态，这也使得当日放量幅度过大，是个股上扬过程中抛压较重的标志，并不构成分时图的强势信号，实盘中，不宜依此盘口形态实施 T0 买入。

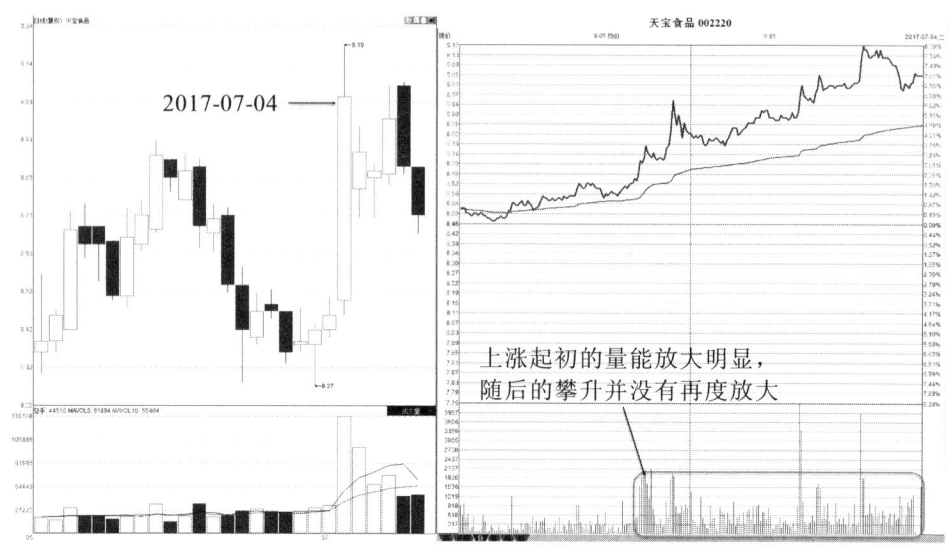

图 3-5 天宝食品 2017-07-04 日分时图

3.2.5 结合指数辨强势

上证指数代表着市场的平均表现，也是我们判断个股短线强势的重要参照系。如果个股短线呈强势状态，在盘中运行时，它一般会在多方资金的推动下而明显强于指数运行。结合指数运行来对照分析个股强弱特征，是一个重要的方法。

如图 3-6 为华新水泥 2017-01-09 日分时图，图中叠加了当日的上证指数走势，对比可见，个股的盘中上涨较为独立，虽然回落跌破均价线，但幅度不大，且当日运行明显强于大盘，这是当日运行呈强势特征的标志。结合日 K 线图有突破上攻的态势来看，短线上涨概率较大，可以适当参与、把握行情。

3.2.6 强势的单一与多重性

分时图的强势特征有很多种，对于一只个股来说，具体盘口运行形态中，一般不会同时出现这些强势特征，当个股仅仅出现一种或几种强势特征时，我们需要仔细分析它的强弱力度，进而把握短线方向。

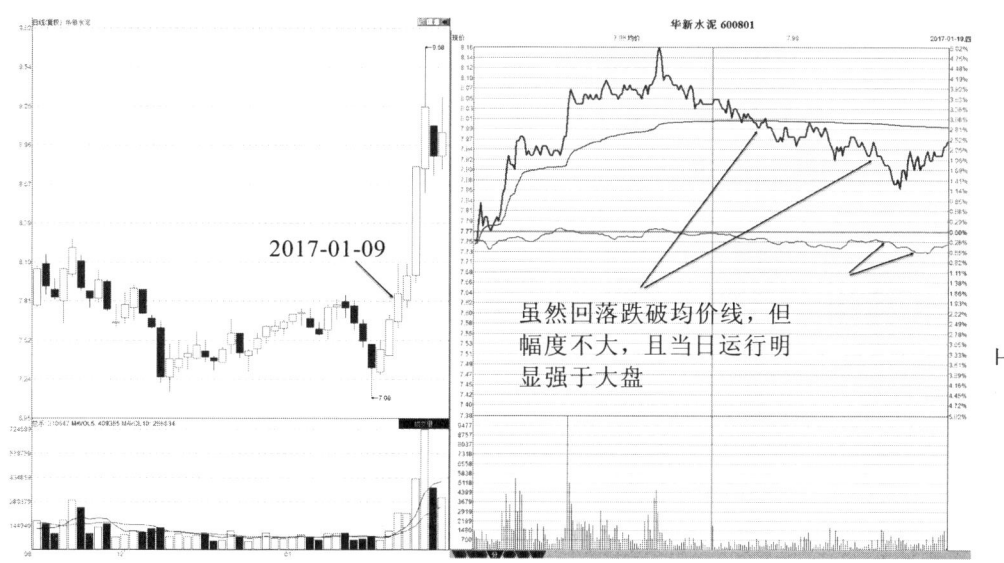

图 3-6 华新水泥 2017-01-09 日分时图

如图 3-7 为四方冷链 2017-08-04 日分时图，个股开盘后出现了流畅的放量飙升形态，这是强势特征；但在随后的运行中却跌破了均价线，这是弱势特征；那么，个股当日的分时图形态为强势，还是弱势呢？

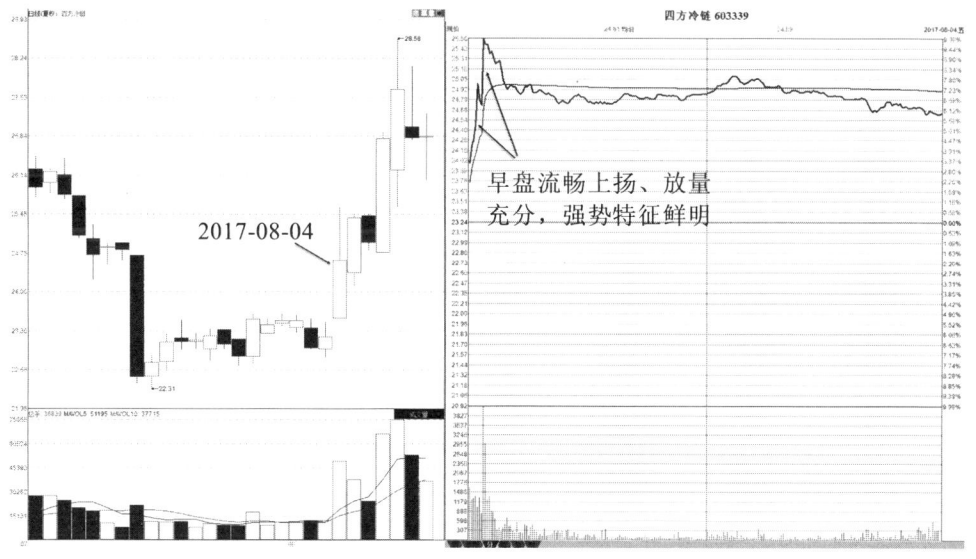

图 3-7 四方冷链 2017-08-04 日分时图

仅仅从分时图来看,开盘的飙升力度大、放量充分,这是较为强势的形态特征。而随后的运行中虽然跌破了均价线,但幅度小且受到了大盘回落的影响,但在收盘时,股价向下偏离均价线幅度较小,多方力量依旧较为强劲。综合来看,当日的分时图应为强势特征更明显,是短线上涨信号。

其次,借助于日 K 线图,当日的跳空突破形态较为优异,短期内具备了一定的突破上涨空间,可以适当看多做多。

3.3 看跌股的分时图特征

弱势分时图,是指盘中分时体现为空方力量占优、多方处于弱势的一种盘面格局,它是个股短线下跌概率更大的信号,特别是当个股处于盘整后的破位点、或是短线高点时,分时图上的弱势特征往往是一波大幅下跌展开的信号,了解这种盘口弱势特征,可以更好的帮助我们在 T0 交易中把握卖点、规避风险。

3.3.1 形成阻挡的均价线

如果个股的盘中上涨或反弹,始终无法有效地突破均价线,每当盘中上涨遇到均价线后,股价就出现明显的回落,这表明空方力量占据了一定的主动,个股短线走势上,易跌难涨,这是弱势分时图的一个重要特征。

如图 3-8 为科恒股份 2017-03-30 日分时图,个股大部分时间运行于均价下方,每次的盘中上涨至均价线附近后,股价即出现明显的回落,均价线的阻力作用明显,这表明个股分时图为典型的弱势形态,结合当前正处于短线高点盘整区来看,个股向下破位的概率较大,短线操作上,应卖出以规避风险。

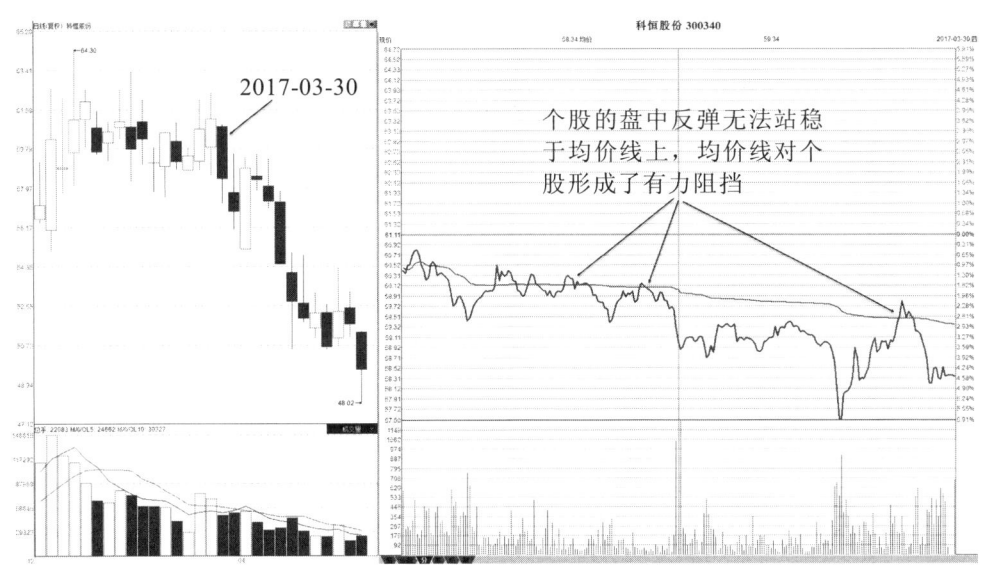

图 3-8　科恒股份 2017-03-30 日分时图

3.3.2　均价线的明显破位

相对平稳的交投状态下，股价会围绕着均价线上下波动，如果个股在运行过程中出现了向下大幅度远离均价线的走势，即：相对于均价线出现了明显的破位，这是空方抛盘集中涌出的标志，预示着个股走势或将转弱，也是弱势分时图的一个重要特征。

如图 3-9 为晨曦航空 2017-07-10 日分时图，个股在午盘之后向下持续运行，并远离了均价线，这是弱势分时图的标志，结合个股短线已连续上涨几日的情况来看，价格走势将出现转折，持股者应短线卖出、规避风险。

3.3.3　大幅度的跳水

如果个股在盘中出现了较大幅度的跳水，特别是日 K 线图上处于关键的位置点，例如：窄幅整理的下沿、短线上涨后的高点，这种放量的跳水走势多代表着价格走势的方向选择，也是个股短期内走势或将呈现弱势特征的标志，一般可以作为短线卖出信号。

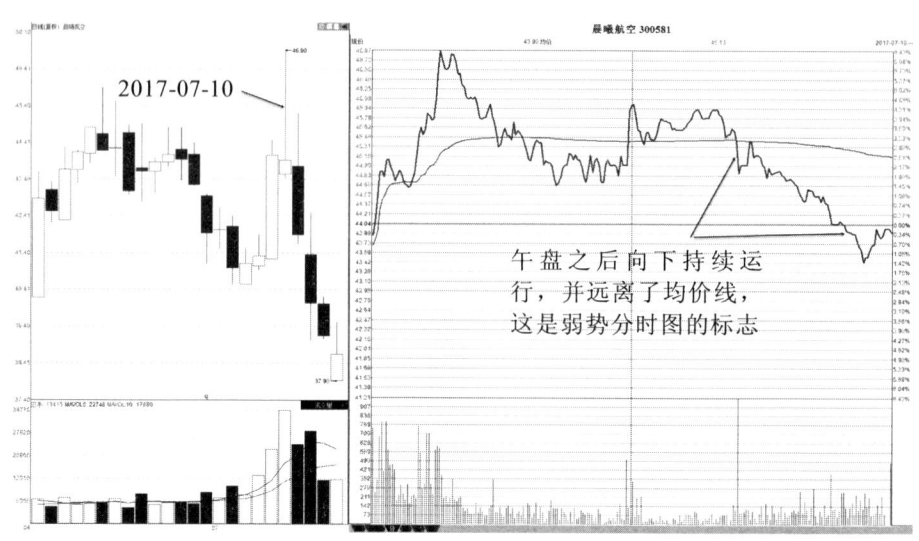

图 3-9　晨曦航空 2017-07-10 日分时图

如图 3-10 为司太立 2017-03-29 日分时图，个股在早盘出现了大幅度跳水，且有成交量明显放大，结合日 K 线图正处于下跌途中的整理区来看，当日的早盘大幅跳水走势使得个股呈向下破位状，虽然个股的中短线跌幅已经较大，但这种盘口的大幅跳水形态再度使得个股短期走势转弱，是新一轮下跌行情展开的信号，我们也应遵循趋势方向、顺势交易。

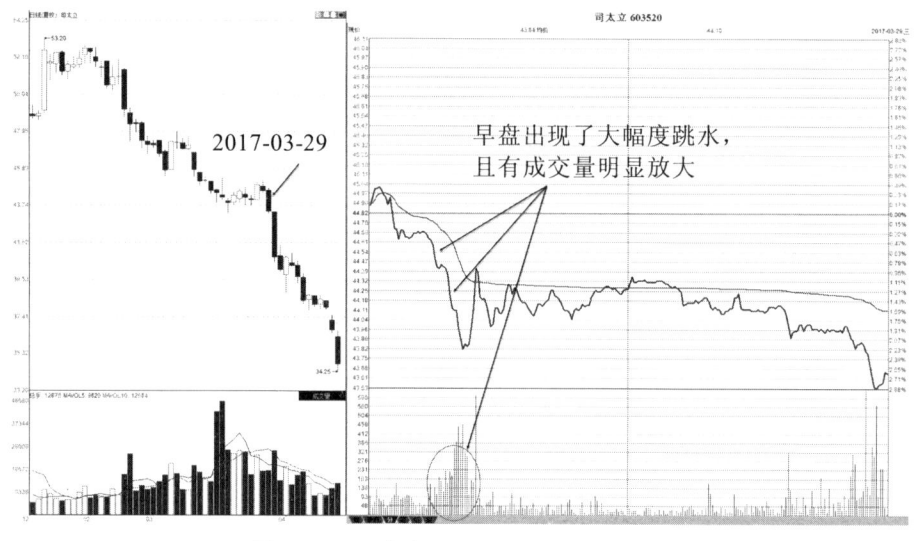

图 3-10　司太立 2017-03-29 日分时图

3.3.4 下跌波段的放量

依据盘中的量价配合关系,我们也可以把握多空力量的变化。如果个股在盘中的下跌波段,特别是不断向下走低的过程中出现了分时量的不断放大,则这表明市场抛压极为沉重,是不断离场的抛盘导致的股价的下行、难以反弹上涨,这也表明个股当前处于空方主导情形下,是短期内弱势格局或将持续下去的标志。

如图 3-11 为武汉凡谷 2017-03-17 日分时图,从分时图的运行来看,个股在盘中出现了长时间的下跌波段,随着下跌的持续,可以看到分时量的不断放大,这种量价配合关系就是个股当前处于弱势运行状态的标志,也是空方力量占据主动的标志,依据这种量价关系,短线仍应看跌个股。

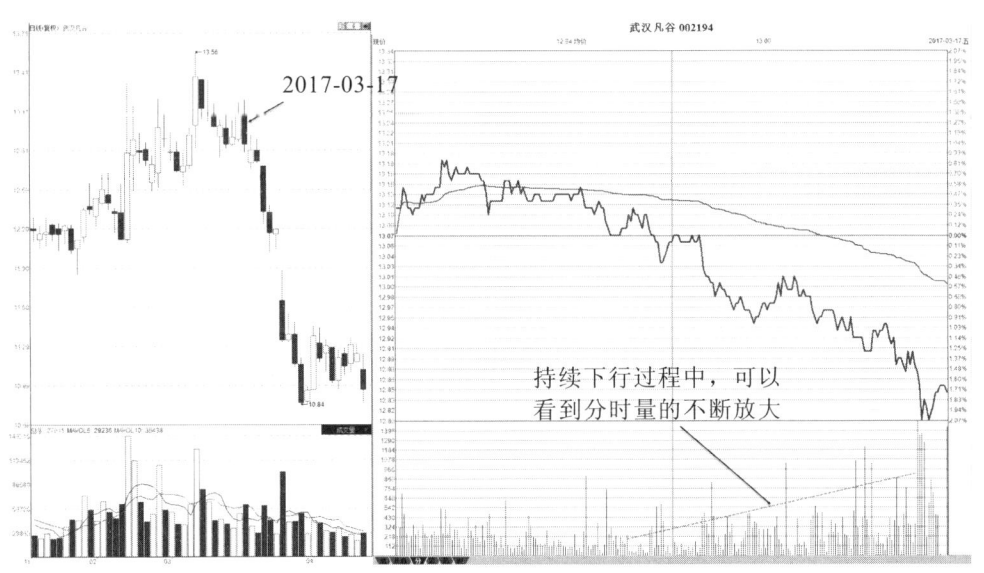

图 3-11 武汉凡谷 2017-03-17 日分时图

3.3.5 结合指数辨弱势

结合指数可以辨识强势,同样也可以分辨弱势股。如果个股的盘中走势明显弱于当日大盘，在个股短线未大涨的情况下，由于获利抛压并不沉重，这种相对弱势就是个股短期内多空力量对比格局的真实写照，这样的个股，短期走势往往较弱。

如图 3-12 为鲁抗医药 2017-04-17 日分时图，从日 K 线图来看，个股虽然短线有所反弹，但幅度不大，当日的盘中走势也明显弱于大盘，这表明在当前的这个位置区，个股的短暂企稳并没有导致多空力量对比格局转变，短期操作上，不宜抄底入场，若实施了短线搏了反弹的操作，也应及时卖出、规避弱势股转向下跌的风险。

图 3-12　鲁抗医药 2017-04-17 日分时图

3.4　盘口其他数据解读

对于以分时图为核心的盘口交投来说，还有一些实时的盘口数据值得关注，它们从不同方面揭示了多空双方当日的交锋情况，是我们进一步了解多空实力对比、把握价格短线波动的依据。本节中，我们就来看看这些盘口数据。

3.4.1 振幅

振幅，反映个股当日最低点与最高点之间的相差幅度。一般来说，过大的振幅表明多空交锋十分激烈，是市场分歧加剧的标志，如果这种情形出现了较为典型的位置点，这种市况易引发价格走势转折。

个股的振幅是否出现较大幅度的增加，可以借助于单根 K 线的上下影线来观察，如果出现了较长的上影线或下影线，则表明盘中交锋激烈，多空分歧明显，且多方或空方发动的攻击遇到了明显的阻挡，一般可以作为短线交易的信号。

如图 3-13 为酒钢宏兴 2017 年 6 月至 8 月走势图，个股在持续上涨后出现了横向震荡，如图中标注，在震荡过程中，出现了长长的影线的 K 线形态，这是盘中振幅大幅增加的标志，也表明了多空分歧的加剧，结合个股的位置点来看，深幅调整走势或将展开，宜卖出以规避风险。

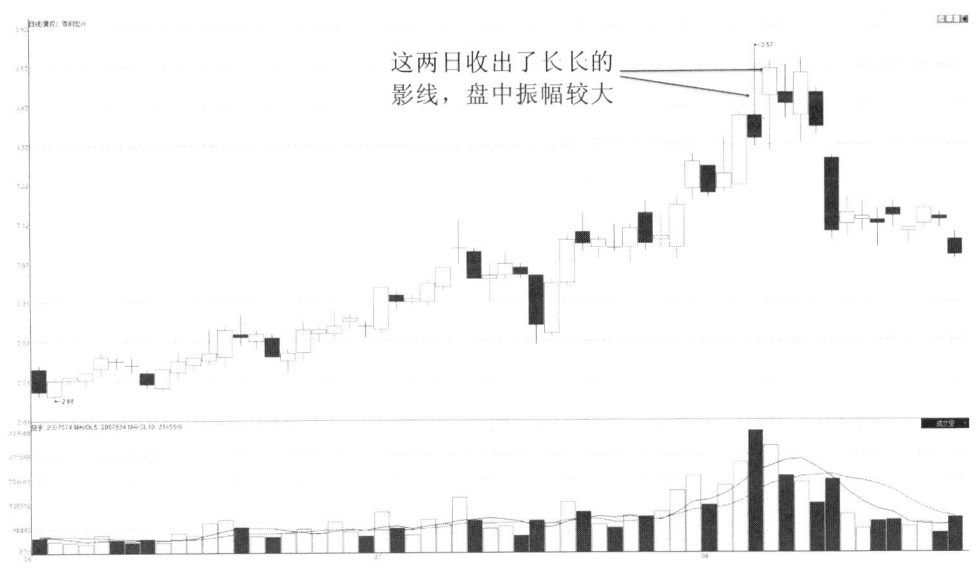

图 3-13　酒钢宏兴 2017 年 6 月至 8 月走势图

3.4.2 量比和量比曲线

量比，即：成交量的相对比值。量比是分时线上的即时量相对近段时期平均量的变化，是开市后平均每分钟的成交量与过去 5 个交易日平均每分钟成交量之比，量比＝现成交总手/[(过去 5 个交易日平均每分钟成交量)×当日累计开市时间(分)]。量比这个指标所反映出来的是当前盘口的成交力度与最近五天的成交力度的差别，量比数值越大表明盘口成交越活跃。

把当日每分钟的量比数值连成平滑的曲线就得到了量比曲线。依据量比数值及量比曲线的形态变化，就可以更为精确地了解当日盘口的量能变化情况。

通常来说，在每日早盘开盘前，由于经过了一夜的时间间隔，场外消息面的影响、投资者心态的变化，在新的一个交易日开盘时，成交量会与前一交易日收盘时的反差极大，呈现出明显的不连续性。反映在量比数值上，就是很多股票开盘时的量比数值高达数 10 倍，随后随着交易进行，市场交股逐渐恢复到以前的状态，量比数值就会出现急速下跌，因此在通常行情背景下，我们应该静待量比曲线有所稳定后再采取行动。

随着交易趋于平稳，量比与量比曲线就是我们分析成交量的窗口之一，我们一要关注量比数值，一般来说，量比数值超过 2，可视为放量；量比数值小于 1，可视为缩量。放量的实战意义更强，且量比数值越大，表明多空交锋越激烈，这类个股或是短线机会的象征，也可能是短线风险的信号。我们还要结合其他因素综合分析。

除此之外，分时线的盘中运行也可以借助于量比曲线的变化来分析，如果分时线的飙升同步引发了量比曲线的快速上行，这表明流畅上扬时有量能支撑，这类放量上扬形态更健康，股价站稳于盘中高点的概率也较大；反之，如果股价在盘中创出新高的一波上涨中，并没有出现量比曲线的同步上扬来配合，这种盘中上涨就更应注意风险，避免追高被套。

在观察成交量方面，量比曲线是十分有用的分析工具，它将某只股票在某个时间点上的成交量与近期一段时间的成交量平均值进行比较，排除了因股本不同造成的不可比情况，是发现成交量异动的重要指标。

如图 3-14 为博迈科 2017-09-26 日分时图，如图中标注所示，早盘大幅飙升，量比曲线同步快速上扬，两者呈正比关系，有利于股价站稳于盘中高点。仅仅从分时图中的量价配合来看，个股呈强势状态，持股者仍可以持股观察，不必急于获利卖出。

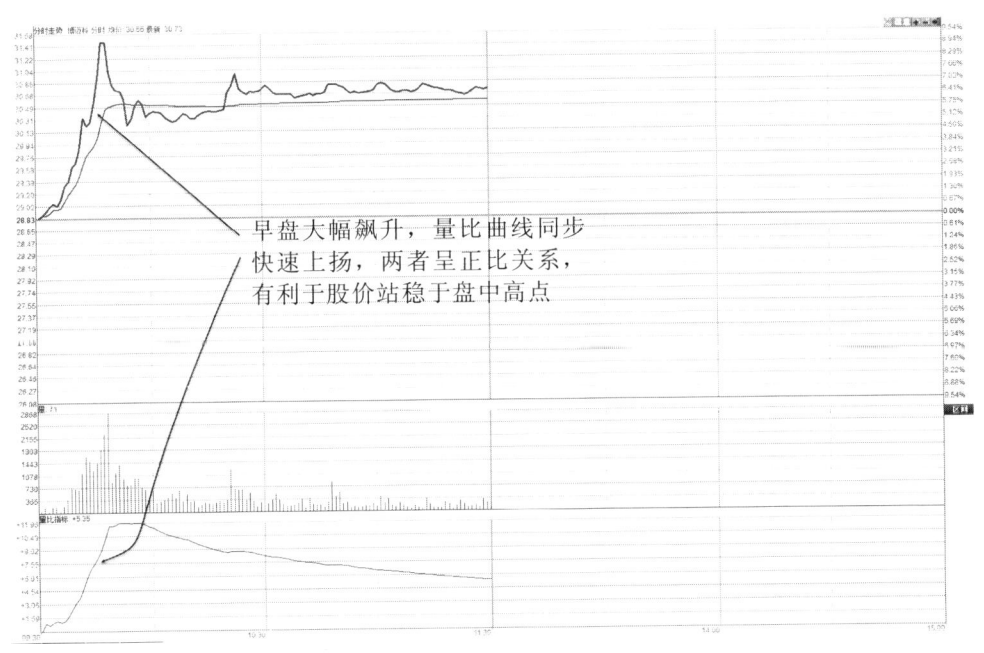

图 3-14　博迈科 2017-09-26 日分时图

3.4.3　内外盘

"内盘"是按照买方已经挂单价格成交，是主动性卖出，说明卖方愿以买方的报价成交，内盘量越大，则主动性抛出盘就越多；"外盘"是按照卖方已经挂单价格成交，是主动性买入，说明买方愿以卖方的报价成交。简单来说，内盘反映了主动性卖出的成交数量，外盘反映了主动性买入的成交数量，内盘与外盘之和就是当日的成交量。

从其含义中，我们总的可以理解为：外盘大于内盘，股价看涨。反之，小于内盘则看跌。但在具体判断上，则需考虑股价所处的价格位置的高与低、目前的技术走势形态等。因为外盘、内盘的数量并不是在所有时间都有效，在许多时候外盘大，股价并不一定上涨；内盘大，股价也并不一定下跌。

在分析个股走势时，也要学会逆向思考内外盘所蕴含的信息。如果个股处于短期高点，此时出现外盘大、内盘小，但上涨乏力，这表明主动性买盘虽然较多，但却无力推升股价，是下跌的信号；反之，在短期跌幅相对较大的位置点，此时出现内盘大、外盘小，但价格走势却强于大盘、企稳回升，这表明主动性抛盘虽然较多，但却无力打压股价，可以视作上涨信号。

3.4.4 换手率

换手率也可以称为周转率，是反映一只股票换手情况的指标，换手率的计算公式为：（某只股票某段时间内的成交量/流通股本）*100%。换手率可以体现个股的交投活跃程度，以及流盘盘参与的力度。在实际使用时，以交易日为时间单位的"日换手率"和以若干交易时作为时间段的"累计换手率"这两个数据最为常用。

换手率与成交量虽然都是反映股票交易规模的指标，但是它们是完全不同的，成交量是一个绝对数值型的指标，由于股票流通股数量的差距，利用单纯的成交量数值来比较不同股票的交投情况是没有意义的，而换手率则是一个相对型的指标，它以百分比的形式呈现出来，我们可以利用换手率来方便地比较出哪一只股票的交投更为活跃。

一般来说，日换手率小于3%表明市场观望气氛较重或主力控盘程度较重；日换手率在 3%与 7%之间，表明市场交投气氛活跃、股票流通性好；日换手率大于7%表明筹码在急剧换手,当其出现在中长期低位或高位区,实战意义较为突出,往往是行情转折的信号。此外,对于不同类型的个股,我们也应区别其换手率标准,大盘股的换手率达到2%就可以算是较高的水平,而小盘股、题材股的换手率一般要超过5%,我们才可以将其称作是高换手率。

高换手率值得重点关注,高换率说明资金的流入流出速度较快,若高换手率是由主力资金流入、散户资金流出引发的,则往往预示着机会的到来,反之,若高换手率是由主力资金流出、散户资金流入引发的,往往是风险的预示。

3.4.5 资金流入及流出

资金流向(money flow)是一个成熟的技术指标,具体可以分为资金流向与流出,它体现了市场资金进出相应个股、板块或大盘的力度。如果市场资金持续流入某一个股、板块或大盘,则相应的目标其随后上涨的可能性就越大,首先我们来看看什么是资金流向。

资金流入是指:在某一分钟,如果个股或板块在这一分钟处于上涨状态(即:这一分钟的股价或指数点位高于前一分钟),则认为这一分钟的个股或板块是处于主动性买入状态下的,并将这一分钟的成交额计入到资金流入中。

资金流出是指:在某一分钟,如果个股或板块在这一分钟处于下跌状态(即:这一分钟的股价或指数点位低于前一分钟),则认为这一分钟的个股或板块是处于主动性卖出状态下的,并将这一分钟的成交额计入到资金流出中。

每分钟计算一次,全天交易结束后,通过对全天的资金流入与流出加行加总统计,并计算它们的差额,这一差额就是资金流入量(数值为正时)或资金流出量(数值为负时)。

在实盘操作中,我们可以重点关注那些连续数个交易日资金流入力度较大的板块或个股,它们是市场热点所在;也要关注那些连续数个交易日资金流出力度较大的板块或个股,它们是市场弃点。

3.5 盘口分析基本技巧

对于分时图的基本解读，除了了解分时图基本要素、掌握强弱势分时图特征外，还要运用一些盘口分析技巧，可以让我们的交易进一步提升成功率，并且能够更好地把握机会、规避风险。本节中，笔者将结合实战经验，讲解几种常见、有效的盘口分析技巧。

3.5.1 大盘指数解读技巧

对于在盘指数的盘口分时图，除了利用它的形态特征、综指与领先指数的分化来把握市场，也可以借助于指数的红绿柱状变化来观察市场多空力量的对比情况。

在上证指数的盘口走势图中，除了两条指数曲线外（上证指数、上证领先），以上一交易日收盘点位为零轴，可以看到红绿柱状线，柱线出现在零轴上方时为红柱线，出现在零轴下方时为绿柱线，它们实时地反映了大盘中（沪市或深市）所有股票的买盘数量与卖盘数量两者的比例。

当红色柱线出现时，表示目前市场中总体买盘数量大于卖盘数量，大盘指数上涨预期强；当绿色柱线出现时，表示目前市场中总体卖盘数量大于买盘数量，大盘指数下跌预期强；红柱线的长短变化表示了上涨买盘力量的增减，绿柱线的长短变化表示下跌卖盘力量的增减。

除了利用红绿柱线的变化外，还可以比较红柱线与绿柱线的面积大小，特别是在指数波动幅度较小的情况下，如果出现红柱线面积明显大于绿柱线面积，多预示着市场短线的上涨动力更强；反之，则是下跌动力更强的信号。

如图 3-15 为上证指数 2017-09-28 日分时图，虽然当日的大盘指数仅仅是微幅下跌，但是从早盘来看，大部分时间均为绿柱线，这表明市场的整体卖压十分沉重，虽然主动抛售力度不强、没有导致指数持续下跌，但这种沉重的卖压表明市场上涨乏力，在当日的这种市场氛围下，实施T0买入交易的成功率就要大大降低，若未发现明显的机会，则应持币观望，等待市场回暖。

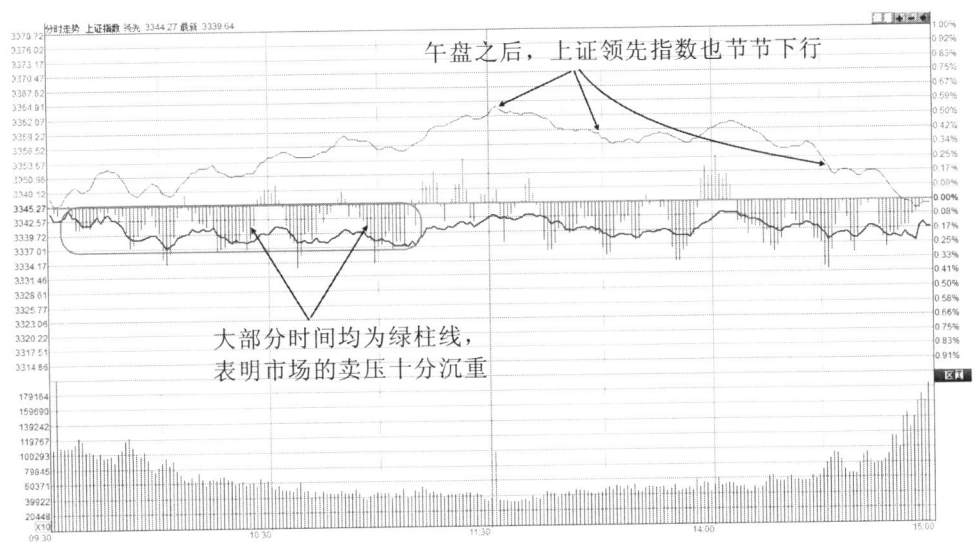

图 3-15　上证指数 2017-09-28 日分时图

3.5.2　三重叠加分析技巧

个股叠加大盘指数可以比对个股与市场之间的强弱力度，个股叠加板块指数则可以比对个股在板块中的强弱力度，板块叠加大盘指数则可以比对板块与市场之间的强弱力度，如果我们将个股、板块指数、大盘指数进行三重叠加，就可以更好地了解板块走势是否强于市场、个股走势是否强于板块，从而在热点板块中筛选出更为强势的短线优质品种。

如图 3-16 为方大特钢 2017 年 3 月至 8 月走势图，图中分别叠加了钢铁板块指数、大盘指数的走势，可以看到，钢铁板块明显强于大盘，这个板块是市场热点所在，可以积极关注；而方大特钢的走势又明显强于钢铁板块，这表明市场资金对此股的介入力度更强，此股的中短线走势也更值得期待，在实施超短线 T0 交易时，这类热点板块中的相对强势品种在未出现快速飙升走势前，往往是更好的短线参与标的。

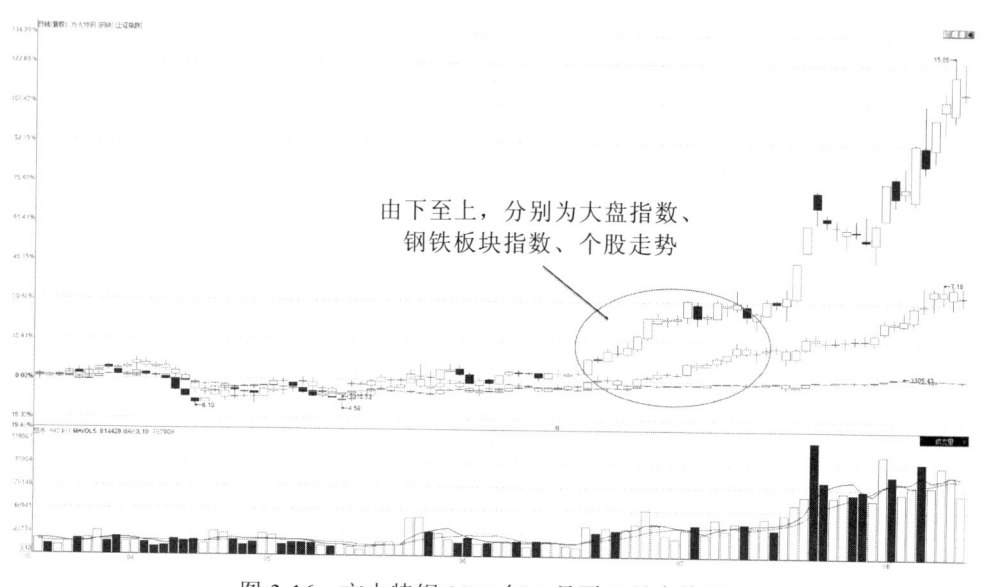

图 3-16　方大特钢 2017 年 3 月至 8 月走势图

3.5.3　叠加关联股分析技巧

在第 3.2、3.3 节讲解强弱势分时图特征时，我们讲解了叠加指数的方法，这是一种很实用的盘口分析技巧，在超短线 T0 交易中应擅加应用。

除了叠加上证指数来比对个股与大盘的强弱关系之外，还可以对有类似特征的个股进行叠加，以比对相关品种的强弱关系，例如：叠加同类个股走势、对二级市场上走势关联度较大的个股进行叠加，这就需要我们积极地发现不同品种之间的联动关系，例如：一些同期上市的新股走势就有很大的相似性，如果某只个股已强势启动，而我们分析的品种仍蛰伏未动，此时，利用这种叠加方法，就可以很好地捕获低位蛰伏股的潜藏机会。

如图 3-17 为安阳钢铁 2017 年 5 月至 8 月走势图，图中叠加了方大特钢的同期走势，两只个股同属于钢铁块，走势上存在一定的关联性，如图中标注所示,以方大特钢为代表的一些钢铁股已出现较大幅度的上涨,但安阳钢铁仍旧在低位震荡,随着板块热点的扩散,这些未启动的钢铁股有望获得资金关注,进而出现不错的上涨行情。此时布局这些未启动、有潜力的个股,是属于短线预期较好、风险较小的交易策略。

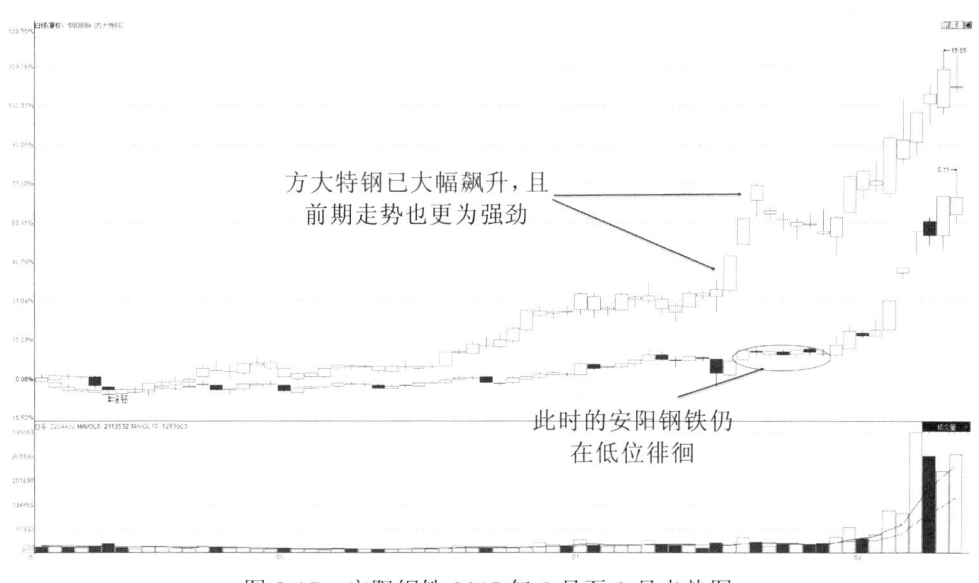

图 3-17　安阳钢铁 2017 年 5 月至 8 月走势图

3.5.4　盘中强弱转换分析技巧

在每个交易日的盘中,多空双方实时交锋着,它们的力量对比情况也并非一成不变,随时可能因为多方的发力(或是空方的发力)而出现转变,此时,我们也要紧随这种变化,把握多空力量的强弱转换,进而决定短线交易方向。

一般来说,"股价所处的短线位置点"及"股价与均价线之间位置关系"是我们把握盘中多空转换的重要依据。在短线高点,股价由均价线上方跌至其下方且随后反弹遇阻,则是空方力量开始转强的信号,短线出现回落下跌的概率较大;反之,在短线低点,股价由均价线下方穿越至其上方、随后回落获支撑,则是多方力量开始转强的信号,短线出现上涨的概率较大。当然,实盘分析中，还需要结合多种因素，比如：多空力量的变化是否因大盘指数波动造成的，是否与板块的波动有关，等等，以此来判断这种多空转变的可靠性与短线力度。

如图 3-18 为锦江股份 2017-08-01 日分时图，个股早盘出现了大幅飙升，这是典型的强势特征，但随后股价向下跌破了均价线、且反弹无力，结合个股中短线涨幅较大的情况来看，这或是多方力量转弱、空方抛压增强的信号，预示了短线的回落，操作上，宜短线卖出、锁定利润。

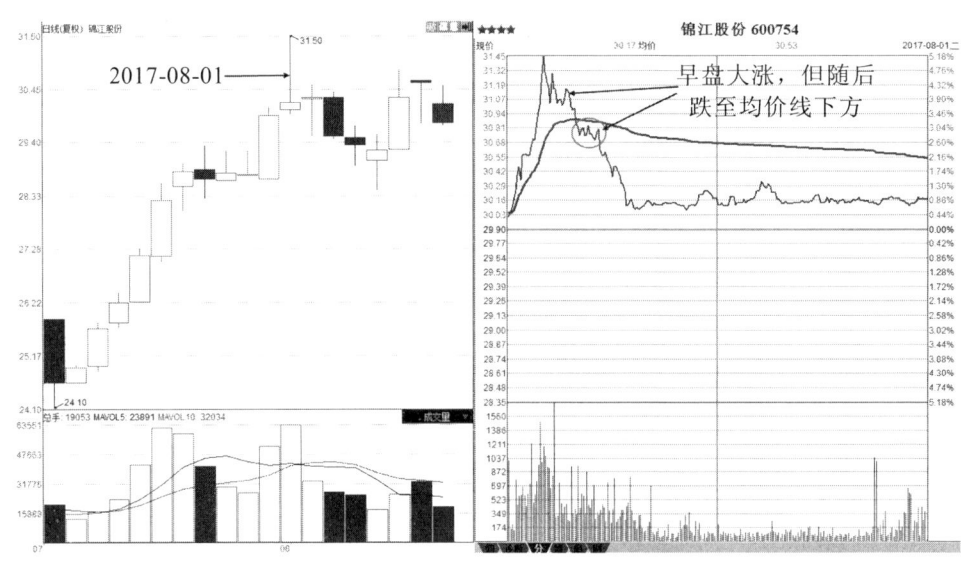

图 3-18　锦江股份 2017-08-01 日分时图

3.5.5　飙升股支撑位分析技巧

盘中出现大幅飙升的个股，其短线波动较为剧烈，是 T0 交易中值得重点关注的品种，但这类个股也往往出现深幅回落，潜藏风险不可小视，此时，我们不妨借助于盘中支撑位来观察多空力量的变化。

我们知道，盘中的上涨常以均价线来标识支撑点位，但对于盘中力度较大的上涨而言，由于当日的盘中振幅较大，此时，仅靠均价线往往不能准确把握多空力量的后续变化。

在大幅飙升后,我们常可以借助于个股大幅飙升后最初回落时的震荡低点来标识支撑位,这就是盘中的高点支撑位,它一般与均价线有一段距离,如果随后的盘中震荡没有跌破这个支撑位,则个股的短线走势仍可看高一成,反之,易出现调整。下面我们结合两个案例加以说明。

如图 3-19 为银都股份 2017-09-19 日分时图,个股早盘大幅低开后,股价随即直线飙升且涨幅较大,随后于盘中高点出现深幅回落,在震荡回落走势开始企稳后,可以画出一条支撑线,它离均价线仍有一定距离,这条线可以看作盘中多空力量的分水岭。从此股随后的盘中走势来看,股价没有再度向下跌破这条支撑线,表明多方力量仍旧占据主动,短线仍可适当看多,但由于当日振幅较大,随后的一两日走势中,也应注意冲高回落的出现。

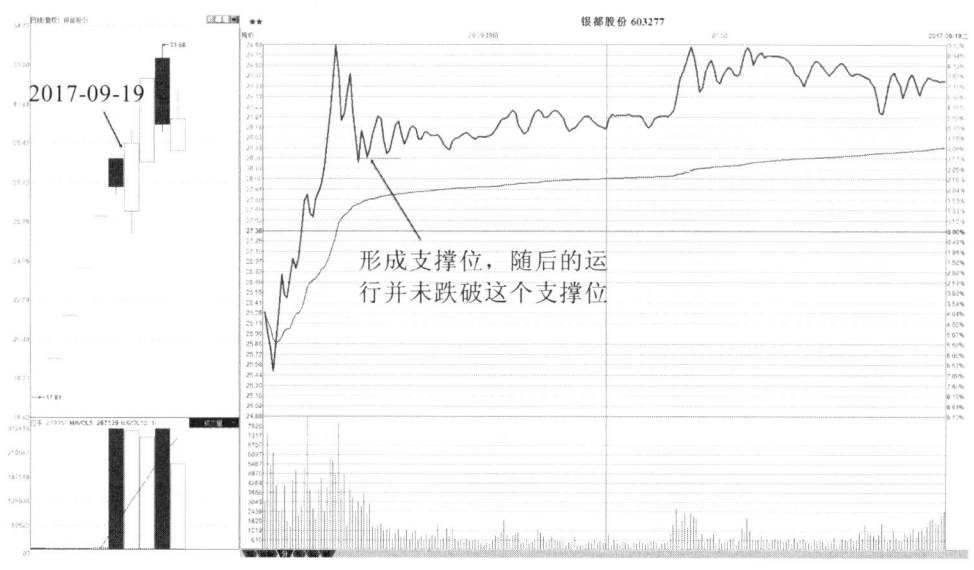

图 3-19　银都股份 2017-09-19 日分时图

如图 3-20 为东安动力 2017-07-17 日分时图,个股也是在早盘出现了大幅飙升并形成支撑位,但在午盘之后,这个支撑位被跌破,此时的均价线虽然仍旧形成支撑效果,但多方力量的强度已明显减弱,在短线交易中,应提防个股的回落调整。

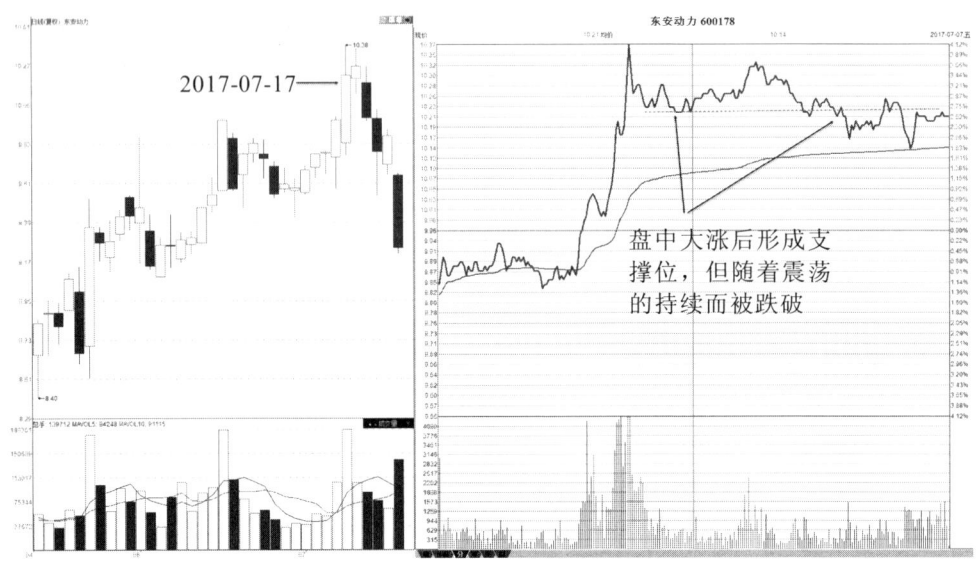

图 3-20　东安动力 2017-07-17 日分时图

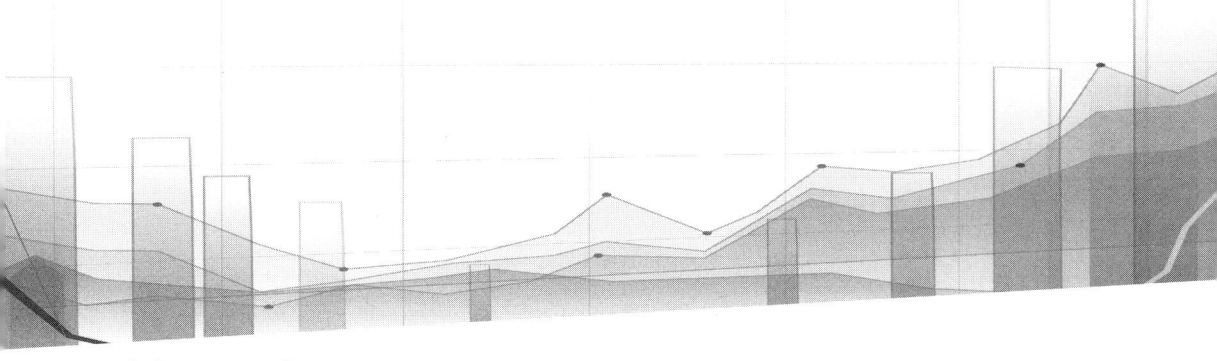

第 4 章
T0 技术进阶——多时段分析技术

上一章中,我们讲解了分时图分析方法的一些基础性知识及相关分析技巧,本章承接基础内容,将进一步讲解分时图中的一些分析要点,这属于分时图分析方法中的进阶性内容,但它对于实战的指导性也最为突出。

4.1 分时形态特征要点

分时线的运行形态不仅仅是股价走势这么简单,它也蕴含了多空信息,借助于分时线的一些形态特征,我们可以更好地了解多空力量的变化,进而预测短线波动方向。

4.1.1 波动型与规则型

借助于波浪理论,我们知道,市场是以波浪的方式滚动前行的,波浪运行,正是股价自然波动的一种体现,也是多空交锋互相博弈的反映。同样,多空双方的交锋在分时图上会以波动的方式呈现,虽然盘中的走向可能是向上或向下,但在向上或向下过程中,可以看到股价的反复波动,这既是市场分歧的体现,也是股价波动的自然规律。

如图 4-1 为世运电路 2017-09-01 日分时图,如图标注所示,无论是快速的跳水，还是缓慢的震荡下行，股价都是自然的波动状态呈现。

这种波动的方式也是绝大多数个股的分时图特征，它的实战价值并不突出，但是，了解这种特征后，我们才能对比分析一些个别的分时图，它们在盘中的波动往往呈现了一种规则性的特征。

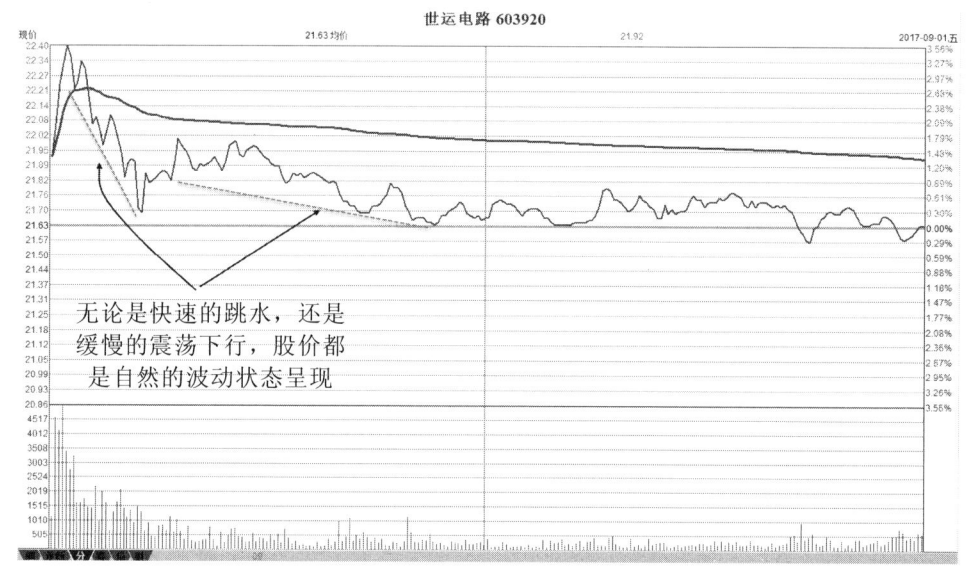

图 4-1 世运电路 2017-09-01 日分时图

如果一只个股的盘中波动特征不明显，分时线的运行呈现了较为规律的上下振荡、甚至是水平运行，而这种运行又不是交易量过小、市场低迷的结果，一般来说，我们可以认为此股的散户参与力度较小，或者说市场浮筹相对较少，对于这类个股来说，主力资金（或者称为大资金）对股价走势的影响力更大，这类个股的走势往往也不随大盘上下波动，大盘涨时，它很可能下跌，而在大盘下跌时，它也可能出现上涨。实盘操作中，这类个股的中短线走势相对来说更难预测，因而，在超短线 T0 交易中，应尽量规避这类品种。

4.1.2 流畅型与突兀型

流畅型与突兀型主要用于分析个股盘中出现的较大幅度波动方式，是流畅式的放量上扬,还是突兀式的突然冲高;在下跌时也同样适用,是有明显的放量跳水特征,还是源于突然性的一两笔低价大抛单所致。

一般来说,流畅型的上扬或跳水更有代表性,能更好地体现多方或空方的持续发力过程,也预示着多方或空方力量的占优格局。反之,突兀型的上涨或下跌往往是偶然性的大单引发的,并不具有持续性,从个股走势来看,突兀式的盘中冲高常常会引发更多的抛盘离场、造成股价短线大幅回落。

如图4-2为惠泉啤酒2017-03-20日分时图,个股在早盘运行平稳,午市开盘后,股价在短短的两三分钟内突然窜升了近6个百分点,这就是突兀型盘口上涨形态,一般来说,这种上涨若没有明显利好支撑,股价很难站稳于盘中高点,随后出现大幅回落的概率较大,且易引发个股随后的短线调整,短线交易中,不宜追涨买入。

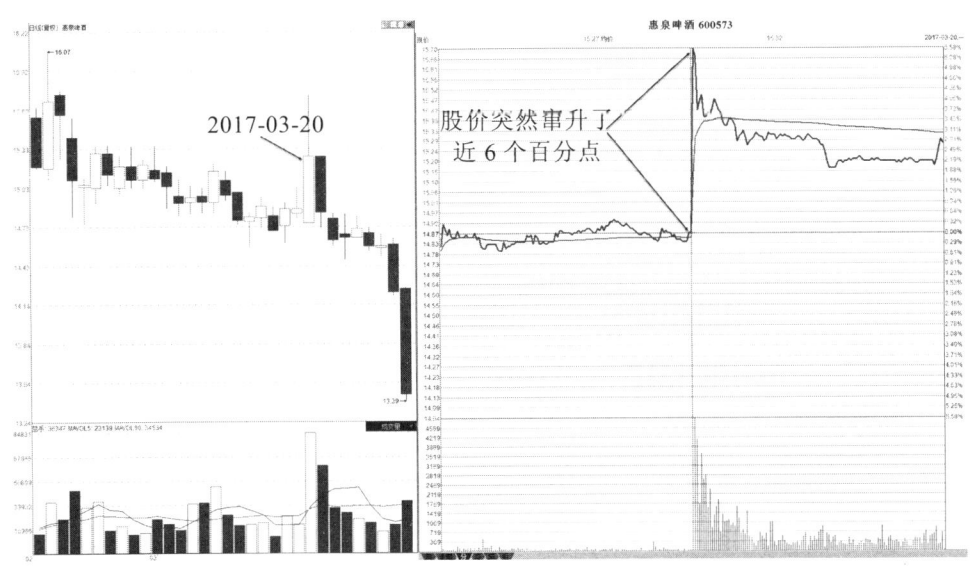

图4-2 惠泉啤酒2017-03-20日分时图

如图4-3为五洲交通2017-03-24日分时图,个股早盘的快速上扬形态就属于流畅型的,可以看到分时线上扬时的流畅、挺拔的形态特征,以及同期明显放大的分时量,这表明正是不断入场的大买单向上扫盘才推动股价的快速上扬，股价的上涨不是偶然性的跃动，有一个连续变化的过程，这种流畅型的放量上扬也是个股短线强势的特征之一。

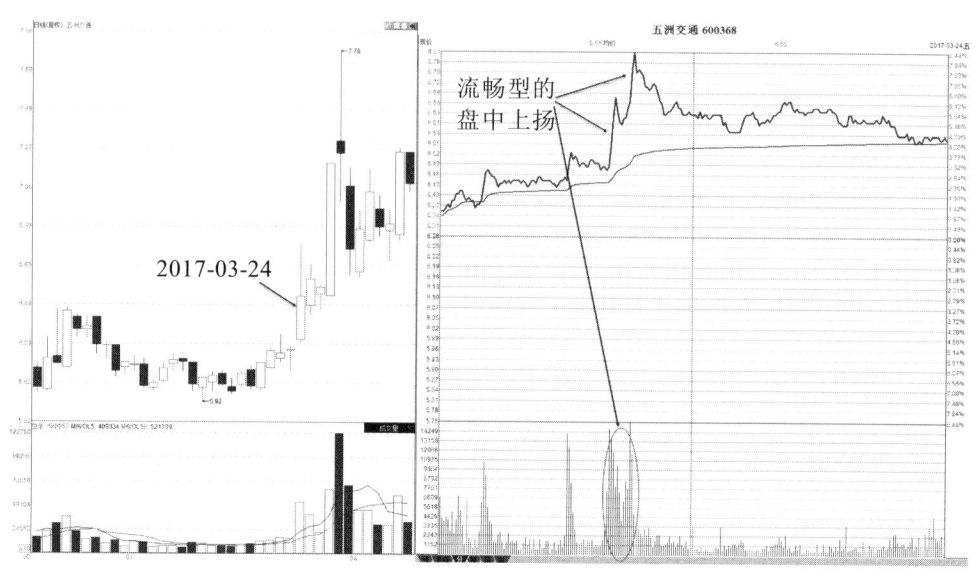

图 4-3　五洲交通 2017-03-24 日分时图

4.1.3　涨跌波段的对比

虽然从分时线的运行形态可以初步判断强弱，但在一些时候，流畅型的盘口上扬也可以引发短线下跌，而盘中的跳水则可能是短线抄底的机会。此时，借助于盘口涨跌波动的对比情况，可以进一步辨识强弱，把握多空力量变化。

所谓的涨跌波动，就是盘口上涨波段持续的时间长短及力度与下跌波段进行对比，以此来分析多空力量的盘中交锋情况及强弱转变。如果上涨波段较为短促而下跌波段则持续良久，即使上涨幅度较大，也不宜看作是多方力量占优，特别是若股价在下跌波段的调整中，还跌破了均价线，这往往多方力量开始转弱、空方力量明显增强的信号，也是多空对比格局于盘中出现转变的信号。同理，也可以将盘中跳水波段与回升波段进行比较，以此来判断是否出现了空方力量转弱、多方转强的变化。

如图4-4为三维工程2017-07-07日分时图，个股开盘后的上涨虽然势头很强，但持续时间短，随后迎来长时间的调整，且抹掉了大部分涨幅，透过涨跌波段对比来分析，这并不是强势的分时图。虽然从日K线图来看，当日处于整理后的跳空突破形态中，但盘口分时图却提示我们不宜追涨，短线交易中，应先卖出以规避风险。

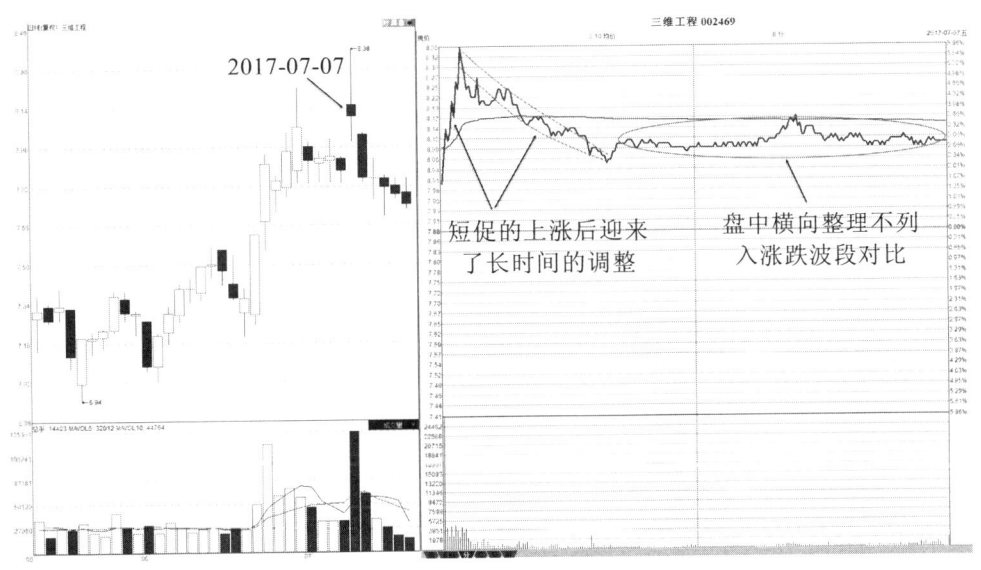

图4-4　三维工程2017-07-07日分时图

4.1.4　盘中冲击的方向力度

震荡的方向与深度代表着多方或空方于盘中的攻击力度，有一定的参考价值，实盘操作中，结合个股当前的中短线位置点来分析，可以得出多空含义，指导我们短线交易。一般来说，盘中上冲力度较大、随后盘中回落幅度也较大，这种情形出现在短线低点且低位整理突破点时，表明多方有意推升个股，但暂时遇到了一定阻力，是机会的象征；反之，则是风险的信号。

如图4-5为铁龙物流2017-07-17日分时图，个股在早盘阶段出现流畅的放量飙升，股价一度达到涨停价，但随后则是持续的回落，结合个股的业绩、股性及前期走势来看，这是多方力量有意发动攻势的信号，盘中的冲击涨停板代表了多方力量较强、虽然暂时因市场分歧遇到了一定阻挡，但由于此时的个股正处位低位整理后的突破点，中短线均有不错的上涨空间，因而，在操作上，我们可以看多个股，积极参与。

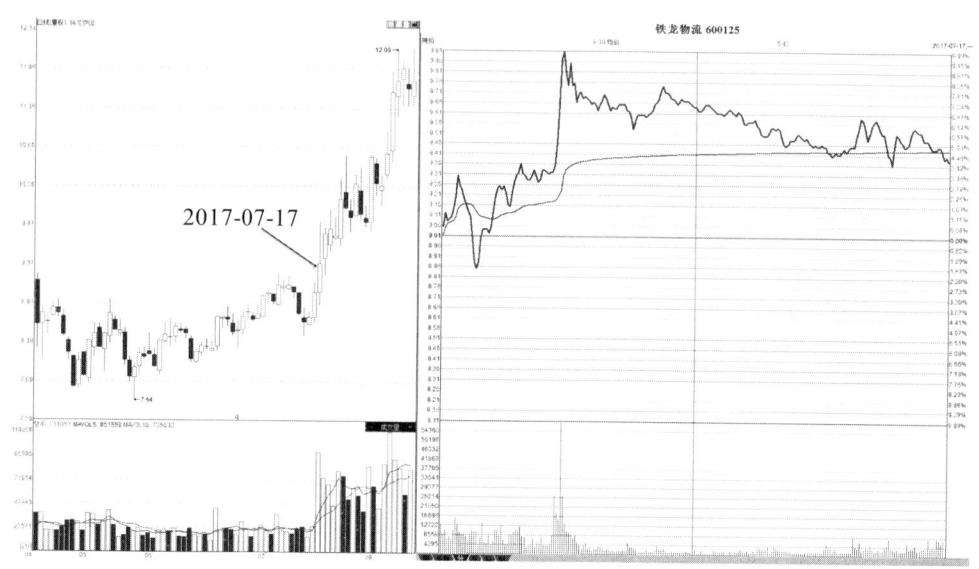

图 4-5　铁龙物流 2017-07-17 日分时图

4.1.5 "粘合型"的分时图

分时线靠拢均价线、或是围绕均价线上下小幅波动的形态，我们可以称之为"粘合"。一般来说，当个股走势平稳、盘中涨跌幅较小时，这种粘合形态的实战意义不突出。但是，在短线波动幅度较大的位置点，例如：短线上涨后高点、短线下跌后低点，粘合形态可以提供很多信息，可以很好地指导 T0 交易方向。

如果短线涨幅较大，个股在早盘上冲后失去了再度上涨动力，股价向下靠拢、粘合均价线，直至收盘，则表明多方上攻动力减弱，个股短线走势上出现调整的概率较大，T0 交易中，应清仓或减仓以控制风险；反之，个股在早盘跳水后没有再继续下跌，而是向上靠拢、粘合均价线，直至收盘，则表明空方抛售力度减弱，随着多方承接力量的转强，短线走势上出现反弹的概率较大，T0交易中，可以结合盘中震荡适当参与、把握反弹机会。

如图4-6为高鸿股份2017-07-10日分时图，个股早盘出现了几波强势上扬，但在随后的运行中分时线长时间粘合于均价线，直至收盘。结合此股短线涨幅较大来看，这种形态是多方推升力量减弱的信号，而个股在短线高点是不进则退，应注意规避短期调整风险。

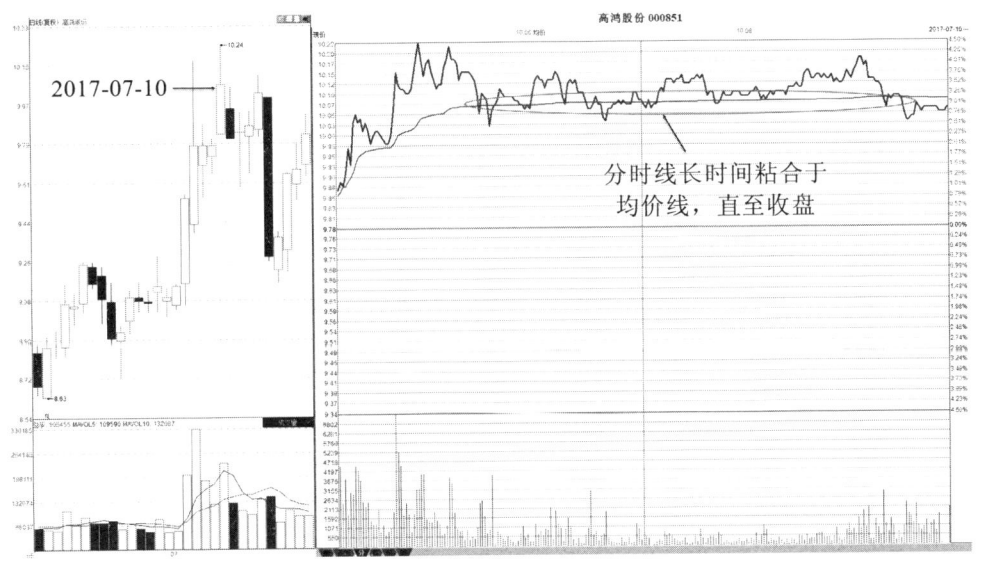

图4-6　高鸿股份2017-07-10日分时图

4.2　开盘至11:00分析技术

早盘（主要指9:30至11:00这个时间段），特别是开盘后的半小时内，往往决定着个股的全天走势情况，而对于短线强势股来说，早盘的大幅上扬形态是一个关键信息，因为对于多方来说，若短期内做多意愿较强，一般会选择在早盘进行拉升，这可以更好地激发市场人气、形成上涨氛围。在短线交易上，个股早盘 10:30 前的运行情况对于我们判断股价的波动方向极为重要，本节中，我们将结合案例解读来看看早盘的分析要点。

4.2.1 整理式跳空开盘

开盘价与上一交易日的收盘价若出现明显的偏离，则属于跳空型的开盘，这往往是个股短线震荡后的方向选择。在低位整理后出现向上跳空开盘多预示了一波上攻行情将展开，反之，则是破位下跌行情或将出现的信号。

在关注跳空开盘时，跳空的幅度不宜小于 2%，过小的跳空幅度往往只是偶然波动的结果，并不能代表多空力量的选择。

如图 4-7 为中国联通 2016-10-10 日分时图，个股在低位整理之后，当日出现了较大幅度的跳空高开，而且有利好消息支撑，这是个股于低位蓄势整理之后展开上攻行情的信号，特别是对于这种有业绩支撑、盘子大的蓝筹股来说，它的跳空方向更能代表多空力量的变化，短线交易上，我们也应紧随这种变化、采取相应的交易策略。

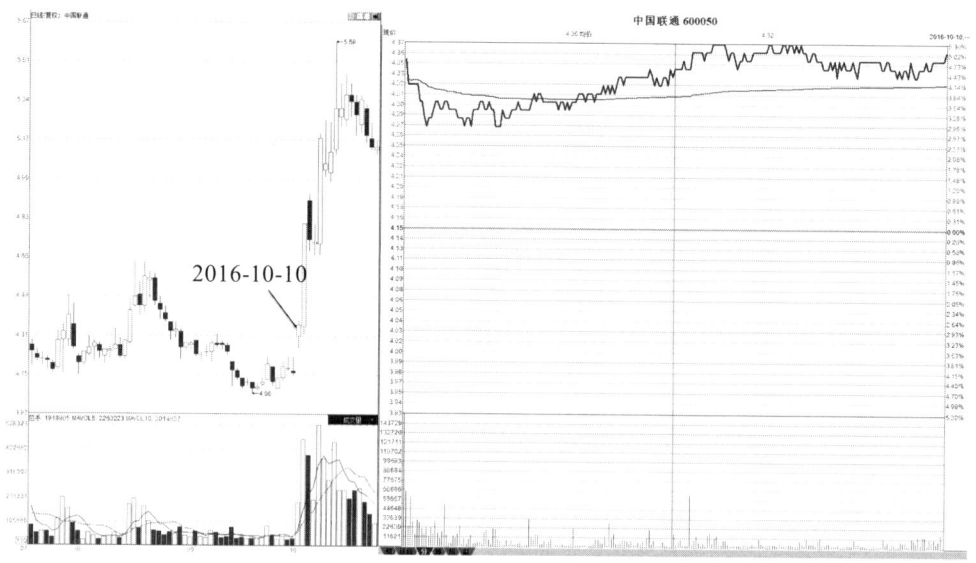

图 4-7　中国联通 2016-10-10 日分时图

4.2.2 反弹式跳空开盘

整理走势也可以看作是一个蓄势阶段,借助于随后的跳空方向,我们可以判断出是多方蓄势更充分、还是空方蓄势更充分。但反弹走势则不同,它没有明显的蓄势过程,因而,反弹走势中的跳空缺口所预示着的上涨往往极为短促,不宜追涨买入。

如图 4-8 为广州发展 2017-04-12 日分时图,从图中左侧的日 K 线走势可以看到,当日的跳空上涨属于反弹波段,虽然跳空幅度较大,但这种类型的跳空型上涨却蕴藏了极大风险,一旦追涨买入,很有可能被牢牢套于个股下跌途中的半山腰。

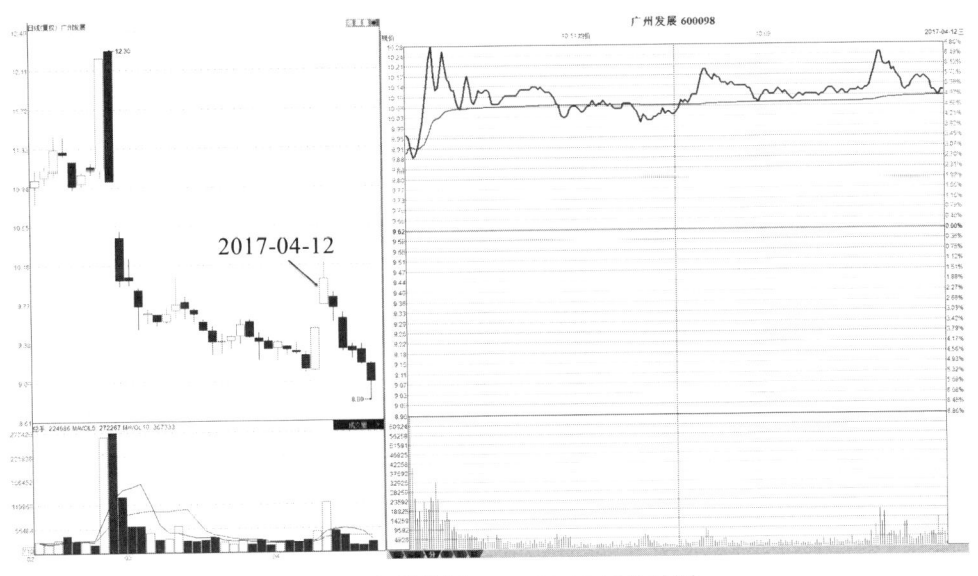

图 4-8　广州发展 2017-04-12 日分时图

4.2.3　10:30 分前筛选强势股

早盘 10:30 分前的走势最能反映个股的短线强弱,特别是当日的盘中强弱,也是我们筛选强势股的重要依据。如果早盘 10:30 分之前,个股稳健上扬、量能配合，走势明显强于大盘，则表明有资金在积极推升，这类个股或在随后的盘口运行中有更优异的表现，在大盘企稳的背景下，一些个股甚至能在午盘后上封涨停板。反之，如果个股正处于短线高点，早盘 10:30 前的走势出现了由强转弱的变化或是整体走势较弱，则此股随后出现短线调整的概率较大。

如图 4-9 为浙商中拓 2017-08-11 日分时图，图中叠加了当日的大盘指数，对比可见，此股早盘 10:30 前的走势具有独立性，且上扬特征明显，这是资金驱动的标志，虽然当日小幅低开，但 10:30 前的走势却逆转了这一弱势特征，结合个股正处于短线低点来看，盘口强势特征有望延续，可以做为 T0 交易中的短线参与品种。

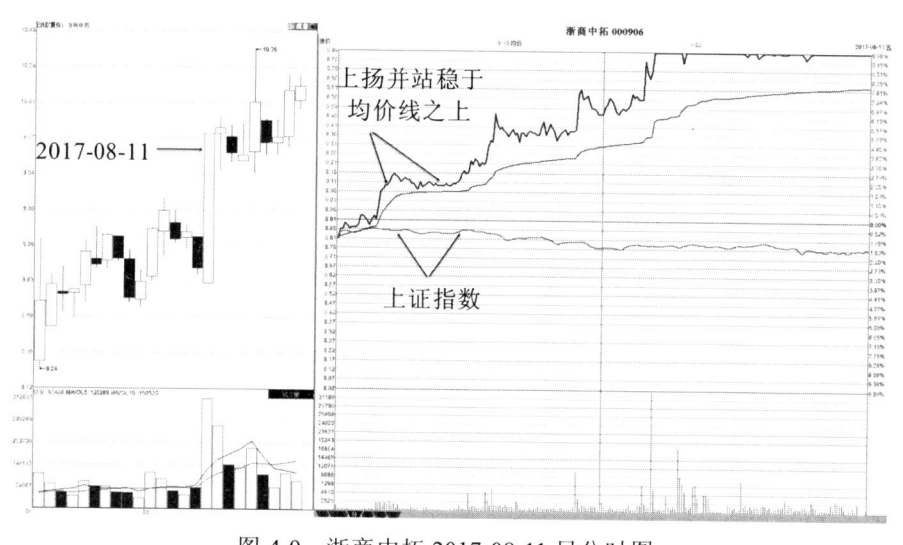

图 4-9　浙商中拓 2017-08-11 日分时图

4.2.4　冲高回落是否破均线

早盘的流畅型放量冲高，特别是开盘后的冲高，往往是一只个股的短线启动信号，但是，也有一些个股在早盘冲高后就由强转弱，出现了短线深幅调整，那么，如何把握早盘冲高预示的短线机会，尽量规避追涨风险呢？通过分析早盘冲高后的回落形态，是一个很实用的短线技巧。

如图 4-10 为奥特佳 2017-08-01 日分时图，个股开盘后出现的两波强势上扬，分时线流畅挺拔、量能配合，但随后的盘中高点处，价格持续回落并明显跌破了均价线，日 K 线图上也放出了巨量，这表明盘中高点的抛压较强，这种早盘冲高的形态易引发调整走势，不宜看作是行情启动的信号。

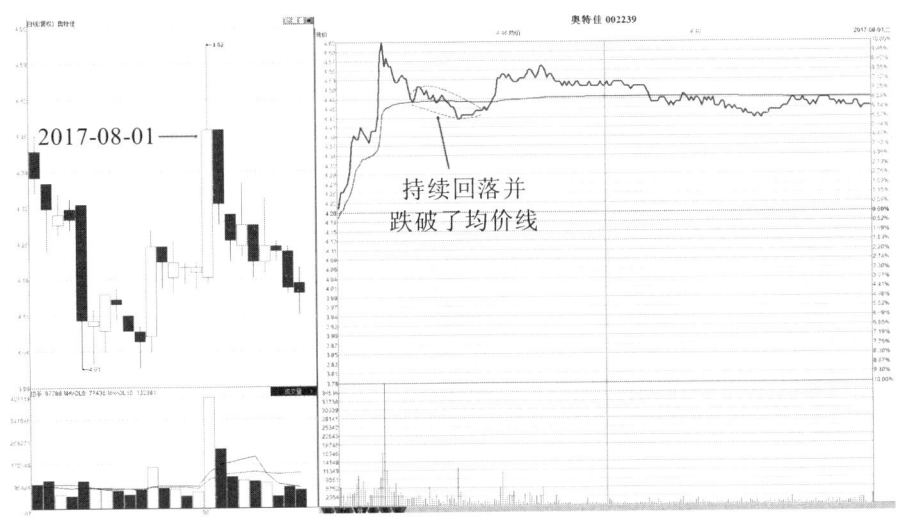

图 4-10　奥特佳 2017-08-01 日分时图

如图 4-11 为新安股份 2017-07-19 日分时图，个股在早盘上冲后于盘中高点强势企稳，股价未明显回落，这就是一种较为强势的早盘冲高形态，由于此时的上涨幅度只有 3%左右，盘中运行仍有较大的上升空间，从短线操作来看，可以实施短线追涨操作。

4.2.5　值得警惕的早盘跳水

早盘冲高可能是机会，也可能是风险，两者的比例相近，但是对于早盘跳水走势来说，它更多的蕴藏着风险，即使个股已短线跌幅较大，但下跌时的动力往往更强。对于股市交易中以本金安全为主要策略来看，对于早盘放量跳水的个股，特别是跳水后回升无力的个股，短线交易上应尽量规避，不可盲目抄底入场。

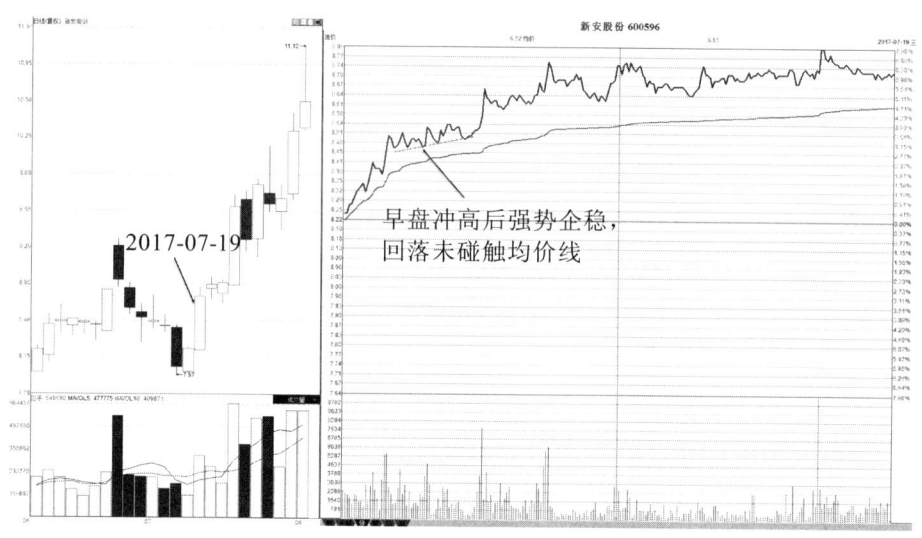

图 4-11　新安股份 2017-07-19 日分时图

如图 4-12 为东安动力 2017-07-14 日分时图，个股在开盘之后出现了放量跳水走势，跳水幅度大、放量特征明显，这是场内资金集中涌出的标志，由于随后的盘中运行未见股价走势回升，均价线对个股盘中反弹的强力阻挡，可以预测个股的短线走势仍将弱势运行，虽然此时短线的调整幅度已较大，但从盘口运行来看，仍不是短线抄底时机。

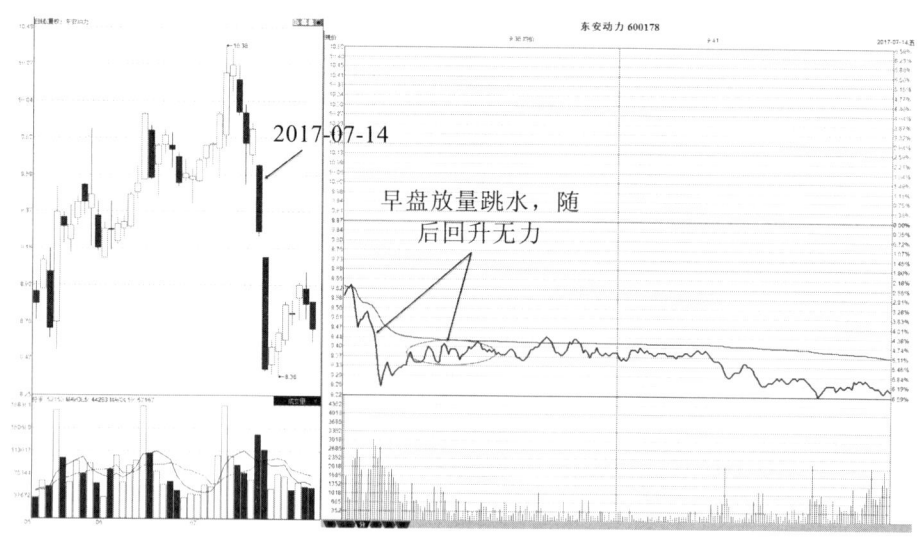

图 4-12　东安动力 2017-07-14 日分时图

4.3　11:00 至 14:00 分析技术

中盘（主要是指 11:00 至 14:00 这两个小时的交易时间），是承上启下的过渡阶段，也是盘中运行最长的一个时间段，它承接早盘与尾盘这两个市场分歧最明显、多空交锋最激烈的时间段。中盘运行既要关注它对早盘强弱特征的延续，也要关注多空力量的转变，本节中，我们就结合中盘运行形态来看看如何更好地解读这个时间段所蕴含的市场信息。

4.3.1　中盘的承接过渡性

当个股在早盘阶段运行呈现出明显的强势（或弱势）特征后，利用中盘运行环节，我们应观察这种强弱势的延续性，中盘良好的延续性往往代表着个股短线运行方向更明确，有利于我们把握股价的短线波动方向。

如图 4-13 为新安股份 2017-09-14 日分时图，个股在早盘阶段小幅下跌、大部分时间位于均价线下方，这是典型的弱势型特征。随后的中盘运行阶段，弱势格局进一步扩大，这表明当日的盘中运行是空方主导的，结合个股短线涨幅较大来看，这种弱势格局或引发深幅调整，是短线卖出信号。

如图 4-14 为科陆电子 2017-08-11 日分时图，个股早盘放量上扬、强势特征明显，随后的中盘运行延续了强势特征，股价再度攀升且回落幅度小，这是个股短期走势延续强势格局概率大的标志，结合当前正处于低位震荡区来看，这种分时图是中短线上涨的信号。

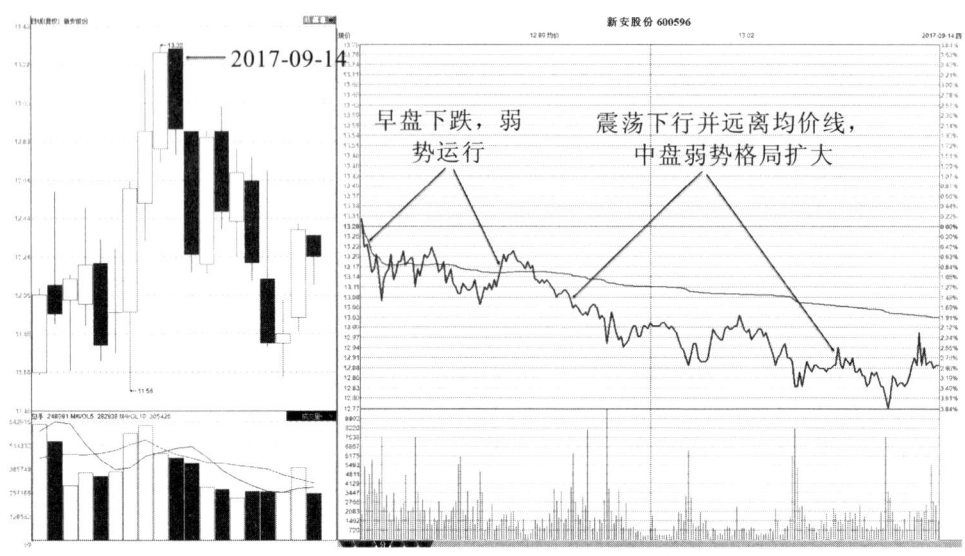

图 4-13　新安股份 2017-09-14 日分时图

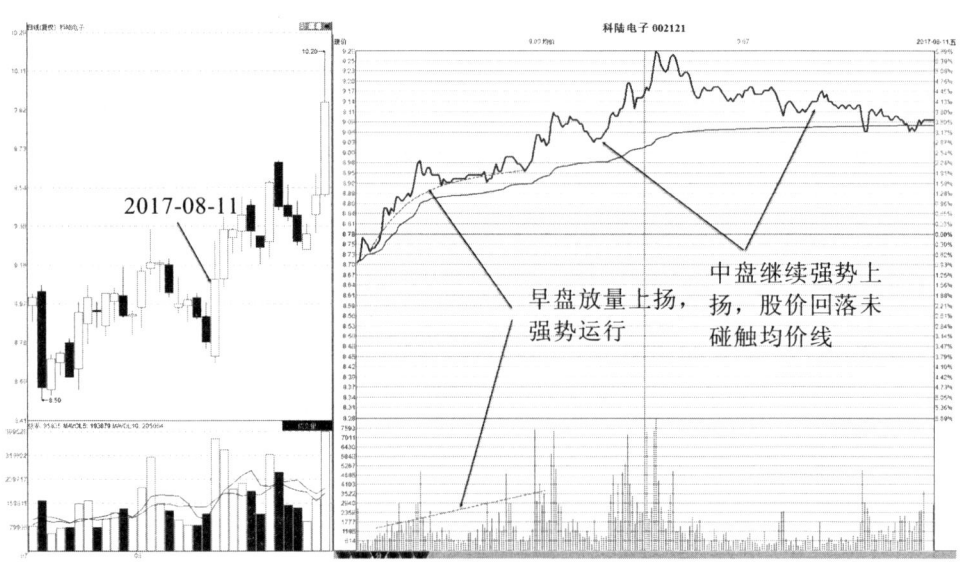

图 4-14　科陆电子 2017-08-11 日分时图

4.3.2 中盘的反向逆转性

除了关注中盘阶段对于早盘强弱性的延续之外，由于多空力量对比的实时转变往往十分迅捷，我们还应关注"强势转弱势"及"弱势转强势"这两种变化。在短线高点的中盘运行中，若出现了"强转弱"且当日放量明显，则表明市场的逢高抛压较重、个股短线上冲遇阻，随后出现调整的概率较大，是卖出信号；反之，在短线低点的中盘运行中，若出现了"弱转强"且当日温和放量，则表明市场的逢低承接力度增强、多方反攻概率较大，是短线买入信号。

如图 4-15 为晶方科技 2017-09-21 日分时图，个股的早盘运行十分强势，涨幅较大，股价也站稳于均价线上方，但随后的中盘运行却出现了变化，股价向下跌破均价线且持续运行于其下方，当日放出巨量，表明正是沉重的抛压导致了中盘的"强转弱"变化，这也是个股短线调整的信号，操作中，可以作为短线卖出信号。

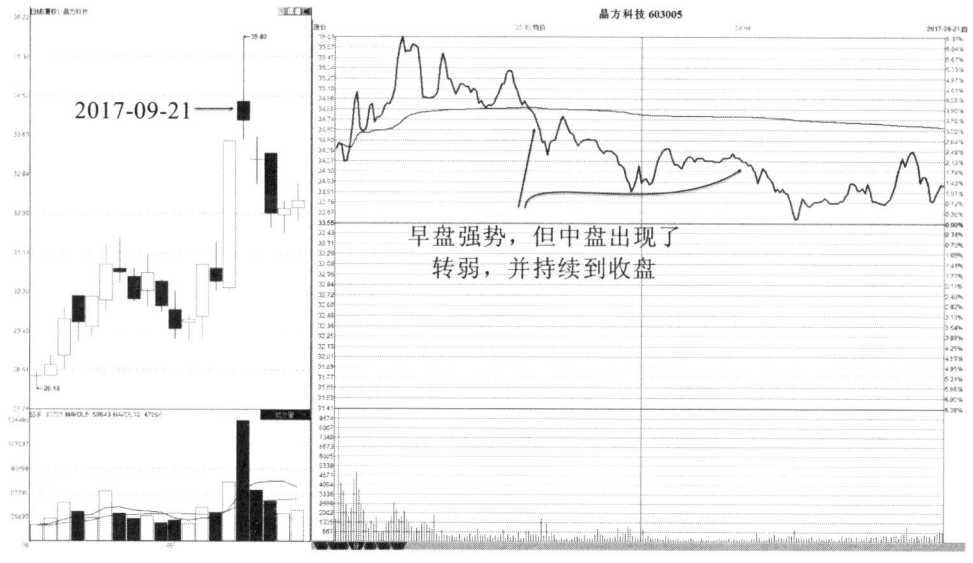

图 4-15　晶方科技 2017-09-21 日分时图

4.3.3 失去攻击性的整理

若个股在早盘阶段出现了强势上扬,但随后出现较大幅度回落,并且于中盘阶段长时间的横向整理、停滞不前,虽然股价未跌破均价线,但这仍是一种强转弱的信号。横向整理如果只是上涨途中的一个过渡环节,它一般不会贯穿整个中盘阶段,这种横向整理若持续到收盘,则次日出现回落的概率较大。

如图 4-16 为智慧能源 2017-07-28 日分时图,个股早盘出现了两波强势上扬,随后于盘中高横向整理至收盘,短线操作上,应提防个股走势上由强转弱、回调整理。

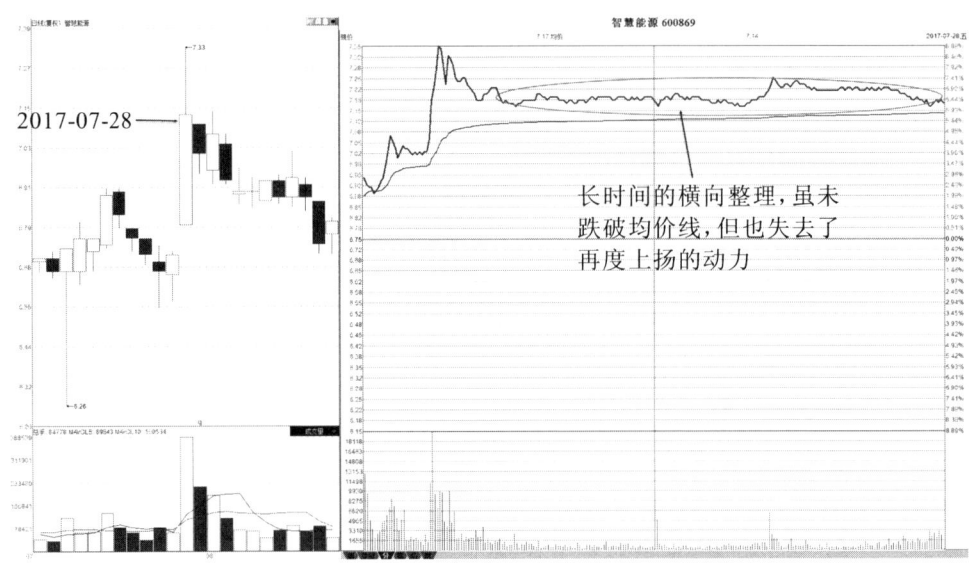

图 4-16 智慧能源 2017-07-28 日分时图

4.3.4 判断强弱展开交易

中盘连接着早盘与尾盘,它往往能确定个股的短线强弱情况,而尾盘又是股价波动较为迅急的时间段,如果中盘呈强势,则尾盘顺势上扬的概率较大,在这样的中盘走势中,应把握短线买入时机;反之,如果中盘呈弱势,则尾盘出现跳水的概率较大，在这样的中盘走势中，应及时卖出以规避尾盘风险。

如图 4-17 为永艺股份 2017-07-11 日分时图，个股虽然早盘阶段相对强势，但之后跌破均价线，中盘的运行一直呈弱势下滑状态，并没有转强迹象，结合个股中短线涨幅较大来看，中盘的弱势格局表明空方开始占据主动，操作上，我们也应逢中盘震荡反弹之机卖出离场，以规避尾盘可能出现的进一步跳水。

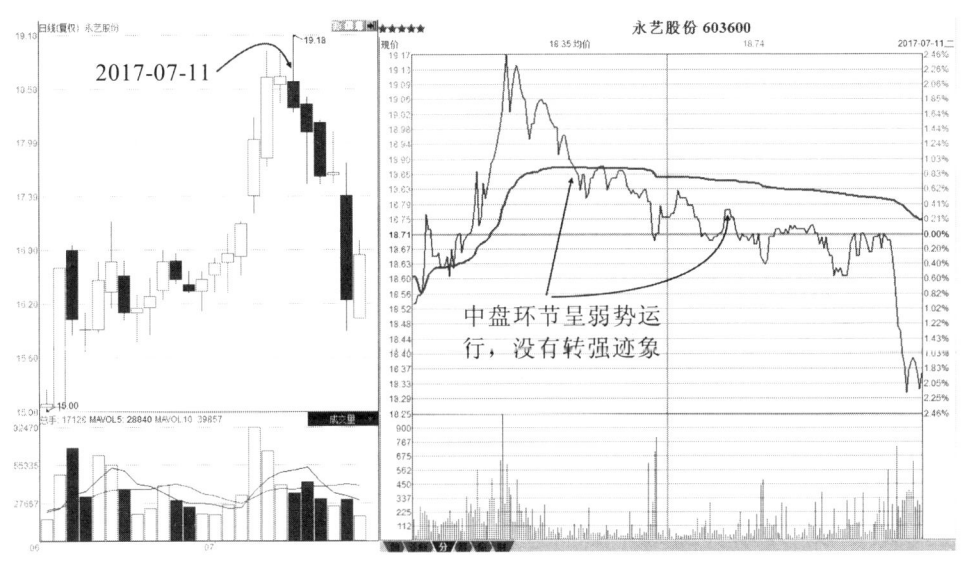

图 4-17　永艺股份 2017-07-11 日分时图

4.3.5　粘合形态的发展

粘合均价线形态代表着多空双方处于焦灼状态，是多空力量对比均衡的结果，因而，在实盘操作中，投资者往往很难做出涨跌判断。但是，对于盘中高点的均线粘合形态、特别是经历早盘大幅上冲回落后形成的粘合形态，这往往是多空对比由强转弱的一个信号，随着粘合形态的持续，个股在尾盘或是次日盘中出现跳水的概率在增加，短线交易中，若个股没有明显利好支撑，不宜追涨买入，持股者也应减仓或清仓以规避风险。

如图 4-18 世纪鼎利 2017-07-31 日分时图，早盘大幅上涨后，在中盘运行出现了明显的回落，股价向下粘合均价线，这就是由强转弱的信号，短线交易宜卖出。

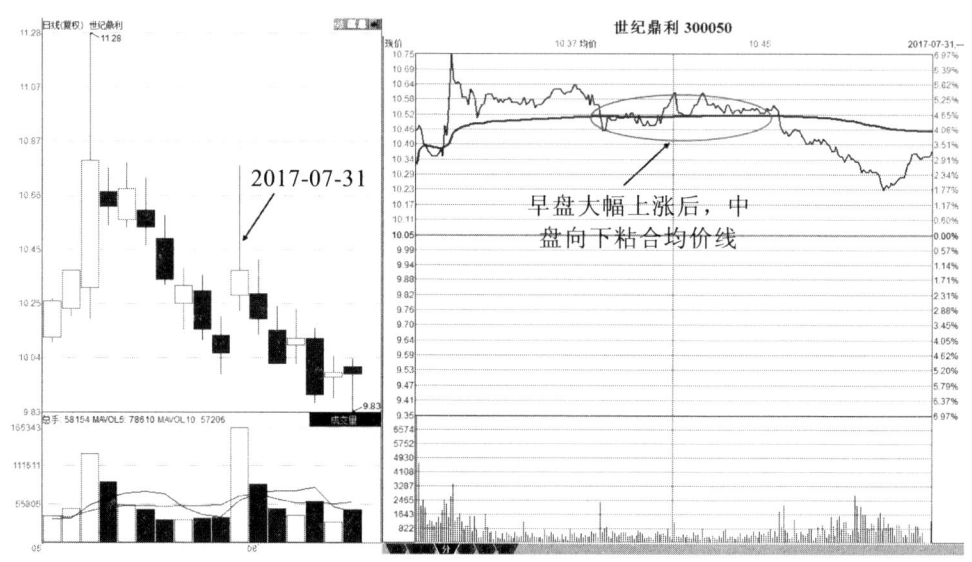

图 4-18　世纪鼎利 2017-07-31 日分时图

4.3.6　午市开盘的异动

午市，一些个股可能因场外消息或上市公司的消息而出现明显的异动，但是，重大的消息、事项会进行停牌，没有停牌、仅仅是午市休息时间发布的消息往往并不重大，但股市对于消息十分敏感，个股极有可能在午市开盘后出现价格的"跃动式"窜升或下跌，这可能是一波行情出现的信号，但也可能只是股价的偶然波动，并不具有持续性。对于消息的利好或利空程度，我们不应主观的臆断，应以个股的市场表现来做判断。

如果在股价突然窜升之后，无法站稳于均价线上方，则表明买盘跟进力度不足、盘中逢高抛压较重，是短线调整的信号；反之，若均价线形成了有力支撑，随后的盘口运行也呈强势，说明市场对于此股较为追捧，短线走势上，进一步上涨的概率较大。同理，对于午市利空消息引发的突然下跌，也可以进行类似分析。下面我们结合一个案例加以说明。

如图4-19为济民制药2017-06-15日分时图，个股在午市开盘后，突然窜升了近5%，这是一个明显的异动信号，结合个股当前正处于短线高点但同时也是震荡区的突破点这一情形来看，午市开盘的这种异动或将引发个股的短线方向选择，或者是继续上涨、开启一波上攻行情，或是出现调整、再度跌回震荡区间内。

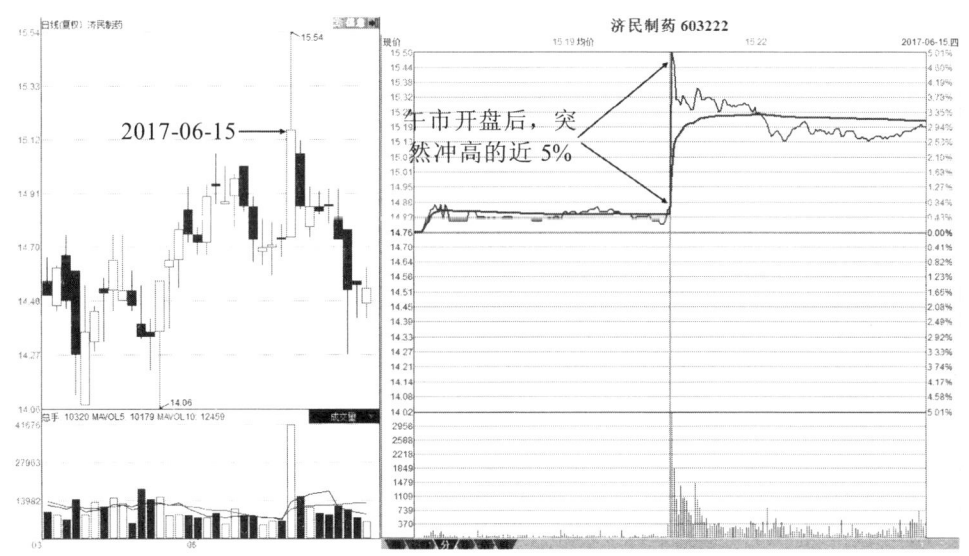

图4-19 济民制药2017-06-15日分时图

从个股随后的盘中运行来分析，均价线并没有形成支撑效果，至收盘前的大部分时间内，对价格走势形成了压制，而这正是"弱势"分时图的特征，因而，这个午市开盘的异动可以视作引发短线回落的信号，应短线卖出离场。

4.4　14:00 至收盘分析技术

尾盘（主要指 14:00 至 15:00 这个时间段），是每个交易日的最后一个时间段，在尾盘一小时内多空交锋往往又开始趋于激烈，如果个股上攻动力强，尾盘再度上冲的概率较大，反之，则易出现跳水。整个尾盘阶段，犹以尾盘半小时的异动最为频繁，也是分析个股短线走势的关键。本节就结合一些常见的情形来看看如何更好解读尾盘运行。

4.4.1　下压破均价线

多空双方的交锋在盘中实时发生着，力量对比也在不断变化着，早盘的强势可能在中盘转弱，但在尾盘阶段又再度转强；同样，早盘的弱势可能于中盘出现逆转变强，但在尾盘又再度转弱。

尾盘是决定着全天交锋结果的一个阶段，也是我们判断当日盘口走势强弱性的最关键环节，因为早盘与中盘只是一个过程，而尾盘才是真正的结果，技术分析的本质就是以市场行为本身作为判断的依据，尾盘的结果就是市场行为的最好体现。

如果个股的中盘运行相对强势，但在尾盘出现了股价下压均价线、甚至跌破均价线的走势，则强转弱的信号，这种盘口形态出现在短线高点时，它是一个值得警惕的短线回落信号。

如图 4-20 为中远海能 2017-03-29 日分时图，个股在中盘阶段出现了强势上扬，但在尾盘阶段（14:00 之后），价格走势开始趋弱，股价逐波回落、收盘前跌至均价线下方。从日 K 线图来看，当日处于短线上涨后的高点，尾盘的这种下压均价线的形态表明在经过一天的交投后，空方最终开始占据优势，这是个股或将出现短线调整的信号，应卖出。

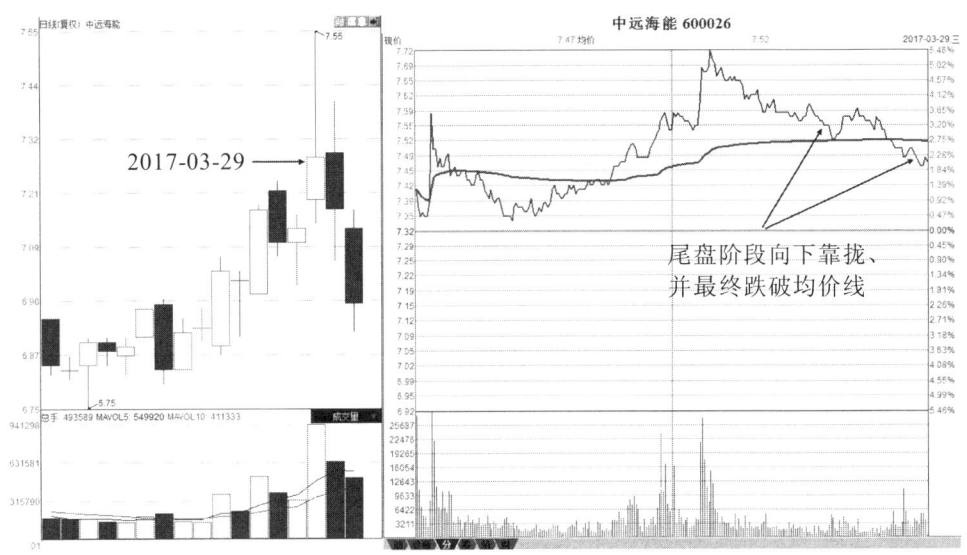

图 4-20 中远海能 2017-03-29 日分时图

4.4.2 尾盘的承接启动

早盘的上冲是一个启动信号，但它的准确性则需要中盘及尾盘的运行来进一步验证，如果个股早盘上扬幅度相对较小，中盘呈整理过渡走势，那么，尾盘的运行就至关重要，它体现了多方力量的短线上攻意愿是否强烈，也是我们判断个股是否有短线机会的重要线索。

如图 4-21 为万丰奥威 2017-06-13 日分时图，个股早盘出现了一波上冲，形态较为流畅，中盘运行较为平稳，股价未明显的上涨及下跌，尾盘阶段可以看到个股运行再度呈强势状态，结合早盘上扬来看，这是对早盘启动的一个承接，也体现了多方上攻行为的连贯性。结合个股当前正处于短线低点来看，一波反弹上攻行情有望展开，利用尾盘的承接启动走势，我们实施短线买入操作。

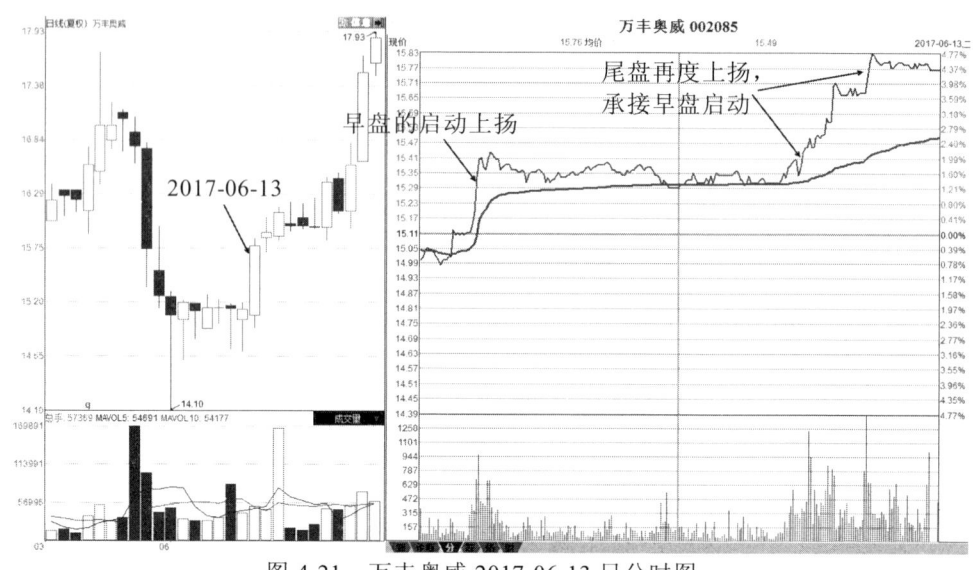

图 4-21　万丰奥威 2017-06-13 日分时图

4.4.3　值得分析的上冲遇阻

尾盘出现"先上冲、后回落"的走势较为常见，是我们分析尾盘运行的一个重点所在。在我们参与的短线活跃股身上，它更为常见，一些时候，这种异动可以视作股价上涨的信号，但也有一些时候，它是短线回落展开的信号。一般来说，我们可以结合尾盘的上冲幅度、回落幅度及大盘走势影响几个方面来综合分析，以此得出更为可靠的结论。下面结合两个案例加以说明。

如图 4-22 为大参林 2017-08-29 日分时图，图中叠加当日的大盘指数，尾盘阶段，个股出现了明显的上冲，幅度较大，随后站稳于盘中高点，但是在临近收盘的半小时左右，多空力量再度转变，股价出现了大幅跳水并跌至均价线下方，跳水幅度明显大于上冲幅度，而且，这种跳水走势并非源于指数的带动。

可以说，个股的收盘前跳水走势具有明显的独立性，这也彰显了个股逢高抛压的沉重，结合短线走势上已连续数日上涨来看，尾盘出现的这种先上冲、后跳水的形表明市场逢高抛压重、短线或将出现调整，是一个 T0 卖出信号。

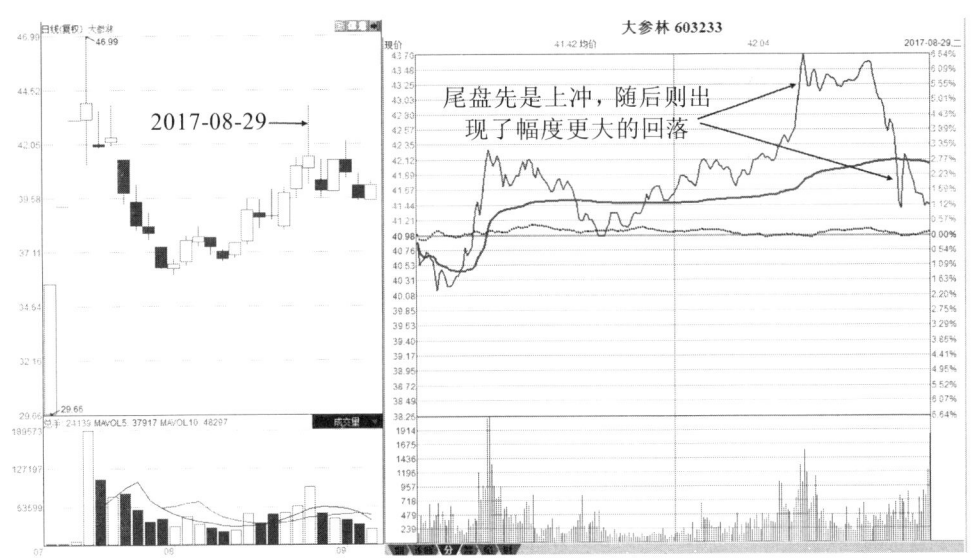

图 4-22 大参林 2017-08-29 日分时图

如图 4-23 为济民制药 2017-08-22 日分时图，个股在尾盘阶段出现了小幅度的上冲，且同期的指数正处于调整中，个股的尾盘上扬具有一定的独立性，虽然在临近收盘时再度回落，但幅度较小，只宜看作是冲高后的正常调整，结合早盘的强势上扬及日 K 线图上的长阳突破形态来看，一波上攻行情有望展开。

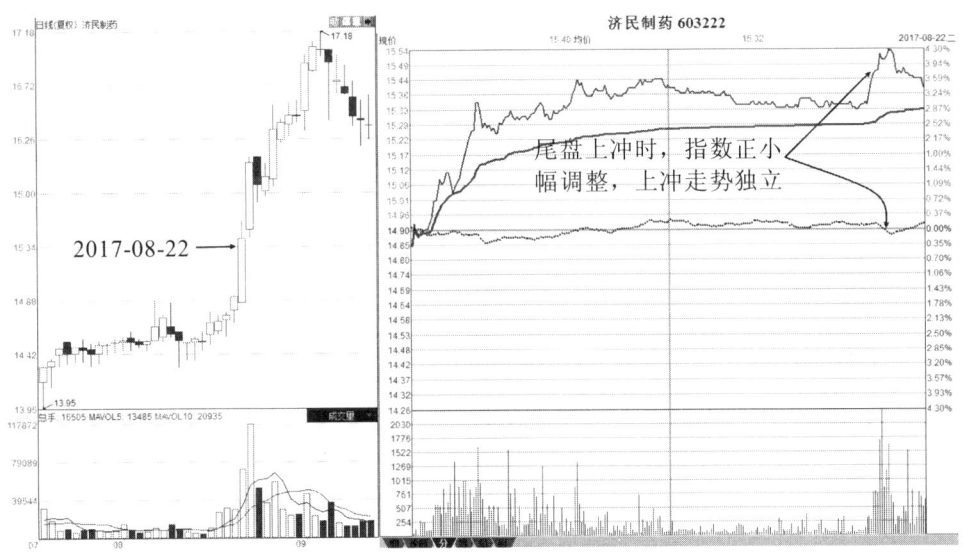

图 4-23 济民制药 2017-08-22 日分时图

4.4.4 收盘前的快速上翘

收盘前的快速上翘，也可以称之为甩尾形态，是指在临近收盘价的几分钟或十几分钟内，价走势突然打破了原有的平衡状态、直线上扬，从而使得收盘价向上远离了均价线。

这种形态大幅度地打高了收盘价，且快速远离均价线，是一种典型的异动，一般来说，次日开盘后会有一个修正，个股出现低开、甚至盘中下探的概率较大，就超短线 T0 交易来看，尾盘快速上翘后是一个很好的卖出时机，如果我们看好个股的中短线走势，则次日一般还会出现低点接回机会。

如图 4-24 为美都能源 2017-07-14 日分时图，个股收盘前被打高了近 5%，这是典型的甩尾形态，这种临近收盘的直线上扬难以对股价形成支撑，个股在次日也出现明显的低开低走，当日收盘前就是很好的 T0 卖出时机。

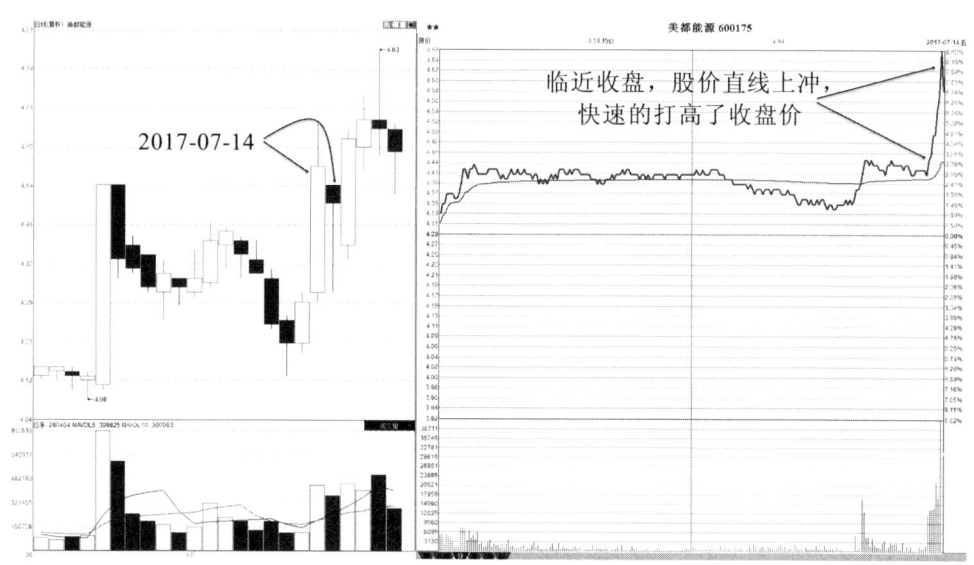

图 4-24　美都能源 2017-07-14 日分时图

4.4.5 日线图上的量能异动

日 K 线图上的量价关系对于我们把握短线走势有着重要意义，一般来说，在尾盘阶段，当日的量能放大或缩小情况一目了然，比对前期成交量大小，就可以进行分析判断了。

一些投资者喜欢在早盘阶段就预测当日的成交量大小，但是，早盘的交易量波动较大，开盘时可能成交量极大，但随后则快速缩减；或者是开盘时成交量小，但随后快速变大。对于很多个股来说，早盘的交易量并不能反映出全天成交量规模，仅仅借助于早盘的量能来分析当日的量能变化情况，往往并不准确。但是，尾盘则不同，临近收盘前的最后一小时内，从日 K 线图上可以清晰地了解当日的量能变化，这就可以借助于量价形态来预测股价走向了。

利用日 K 线图上的量价关系来分析，最大的好处就是可以进一步检验盘口分时图所预示的涨跌信号，如果量价配合发出了同样的买卖信号，此时交易的准确率将大大提升；反之，则应以发出卖股信号的形态为主，这也是将本金安全放在首位的操作原则之一。

如图 4-25 为天宝食品 2017-07-04 日分时图，当日的分时线节节上扬、与均价线呈平行向上的位置关系，这是一个典型的强势分时图，多方的推升持续了整个交易日，彰显了买盘的充足。仅仅依据这个分时图，可以短线看涨。

但是，在尾盘阶段，我们可以发现，日 K 线图上的放量幅度过大，是此前均量的 4 倍左右，这种量能一般不具有持续性、且表明市场的逢高抛压极重，这对个股随后的短线上涨将形成阻障，若没有明显的利好题材支撑，短线出现回调的概率较大，随后的走势也印证了日线量价形态所发出的信号更准确。可以说，借助于日线上的量价关系，我们可以更好地弥补分时图形态的孤立、片面性，从而做出准确率更高的判断。

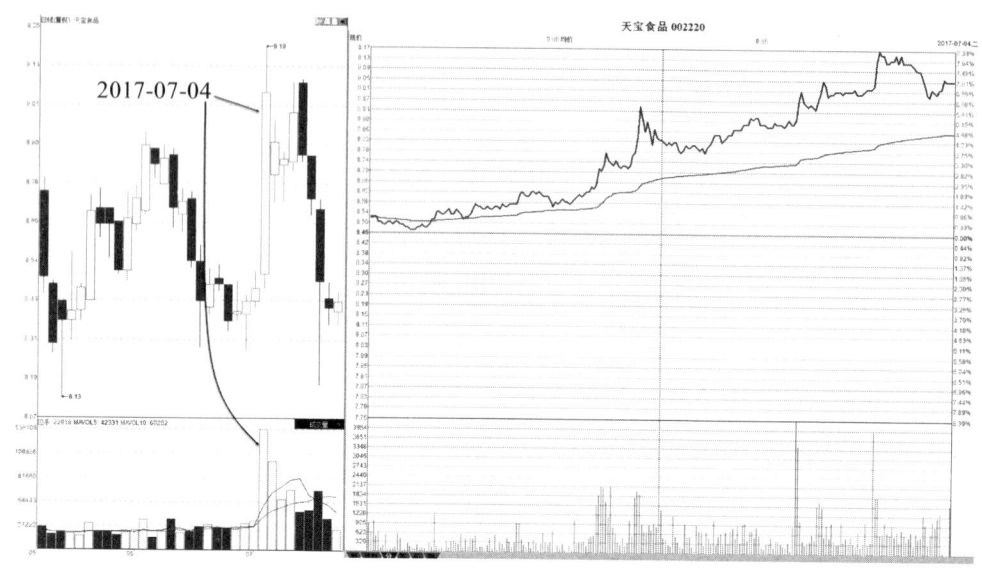

图 4-25　天宝食品 2017-07-04 日分时图

4.5　相邻日的连续分析技术

除了关注单独一个交易日的分时图外,还应以连续的方式观察相邻交易日的分时运行的连接性,是很好地承接了上一日的强势形态,还是在开盘后突然转弱?一般来说,我们可以将次日的早盘与当日的全天走势连接起来综合分析,这样可以更好地把握多空变化,及时采取相应的交易策略。本节中,我们以四种较为典型的承接方式为线索,看看如何将两个交易日的分时图连接起来进行分析。

4.5.1　强势运行次日低开

当日强势运行的个股,若次日早盘出现了明显的低开,这是一种明显的不连续性,表明在两个交易日之间的市场心理出现了变化,如果个股中短线涨幅相对较大,这预示着次日开盘时的空方已占据明显主动,如果个股不能够在低开之后快速收复失地,则预示着一波下跌回落将出现,持股者应及时卖出,以规避风险。

如图 4-26 为物产中大 2017-06-13 日分时图,个股当日分时图强势特征明显,K 线形态上也处于加速上攻波段,但是,次日早盘却出现了明显的低开(如图 4-27 所示),这是强转弱的预示,预示着加速上攻或将结束,一轮回落下跌将展开,投资者也应及时顺应多空力量的这种变化,调整策略,卖出观望。

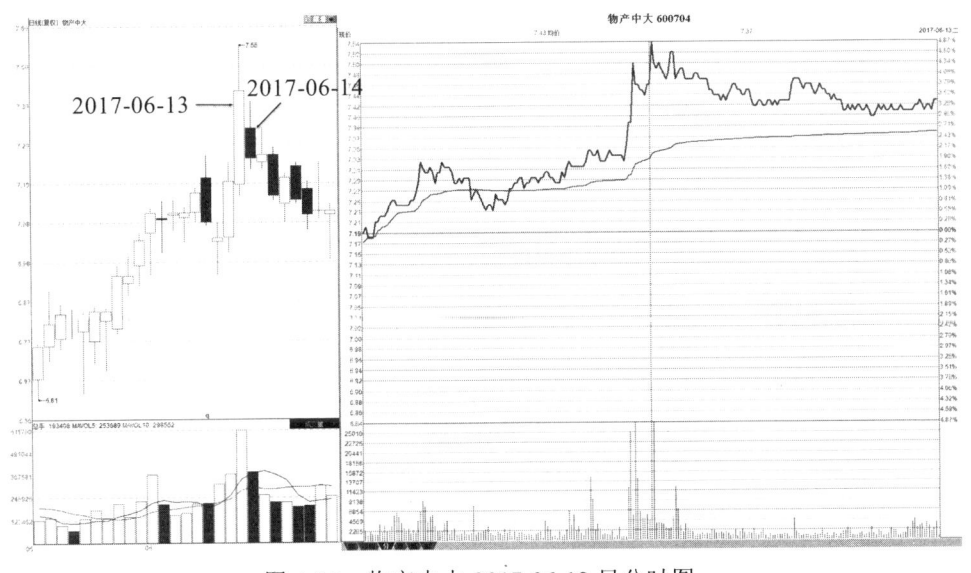

图 4-26　物产中大 2017-06-13 日分时图

4.5.2　强势运行次日高(平)开

强势分时图持续一个交易日内,次日若能平开或小幅高开,表明多空力量变化具有连续性,此时,仍可以继续看涨个股,只要个股在次日早盘依旧表现出相对强势,则短线上涨依旧可期,操作上以持有为主。

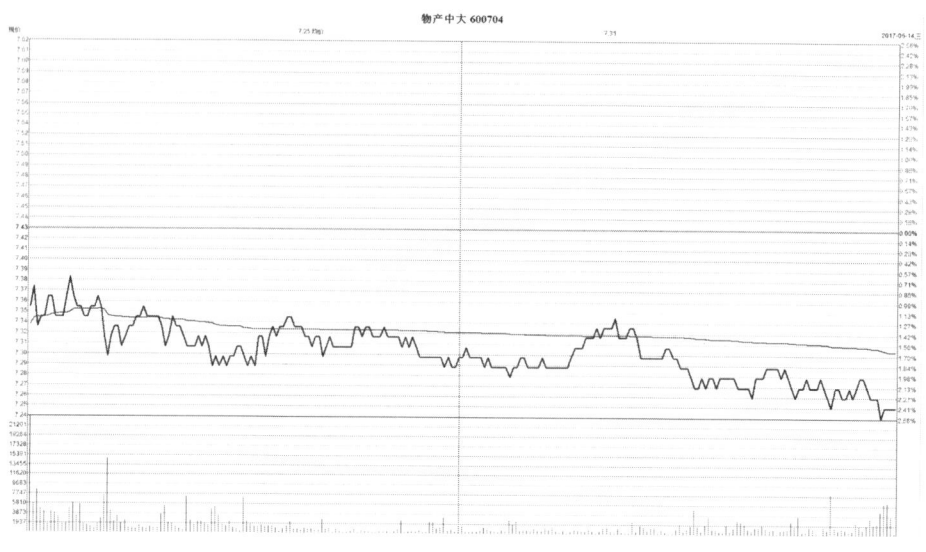

图 4-27　物产中大 2017-06-14 日分时图

如图 4-28 为宝泰隆 2017-07-18 日分时图，个股早盘出现了强于大市的独立上涨，中盘为横向整理，尾盘阶段再度发力，尾盘的上扬承接了早盘的强势，表明多方力量推升个股行为的连续性，也是其短线做多意愿较强的标志，这是一个强势型的分时图，从日 K 线图来看，之前的短线回调或告一段落，新一轮上攻行情有望展开，但这种判断也要结合次日早盘运行态势来验证。

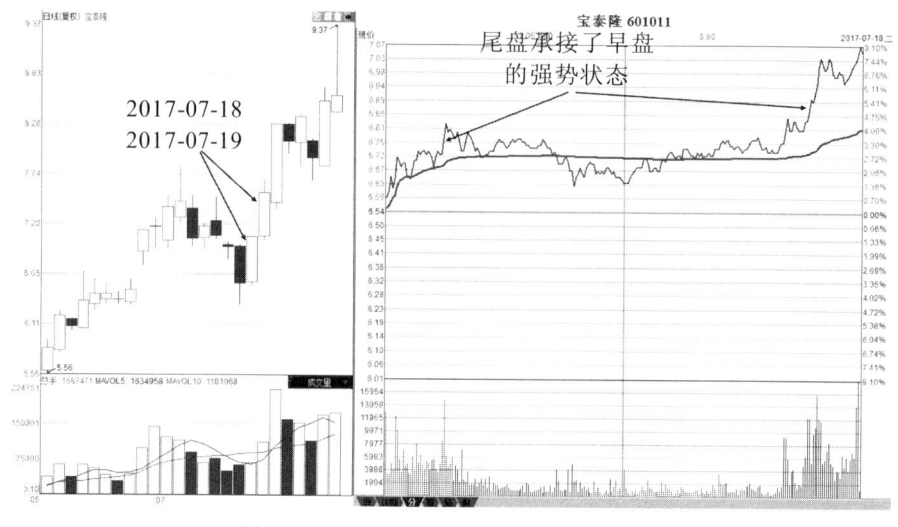

图 4-28　宝泰隆 2017-07-18 日分时图

如图 4-29 为宝泰隆 2017-07-19 日分时图，当日小幅高开，在 10:30 分之前，个股再度出现了一波小幅度的上冲，走势相对较强，这承接了上一交易日的强势运行状态，表明个股短线依旧是多方力量占据主动，短线交易上，我们应顺势而为，看多做多。

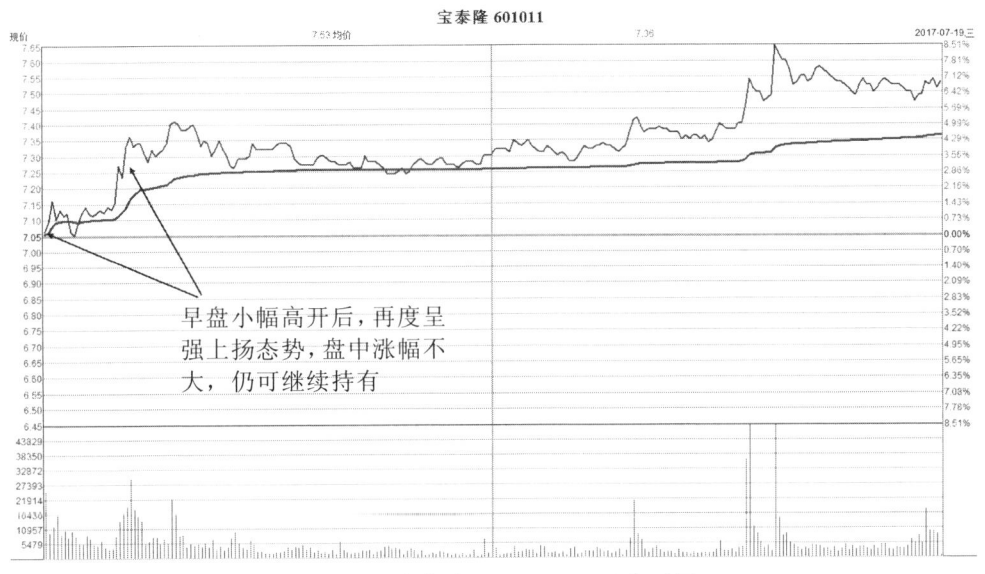

图 4-29　宝泰隆 2017-07-19 日分时图

4.5.3　弱势运行次日低（平）开

弱势股的最大特点就是这种弱势运行格局往往能持续较长一段时间，特别是在短线高点出现了明显弱势分时形态的个股。一般来说，当日的弱势运行格局若使得其次日出现了低开（或是平开低走），则表明空方力量此时仍占据明显主动，短线下跌空间依旧较大，此时不可过早抄底入场；对于持股者来说，应减仓或清仓，通过止损的方法保护本金安全。

如图 4-30 为招商轮船 2017-09-12 日分时图，个股在长期停牌之后，当日复牌后涨停，但涨停板在盘中被打开，随后，股价逐波滑、始终运行于均价线下方，虽然处于上涨状态，但这却是一个典型的弱势型分时图，表明空方力量占据了主动。

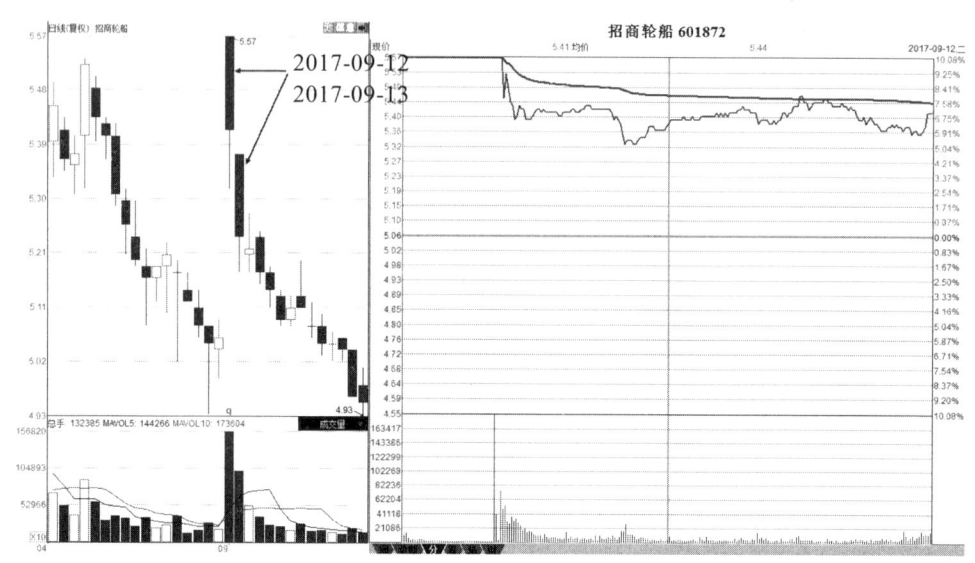

图 4-30 招商轮船 2017-09-12 日分时图

次日，个股出现了明显的低开（如图中左侧所示），且开盘后无力反冲收复失地，这表明中短期内的空方主导格局仍将延续下去，也是短线卖股离场的信号。

4.5.4 弱势运行次日高开

股价的走势呈上下波动状态，短期内的深幅下跌之后，空方抛压耗尽，此时，反弹波段有望出现。如果个股在短期低点出现了当日弱势下跌、次日小幅高开的形态，且在高开后仍旧维持强势运行状态，这往往是一波反弹上攻走势将出现的信号，可以作为短线买入的一个参考。

如图 4-31 为大唐发电 2017-05-08 日分时图，个股当日的盘中运行呈弱势格局，次日的开盘打破了这一状态，随后的早盘也呈相对强势，这就是一个反弹信号，在超短线 T0 交易中，我们应注意价格走势的这种快速反转，及时把握稍纵即逝的买点。

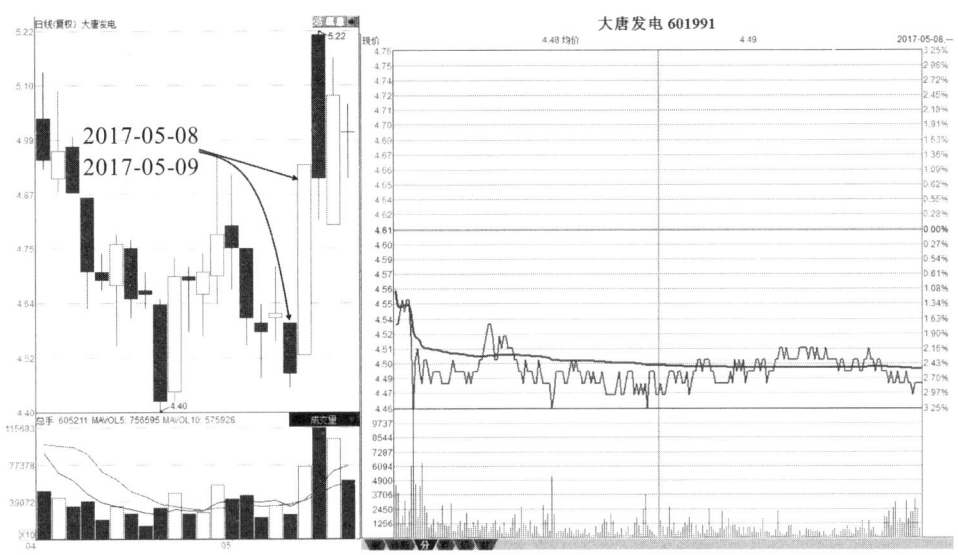

图 4-31 大唐发电 2017-05-08 日分时图

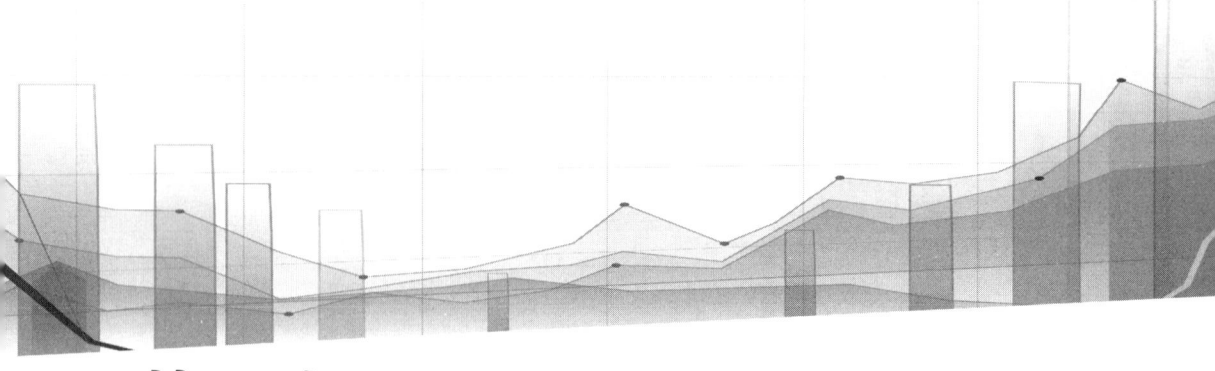

第 5 章

K 线形态 T0 实战攻略

超短线的 T0 交易，主要是运用 K 线、量价、分时来把握价格走势急速转折时的买卖时机，其中，分时图占据核心地位，因为很多 T0 交易都是在盘中完成的，在盘中能否结合分时线把握高低点，往往决定了一笔 T0 交易的成败。

但是，在很多时候，特别是寻找 T0 买点时，在查看个股走势图时，K 线图无疑最为醒目，在复盘时，可以清晰地看到一些 K 线上的异动，而分时图只是在查阅当日走势时才更为方便，这就赋予了 K 线图的独特作用，此时，就需要借助于 K 线与量价这两种技术手段了，它们既是基础、前提，也是对以分时线形态为核心的 T0 交易的补充。在讲解分时线 T0 形态前，我们有必要先来学习一下短线转向点常见的 K 线与量价形态。本章中，我们先结合 K 线形态讲解 T0 交易。

5.1 单日 K 线 T0 买点

单日 K 线 T0 买点，是指：日 K 线图上，个股在短期回落后的低点或是盘整突破点，出现了这种具有明显上涨倾向的单根 K 线形态。此时，个股出现一波上涨的概率很大，在识别出这种形态后，我们可在随后一两个交易日于盘中寻找好的买入时机。

5.1.1 锤子线

锤子线出现在短期下跌后的低点，它的实体很短、没有上影线（或上影线极短），当日可收于阴线、也可收于阳线。

锤子线在分时图上，多是源于盘中逆转走强形成的，当这种分时线出现了阶段低点时，可以看作是多空力量对比转变的信号。如果次日及随后两日内，股价可以站稳于锤子线当日收盘价上方，多预示着阶段性下跌走势的结束，是一波反弹上涨走势即将展开的信号。一般来说，当日收阳的锤子线所预示的后期上涨走势出现的概率更大。

如图 5-1 为硅宝科技 2017 年 4 月至 6 月走势图，在个股中短线跌幅较大的情形下，个股收出了一根形态特征鲜明的锤子线，这是一波反弹走势或将展开的信号。操作中，随后两日内，股价未见明显回落，此时可于盘中逢震荡回落买入布局。

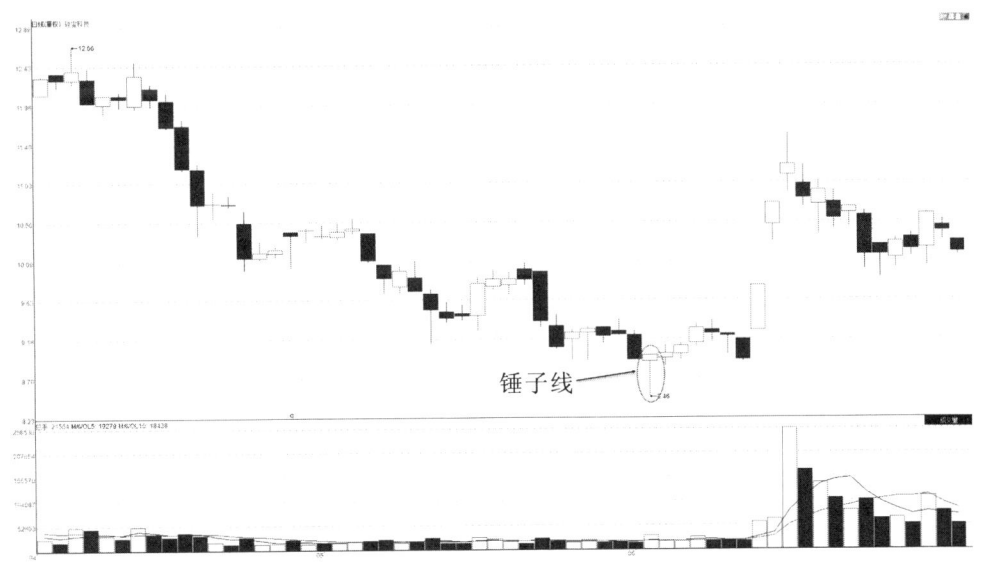

图 5-1 硅宝科技 2017 年 4 月至 6 月走势图

对于锤子线以及其他的 K 线形态来说，大多数形态并不是急势的转折信号，在典型的 K 线形态出现后，个股往往会先滞涨（或止跌），随后才会下跌（或上涨），因而，在把握买卖时机，只要反转信息不强烈，宜观察两日后再介入，这样可以提高成功率。

5.1.2 倒锤子线

锤子线出现在短期下跌后的低点，形态特征上如同将锤子线倒置过来。分时图上，倒锤子线是多方于盘中上攻遇阻形成的，因而，当日的空方力量仍旧占有一定优势，但多方的盘中进攻也是一个信号。

实盘操作中，我们可以结合次日的开盘情况来决策，如果次日高开，则表明倒锤子线当日已消耗了较多的抛盘，多方力量开始快速转强，是买入信号；反之，则仍宜观望。

如图 5-2 为微光股份 2017 年 6 月至 9 月走势图，个股在低位震荡区的相对低点，出现了一个倒锤子线形态，次日的高开表明这是一个短线反转信号，操作中，次日的盘中回落就是很好的 T0 买入时机。

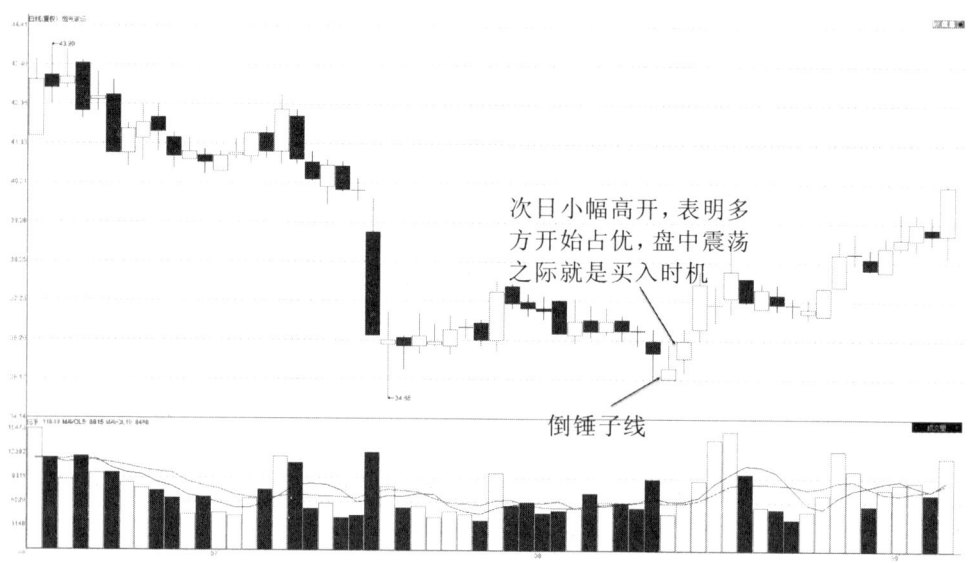

图 5-2　微光股份 2017 年 6 月至 9 月走势图

5.1.3 仙人指路

仙人指路，出现在盘整后的突破位置点，是用于指示短线突破行情的信号。形态上来看，它是一根带有上影线的阳线，阳线实体与上影线长度接近。

从分时图来看，虽然收盘时的分时线多位于均价线下方，但由于当日的阳线实体与上影线长度相近，这表明从多空双方的交锋结果来看，当日势均力敌。但是，由于K线形态上的突破，及当日盘中的上冲彰显了多方力量更为主动，因而，个股短线上涨仍然可期。利用K线的运行，使我们很好地避免了分时图信号的片面性。

如图5-3为四方冷链2017-08-04日分时图，低位窄幅整理之后，当日早盘大幅上扬，多方进攻力度较强，随后的盘中运行呈整理之势，分时图围绕均价线上下波动，收盘前跌破均价线。日K线图上，当日的上影线与实体长度相当，呈现为具有突破性的仙人指路形态。结合这一形态的短线上涨信息来看，次日早盘的小幅震荡回落就是很好的T0买入时机。

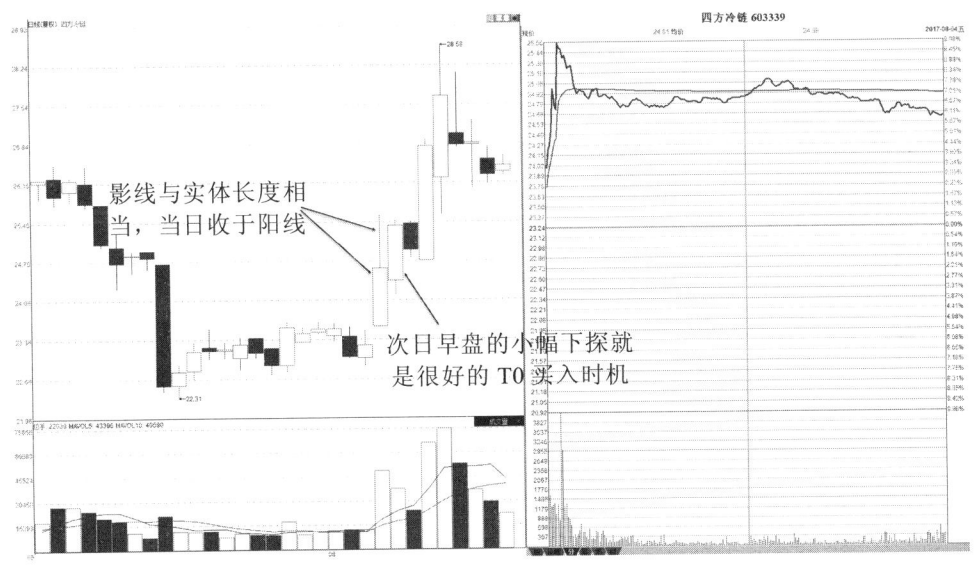

图 5-3　四方冷链 2017-08-04 日分时图

5.1.4 出水芙蓉

出水芙蓉是一种将单根 K 线与移动均价相结合的短线形态，它是指：在低位整理区的突破位置点，出现了一根同时穿越三根均线的长阳线，这三根均线为 5 日均线 MA5、10 日均线 MA10、20 日均线 MA20。

出水芙蓉形态是对原有运行格局的一种强势打破，多预示着短期内或有一波相对较强的上攻走势出现。实盘操作中，若次日能够强势企稳、不深幅回落，表明市场抛压较轻、多方依旧占据主动，此时，可以实施 T0 买入。

如图 5-4 为中原高速 2017 年 5 月至 8 月走势图，低位的长期震荡整理之后，一根长阳线同时上穿 MA5、MA10、MA20 三根均线，这是出水芙蓉形态，从个股随后走势来看，它很好地预示着一波上攻行情的出现。

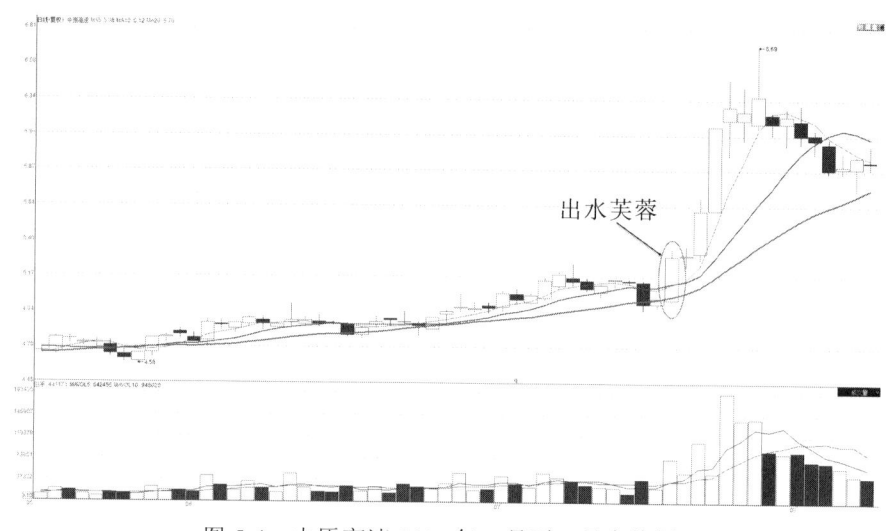

图 5-4　中原高速 2017 年 5 月至 8 月走势图

5.2　单日 K 线 T0 卖点

K 线上的买点，往往可以在典型形态出现后的次日或随后几日买入，这是多方力量渐进增强的体现；但是，对于卖点来说，往往较为短暂，典型形态当日常常是最好的卖出时机，如果继续持股观察，则有可能错失高点卖出时机，这也提示我们在实盘操作中，当 K 线形态发出卖股信号时，宜在第一时间采取行动。

5.2.1 流星线

流星线从形态上来看，它倒锤子线相同，不同的是：倒锤子线出现在短线下跌的低点，流星线则出现在短线大涨后的高点。同样的单根 K 线形态，所在位置点不同,它的含义也是不同的。倒锤子线侧重表达了多方开始发动反击，而流星线侧重表达了多方上攻遇阻,由于位置点的不同,倒锤子线是上涨信号，而流星线则是下跌信号。

如图 5-5 为凌钢股份 2017-08-11 日分时图，从 K 线图来看，个股的短线涨幅较大，上一交易日收出了一根流星线，这是一个短线下跌信号。当日又继续低开，表明空方的优势仍在持续。操作中，流星线当日收盘前是最佳卖出时机，当日低开是对流星线下跌信号的进一步验证，盘中反弹点是更为明确的 T0 卖出时机。

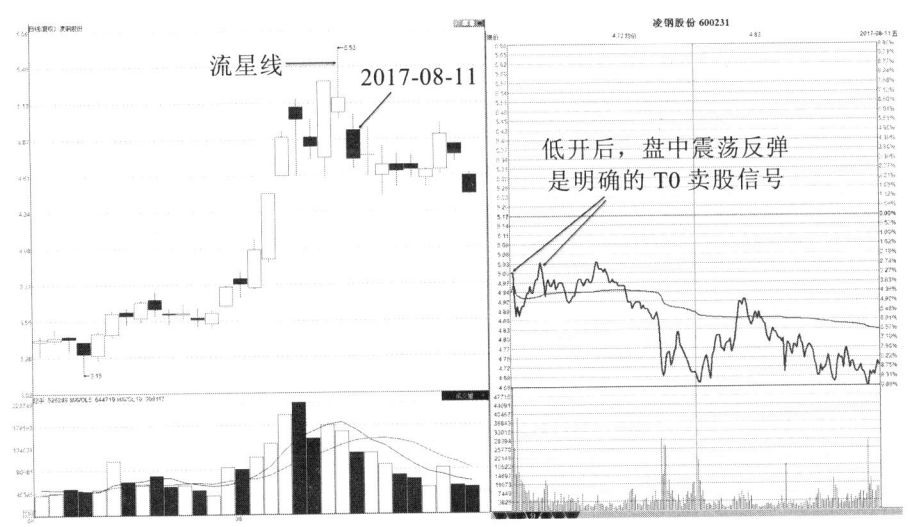

图 5-5　凌钢股份 2017-08-11 日分时图

5.2.2 上下长影线

上下长影线形态，主要指代当日收盘时的涨跌幅度较小，但盘中的振幅却极大（10%左右），从而使得日K线图上呈现为短实体、上下影线很长的形态特征。

这种单根K线形态是多空双方于盘中激烈交锋的标志，当日收阳线表明多方最终获胜，当日收阴线则表明空方最终获胜。无论哪种情况，若个股正处于短线高点，则盘中的这种宽幅震荡都是对多方力量的极大消耗，预示了短线回落走势将出现。

如图5-6为陕鼓动力2017-08-10日分时，虽然当日收盘涨幅不到2%，但盘中的上下波动幅度却接近10%，这是一个上下长影线形态，当日正处于短线大涨后的高点，是一个短线下跌信号；次日的低开震荡表明空方力量开始占优，盘中反弹上冲时，是一个相对明确的超短线T0卖出时机。

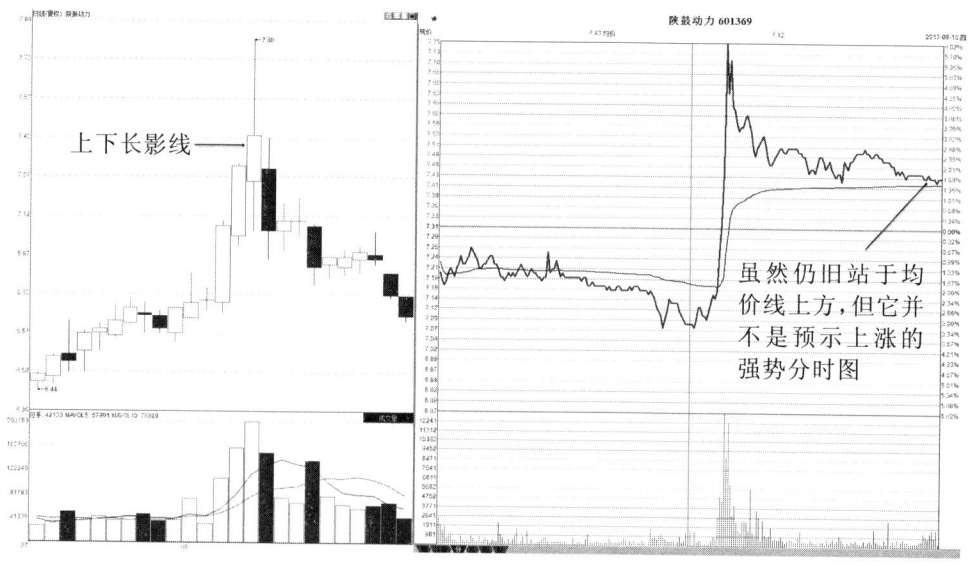

图5-6　陕鼓动力2017-08-10日分时图

5.2.3 铡刀线

铡刀线是一种将单根 K 线与移动均价相结合的短线形态,它是指:在中短期上涨后的高点整理走势中,出现了一根同时穿越三根均线的长阴线,这三根均线为 5 日均线 MA5、10 日均线 MA10、20 日均线 MA20。

铡刀线形态是对原有运行格局的一种打破,也是空方开始发力的标志,预示着一波下跌走势将要出现,是短线卖股离场的信号。

如图 5-7 为南方航空 2017 年 4 月至 7 月走势图,个股在持续上涨之后出现了横向整理,随着整理的持续,一根阴线同时向下跌破了三根均线,这是铡刀线形态,也是一波短线下跌出现的信号。

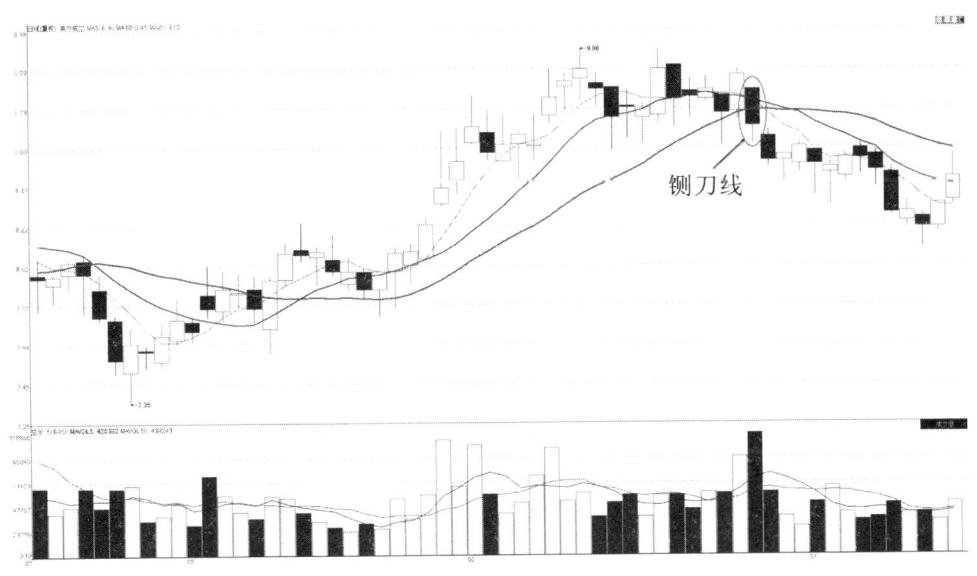

图 5-7 南方航空 2017 年 4 月至 7 月走势图

5.3 组合 K 线 T0 买点

组合 K 线是指由两根或两根以上的 K 线组合而成的形态,组合形态可以反映一定的多空信息，指导我们实施短线交易。本节中，我们将介绍几种预示短线上涨的组合形态，它们发出买入信号，对于T0交易而言，可以作为入场买点。

5.3.1 阳孕线

孕线是一种前长后短的两根K线组合形态，前面为长K线，后面为短K线，长K线的最高价高于后面短K线的最高价、长K线的最低价则低于短K线的最低价，其形态上犹如前面一根长K线将后面一根短K线"孕于"其中，故称之为孕线。孕线是多空力量转变相对缓和的一种组合，一般来说，在量能无明显变化、短线涨跌幅度不大的情况下，可以多观察几日再实施买卖操作。

阳孕线是前阴后阳的组合方式，多出现在一波下跌走势后的阶段性低点，是多方力量开始转强、空方打压力度减弱的信号，预示着一波上涨走势即将出现。

如图5-8为紫江企业2017-07-17日分时图，个股在短线下跌后，出现了阳孕线的组合，在利用孕线展开T0买入时，可以结合前面长阴线的量能情况来把握买点。

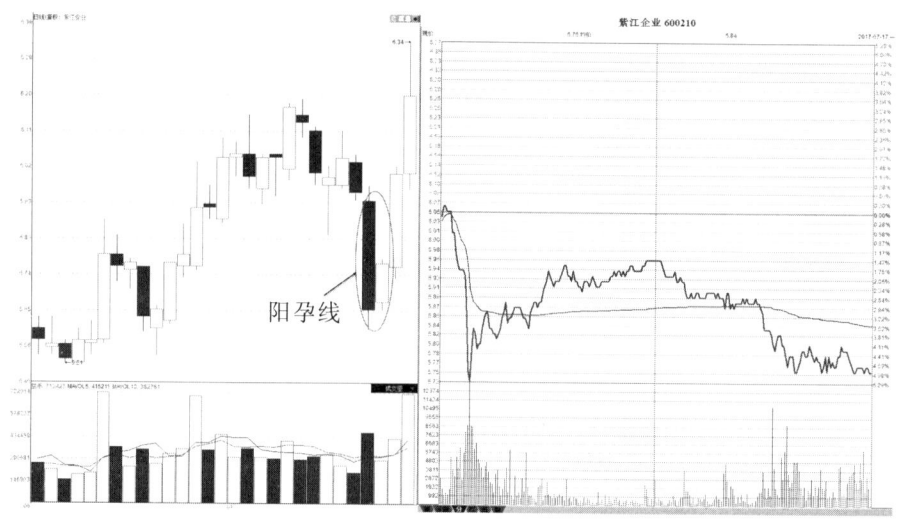

图5-8 紫江企业2017-07-17日分时图

如果长阴线出现了相对放量且短线回落幅度较大,则表明空方抛压释放较为充分,次日的小阳线出现后,个股形成了孕线组合,多方力量有望快速转强,可于当日收盘前或次日盘中震荡之机实施T0买入;若长阴线当日未出现放量,短期内的空方力量是否消耗充分仍有待观察,孕线组合出现后,可以继续观察数日,等股价运行企稳后,再实施买入。

5.3.2 看涨抱线

抱线是一种前短后长的两根K线组合形态,前面为短K线,后面为长K线,短K线的最低价高于后面长K线的最低价、短K线的高价则低于长K线的最高价,其形态上犹如后面一根长K线将前面一根短K线"抱入"其中,故称之为抱线。相对于孕线形态来说,抱线反映了多空力量的转变较为迅速,若个股短线涨跌幅度较大,宜在第一时间展开买卖。

看涨抱线是前阴后阳的组合方式,多出现在一波下跌走势后的阶段性低点,相对于阳孕线形态来说,看涨抱线所呈现的多方反击力度更强,短线上涨势头往往更好,操作上,宜在看涨抱线出现后及时买入,把握反转时机。

如图5-9为国机汽车2017年3月至6月走势图,个股在深幅下跌后出现了企稳,在企稳震荡区的低点出现了看涨抱线的组合,且后面长阳线当日的涨幅不大,这是一个短线反转信号,T0交易中,可以作为买股入场信号。

5.3.3 切入线

切入线形态中,由前面一根大阴线、后面一根小阳线的两根K线组合而成,后面的小阳线其收盘价应高于前一根阴线的收盘价,即后面的一根小阳线与前面一根大阴线显示出来一种"切入"状态。切入线经常出现在回调走势后的相对低位区,预示着阶段性回调走势的结束、随后反弹上涨走势即将出现。

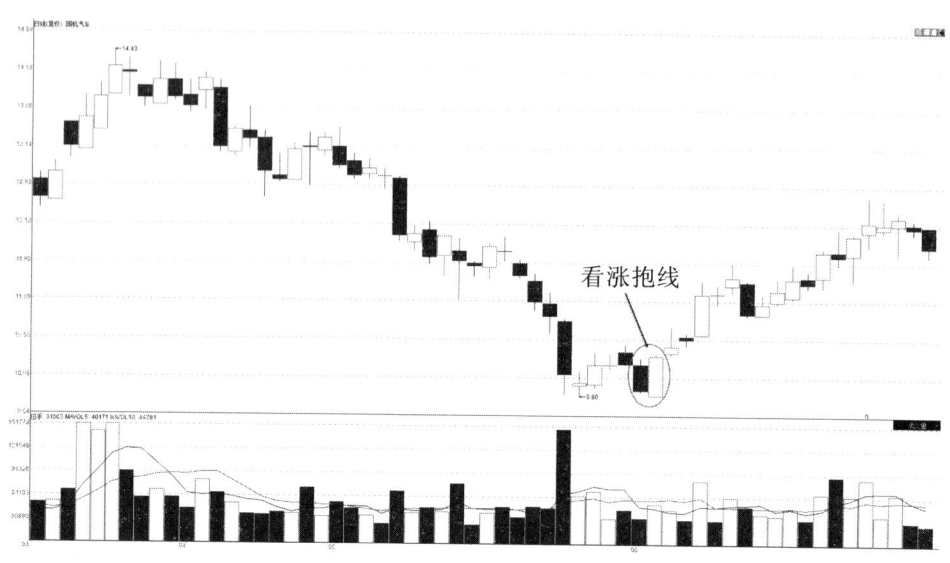

图 5-9 国机汽车 2017 年 3 月至 6 月走势图

如图 5-10 为大众交通 2017 年 5 月至 8 月走势图,经历了短线一波调整,个股在低点出现了切入线的组合形态,这是短期内反弹走势出现的信号,也可以作为 T0 买股信号。

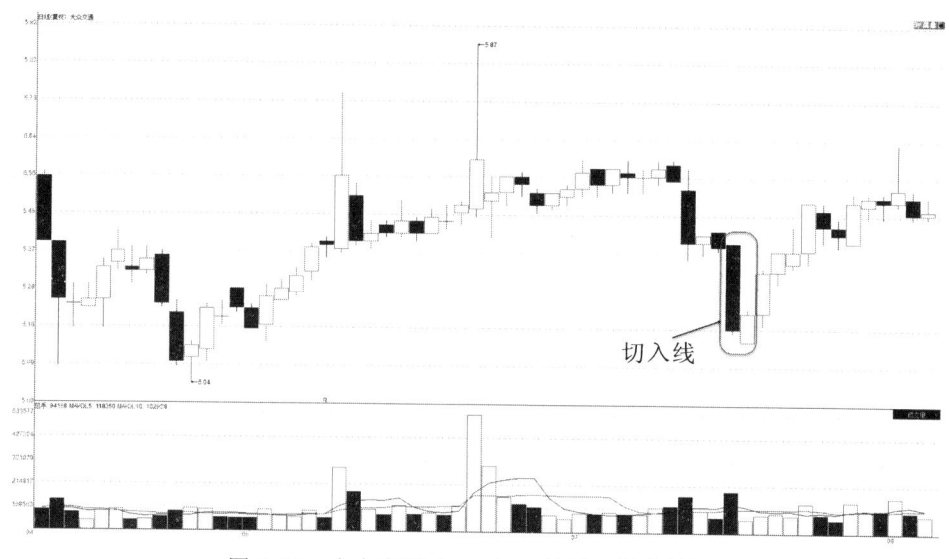

图 5-10 大众交通 2017 年 5 月至 8 月走势图

与切入线相似的两种组合形态是待入线与插入线,当其出现在低点时,多预示着短线上涨：

待入线：前面的大阴线与后面的小阳线之间有一小段缺口，小阳线的收盘价低于前阴线的收盘价，从而形成一种"待入"状态；

插入线：后面小阳线的开盘价要比待入线和切入线形态中的小阳线的开盘价开得低一些，收盘价收在前阴线实体内的位置要高一些，但不能超过前面阴线实体中心线，从而形成一种插入状态。

5.3.4 三连小阳线

三连小阳线是由连续三根小阳线组合而成，这三个交易日的成交量也温和放大。这种K线组合较为常见，但并不都是买入信号，实盘中，我们一要结合股价位置点，当其出现在低位企稳走势中或是突破位置点时，才宜实施买入；二要结合量能形态，三根小阳线应以温和式的放量为依托，这彰显了多方力量的缓慢释放，这是因为多方力量的释放往往有一个由缓到急的过程。

如图5-11为招商银行2017年3月至6月走势图，个股先是以一根长阳线突破了长期整理区，随后的突破点出现小幅回调，此时的三连小阳线伴以温和放量的组合形态出现，表明多方力量再度开始释放，新一轮上攻走势或将展开，是T0交易买入信号。

5.3.5 希望之星

希望之星是一种较为常见的中短线反转形态，它由三根K线组合而成，即由最左侧的大阴线、中间的一根实体短小的十字星（也可以是带上下短影线的小阳线或小阴线）、右侧的一根中阳线组合而成。

当这种形态出现在持续下跌后的低点或是盘整震荡区的箱体下沿位置处时，是多方力量快速转强且上攻意愿强烈的信号，预示着一波反弹上涨走势将出现。此时，是我们短线T0交易买股入场的时机。

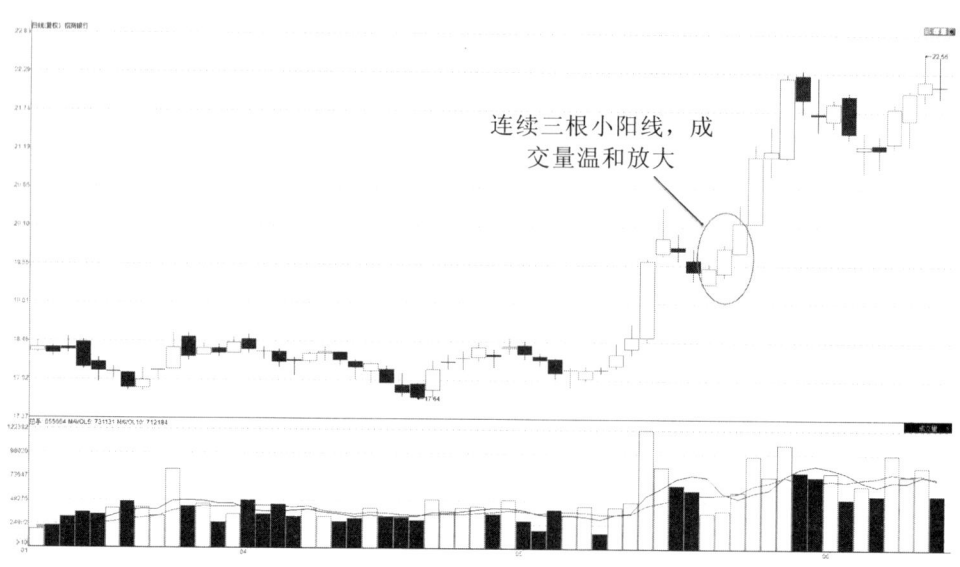

图 5-11　招商银行 2017 年 3 月至 6 月走势图

如图 5-12 为航天晨光 2017 年 5 月至 7 月走势图，个股在短线跌幅较大的低点出现了希望之星的组合形态，第二根阳线出现时，个股的短线反弹幅度仍然很小，但多方力量此时已占据主动，随后可以结合个股的盘中震荡实施 T0 买股操作。

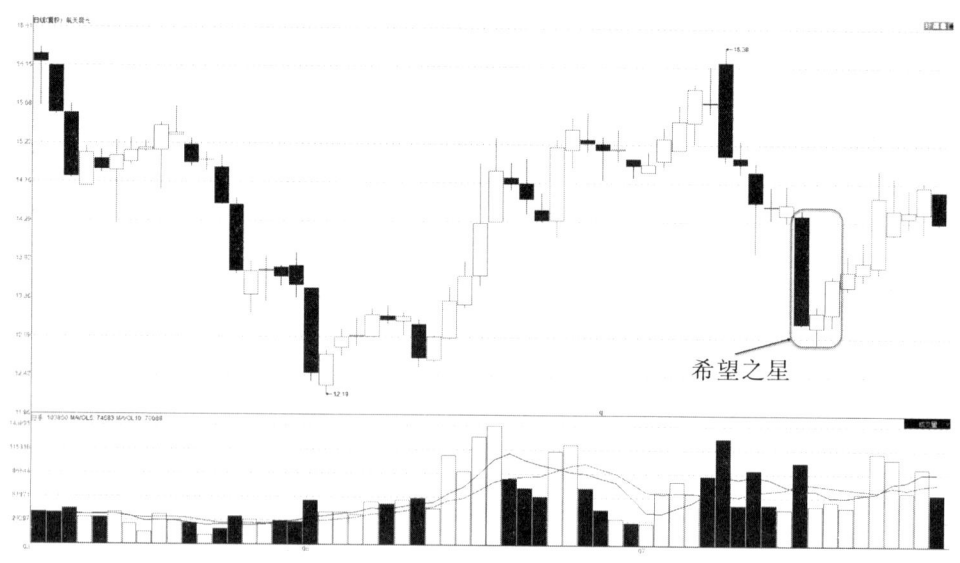

图 5-12　航天晨光 2017 年 5 月至 7 月走势图

5.4 组合 K 线 T0 卖点

5.4.1 阴孕线

孕线的形态特征可以参见 5.3.1，阴孕线则是前阳后阴的组合方式，阴孕线更多的出现在一波上涨走势后的阶段性高点，是多方上攻力量减弱、而空方抛压则开始转强的信号，预示着一波下跌走势或将出现。

如图 5-13 为南京高科 2017-08-01 日分时图，个股在跳空突破上涨时，出现了阴孕线的组合形态，长阳线当日涨幅较大且放量明显，随后的阴孕线形态较为鲜明，这表明短期内的多方上攻力量突然转弱，出现回落概率较大，T0 交易中，应卖股离场。

图 5-13 南京高科 2017-08-01 日分时图

5.4.2 看跌抱线

看跌抱线是前阳后阴的组合方式，多出现在一波上涨走势后的阶段性高点，相对于阴孕线形态来说，看跌抱线所呈现的空方转强更迅速，操作上，宜在形态出现后及时卖出以规避风险。

如图 5-14 为仰帆控股 2017 年 2 月至 5 月走势图，个股在持续上涨后的盘整突破位置点出现看跌抱线的组合形态，这表明突破走势或将折返，T0 交易中，可以作为逢高卖出信号。

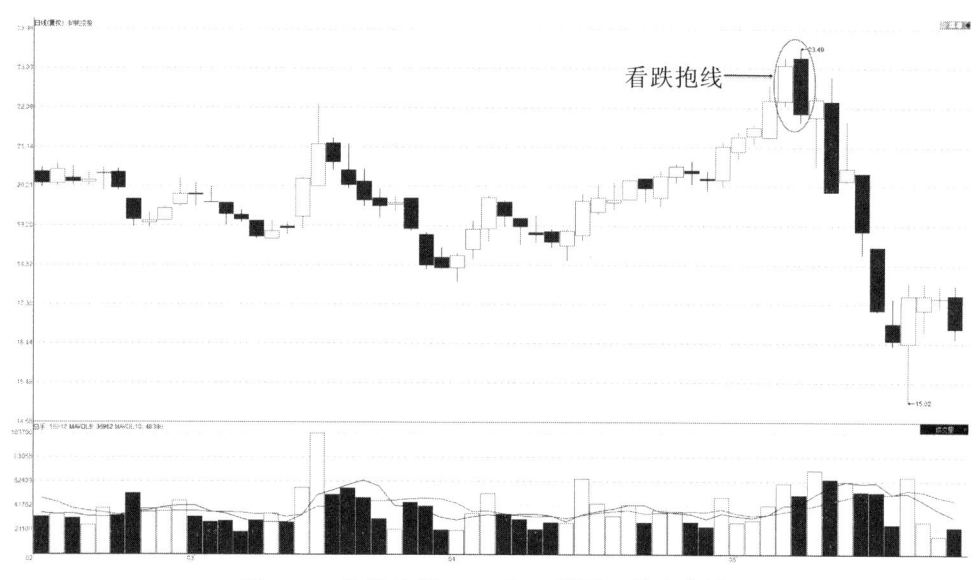

图 5-14　仰帆控股 2017 年 2 月至 5 月走势图

5.4.3 乌云盖顶

乌云盖顶由两根 K 线组合而成，它常出现在一波涨势之中或是震荡区的高点，由一根中阳线和一根中阴线组成，第二根 K 线应高开于第一根 K 线的最高价之上，但收盘价大幅回落，深入到阳线实体之内。

乌云盖顶形态的出现是空方力量突然转强且占据明显主动的标志,由于个股中短线涨幅较大,这是一个短线反转下行的信号,预示了一波下跌走势的展开。从成交量配合来看,阴线当日的放量越明显,表明市场短线抛压越沉重,随后下跌幅度与速度往往更强。

如图 5-15 为中昌数据 2016 年 8 月至 2017 年 4 月走势图,个股在短线大涨之后,出现了乌云盖顶的组合形态,这是一个快速的短线反转信号,在 T0 交易中,若发现个股出现了这种组合,宜在第一时间卖出离场,锁定利润。

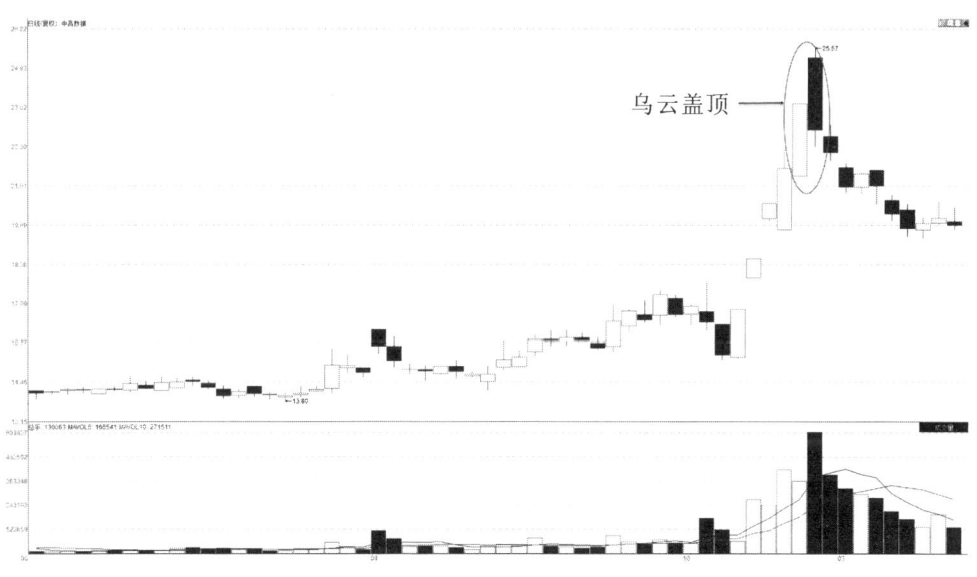

图 5-15　中昌数据 2016 年 8 月至 2017 年 4 月走势图

与乌云盖顶相似的一种组合可以称之为乌云飘来,与乌云盖顶形态稍有不同的是,第二根大阴线的收盘价仍旧略高于上一根大阳线的收盘价、并没有嵌入到上一根大阳线实体内部,它同样是市场短期内抛压快速增强的信号,预示着一波下跌走势即将展开。

如图 5-16 为金鹰股份 2017 年 7 月至 9 月走势图,个股在短线高点出现的组合形态可以称之为乌云飘来,它预示了反转走势的出现,也是 T0 交易时应关注的卖股信号。

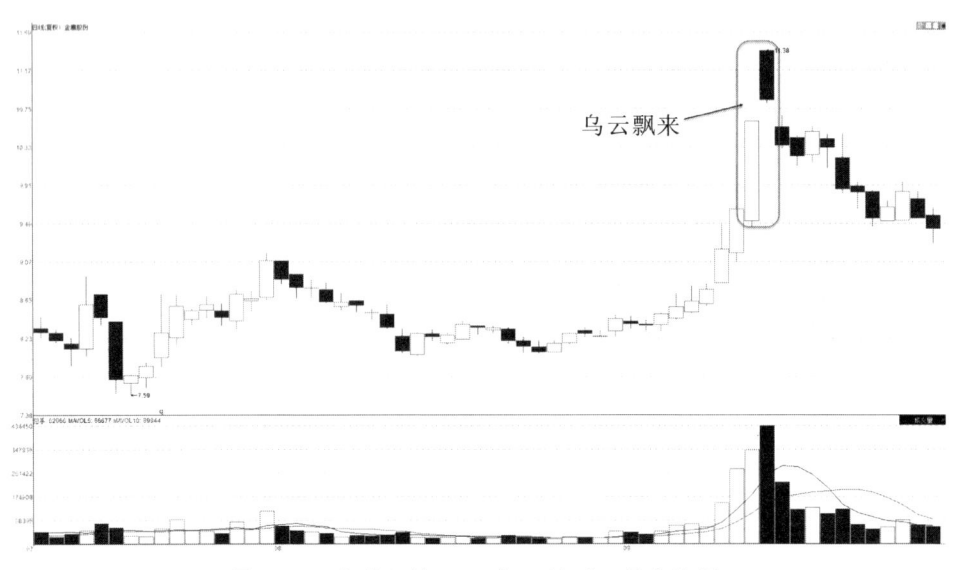

图 5-16　金鹰股份 2017 年 7 月至 9 月走势图

5.4.4　三连小阴线

三连小阴线由连续三根小阴线组合而成，这是一种常见的 K 线组合，我们要结合其出现的位置来预测价格走向。一般来说，当其出现在整理区的破位点或是短线高点的滞涨走势中，表明空方力量开始占据主动，预示着下跌走势将出现，是卖出信号。

如图 5-17 为延长化建 2017 年 2 月至 5 月走势图，个股经历了长时间的横向整理，随后出现了连续三根小阴线的组合，且第三根小阴线使得个股跌破了支撑位，这时的三连小阴线组合就是预示着下跌走势展开的信号，也是 T0 交易中的卖股信号。

5.4.5　黄昏之星

黄昏之星是由三根 K 线组合而成的，它由最左侧的大阳线、中间的一根实体短小的十字星（也可以是带上、下短影线的小阳线或小阴线）、右侧的一根中阴线组合而成。

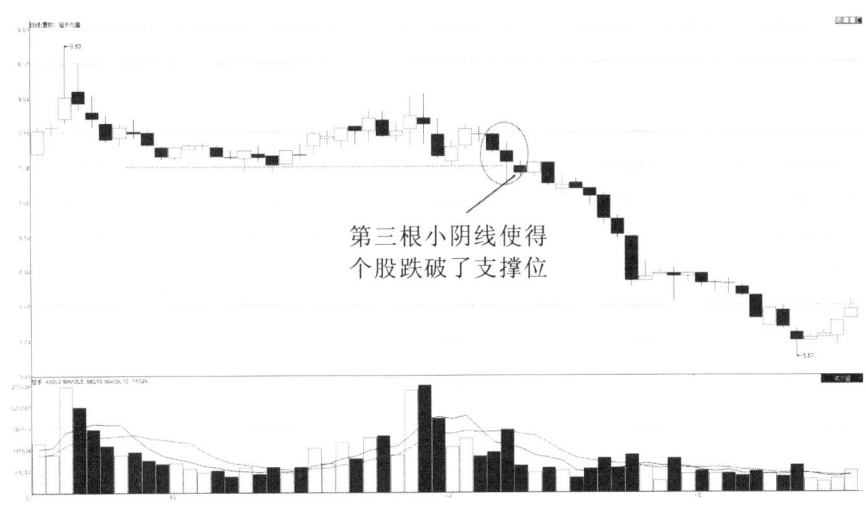

图 5-17　延长化建 2017 年 2 月至 5 月走势图

当这种形态出现在持续上涨后的高点或是盘整震荡区的箱体上沿位置处时，是空方力量快速转强的信号，预示着一波下跌走势将出现。此时，是我们短线 T0 交易卖股离场的时机。

如图 5-18 为大众公用 2017 年 2 月至 5 月走势图，个股在震荡区的上沿位置点出现了黄昏之星的组合，这表明个股上攻遇阻、短线抛压明显增强，是下跌信号，应卖出以规避风险。

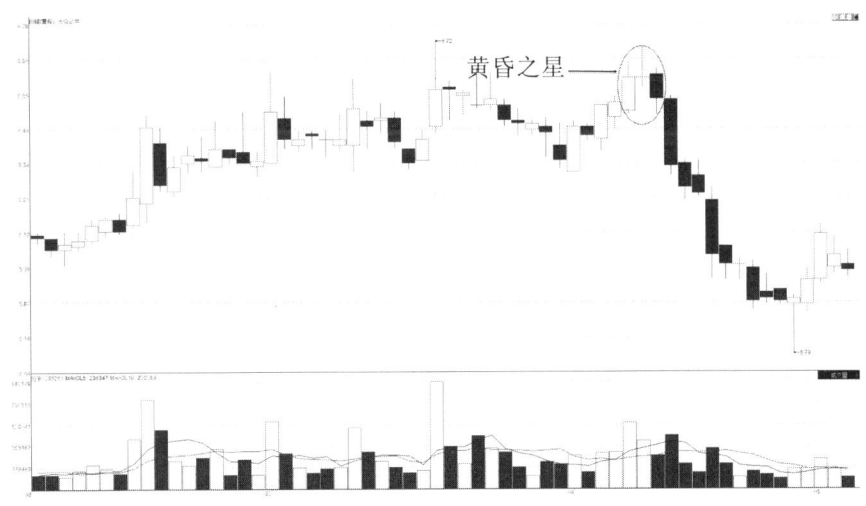

图 5-18　大众公用 2017 年 2 月至 5 月走势图

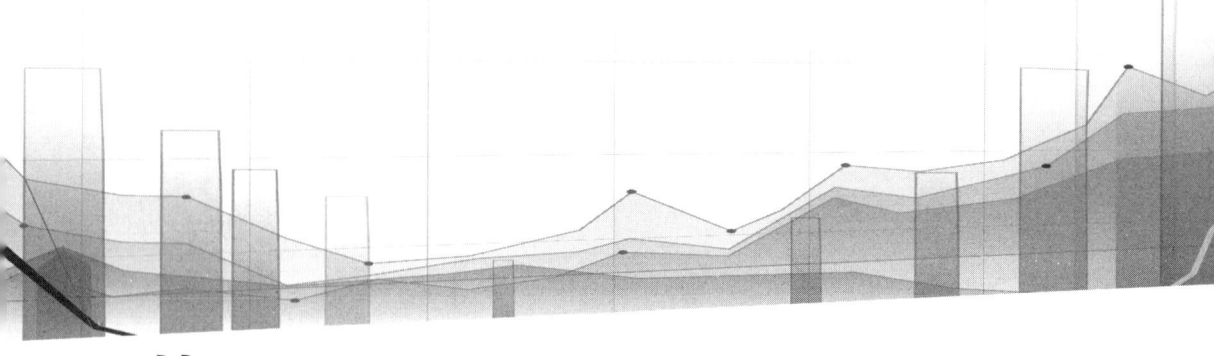

第 6 章

量价形态 T0 实战攻略

价格走势代表着方向，成交量则是动力的标志。无论是短线上的波动，还是中长线的大方向，量价形态向我们呈现了不同位置点的涨跌动力强弱。在很多时候，盘口分时图的运行较为平稳，或有着明显的强势或弱势特征，但从量价形态上来看，分时图的涨跌信息或许并不准确，借助于量能的变化，我们就可以进一步检验分时图的可靠性，从而及时规避那些虚假的强弱势分时图，做出正确的买卖决定。本章中，我们以日 K 线图上的量价形态为核心，看看如何借助于一些典型的量价配合来把握个股运行短期转向点，这可以作为以分时图为核心的超短线 T0 交易的有益补充。

6.1 探讨量价分析的模式

量价分析虽没有固定之规，但却有着一套行之有效的分析模式，量价的形态多种多样，我们不能全面兼顾每一种量价形态，理解量能分析的实质、掌握有效的分析方法才是关键所在。本节中，我们就来看看如何更为有效地实施量价分析。

6.1.1 "涨跌幅度"分析量价

成交量只是代表着某个时间段的成交数量，是交易量的反映，严格来说，它并没有方向。因而，在利用量能来分析多空力量的时候，我们需要通过价格的涨跌情况来引入方向，这样才能更好地诠释多空力量的交锋情况。

小幅度的涨跌显然不具有代表性，一般来说，当日涨跌幅超过 3%时，利用量能大小及价格方向进行分析，可以更好地了解市况、进行预测。上涨日的放量，更多的代表着多方力量的充足、买方的主动意愿强烈；而下跌交易日的放量则更多的代表着卖方力量的充足、卖方的主动意愿强烈。

理想的状态下，涨跌幅度最好能与量能放大幅度成正比，即：涨跌幅度越大，则当日的量能放大幅度越大，这代表着价格沿当日方向变化的动力更强，短线走势有望延续；反之，则宜出现反转。当然，实盘分析中，量能的放大程度不仅仅是动力强弱的标志，还反映了多空分歧程度，因而，过大的放量幅度也宜引发价格走势转折。

如图 6-1 为国脉科技 2017 年 1 月至 3 月走势图，在图中标注的位置点，虽然个股处于盘整后的突破点位，但当日的高开低走、盘中下跌幅度较大，且当日放量明显，这表明市场的逢高抛压十分沉重，这也是突破行情遇阻的信号，或将出现回落。

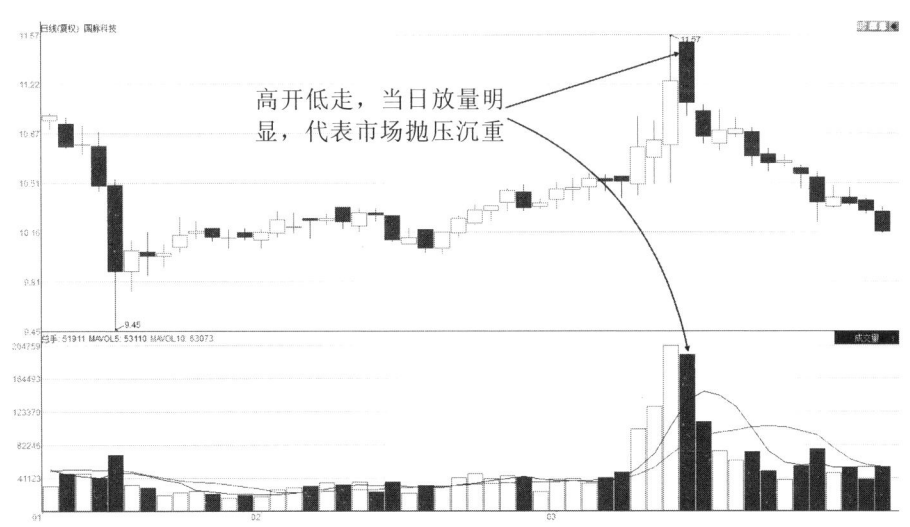

图 6-1　国脉科技 2017 年 1 月至 3 月走势图

本例中，利用盘中的涨跌情况、再结合量能的放大情况，我们可以更好地了解市场逢高抛压，进而预测价格走势，是继续突破上攻，还是折返下行？

6.1.2 "连续性"分析量价

所谓的"连续性"，既是股价上涨或下跌的连续性，也是成交量放大或缩小的连续性，一般来说，当价格走势与成交量均为连续性变化时，价格沿这一方向运行有更强的动力，即使出现折返走势，也往往是短暂、小幅度的；反之，若价格连续变化，而量能的变化出现了跳跃式的不连续变化，则价格沿此方向伸展的力度往往就会较小，更易出现中期折返走势。

如图 6-2 为通程控股 2016 年 5 月至 8 月走势图，个股在脱离低位区后开始持续上涨，但这波上涨过程中的成交量却十分不连续，忽大忽小，这种量能形态表明上轮上涨的力度或不会太强，一旦价格走势出现整理、滞涨，中期顶部或将出现，随后的走势也印证了这种判断。

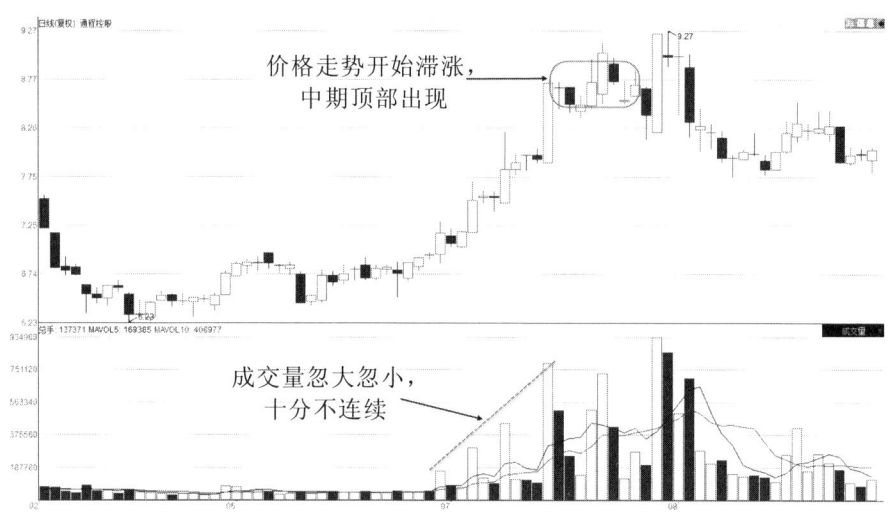

图 6-2　通程控股 2016 年 5 月至 8 月走势图

通过本例我们知道，成交量的连续变化对价格走势的中期延伸有着重要的支撑作用。

6.1.3 "主力行为"分析量价

在一些时候,量价配合并非呈现出常见的"涨时放量,跌时缩量"的配合,突破上涨时的成交量可能仅仅是微幅放大、甚至是平量上行,特殊的量价配合往往也预示着市场筹码分布的改变,这往往是大量筹码并非在市场散户投资者手中的信号,此时,我们需引入"主力"这个概念,从主力的角度来分析、理解量价关系,进而预测价格走势,虽然主力的类型多种多样,但这并不是我们需要关注的,我们只需观察盘面形态、从市场行为的角度来把握主力行为即可,无论是主力的吸筹、拉升或是出货,依据一些特定的量价关系,将使我们对个股未来走向有一个更为深刻的洞察力。

如图6-3为晨鸣纸业2017年1月至7月走势图,个股在一波向上穿越长期震荡区的上涨波段中,并没有出现明显放量,仅仅是在大阳线强势突破时才出现了一个交易日的相对放量,这表明在大量被套盘解套的情况下,市场的抛压并不沉重,可以看作是市场浮筹相对较少、主力控盘能力相对较强的信号,也预示着突破行情有望持续下去,基于这种判断,随后的短暂回调整理,就是一很好的中短线入场点。

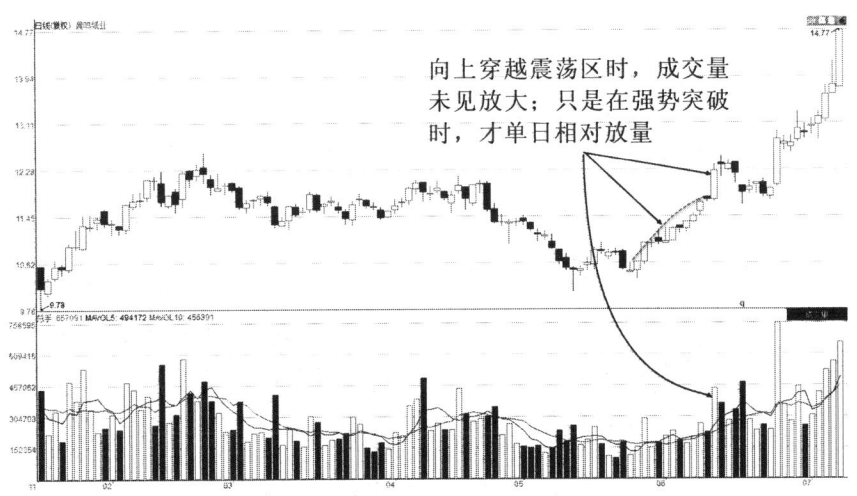

图6-3 晨鸣纸业2017年1月至7月走势图

6.1.4 "此史为据"分析量价

局部走势中的量能缩放程度往往并不鲜明,为了更好了解个股放量程度,我们应将时间周期拉升,将当前的量能大小放入其近一两年的走势中来观察,以此来判断当前量能的缩放程度。一般来说,如果放量幅度过大,表明多空分歧处于极端状态下,价格走势沿当前方向运行会有很大阻力,易引发反转;反之,如果量能放大相对平稳、温和,则价格走势沿当前方向更有持续性。

如图 6-4 为湖北宜化 2017 年 1 月至 8 月走势图,在突破位位震荡区间后,个股震荡上行,虽然连续收于阳线、量能放大充分,但是,将时间周期拉长后可以发现,这段时间的放量效果过大,这种情形的放量很难持续下去从而容易引发走势上的反转,操作上,也应减仓或清仓以规避价格走势的反转。

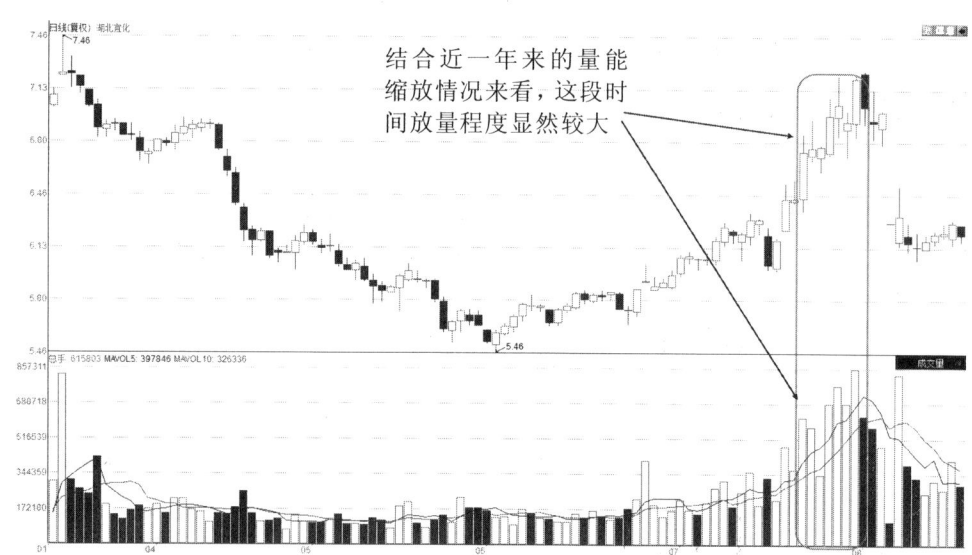

图 6-4 湖北宜化 2017 年 1 月至 8 月走势图

6.2 脉冲量的 T0 买卖点

脉冲量的出现频率十分高，而且，它对于个股短期走势往往有着重要的影响力。所谓的脉冲量，也称之为突兀式巨量，是指成交量突然于某个交易日大幅放出，效果能达到此前均量的 4 倍以上，但这种放量效果只能持续极为短暂的一两个交易日，随后，量能又再度突然缩减，从形态上来看，呈突兀式放大。脉冲式放量的大阳线形态常出现在较为典型的位置区，例如：盘整区高点、短线大幅上涨之后，在更多的时候，它是短线卖股信号，但也有时只是短暂回调，实盘中，我们一要结合放量效果，二是分析个股走势。本节中，我们就以脉冲量为核心，结合分时图运行，来看看如何利用它把握超短线 T0 交易的买卖时机。

6.2.1 盘中强转弱的脉冲量

盘中强转弱，是指个股的盘中运行有一个明显的先强后弱的变化过程，一般来说，是早盘走势较为强劲，出现了强于大市的独立上扬且有量能放大支撑，这是强势运行格局；但在午盘前后，股价走势开始回落并向下跌破了均价线下，这是弱势运行格局。

若当日出现了成交量的脉冲式放大，或者出现了高于前期均量水平的放量且这种放量程度不具有延续性，则表明市场的逢高抛压十分沉重，个股短线上涨或将告一段落，操作中，也应及时顺应这种转变，卖股离场。

如图 6-5 为电广传媒 2017-03-01 日分时图，从日 K 线图来看，短线涨幅相对较大，个股正处于短线获利盘与中线解套盘双重抛压较大的位置点，当日的盘口走势为强转弱且成交量脉冲式放大，这是一个中短线反转信号，操作中，应实施 T0 卖出。

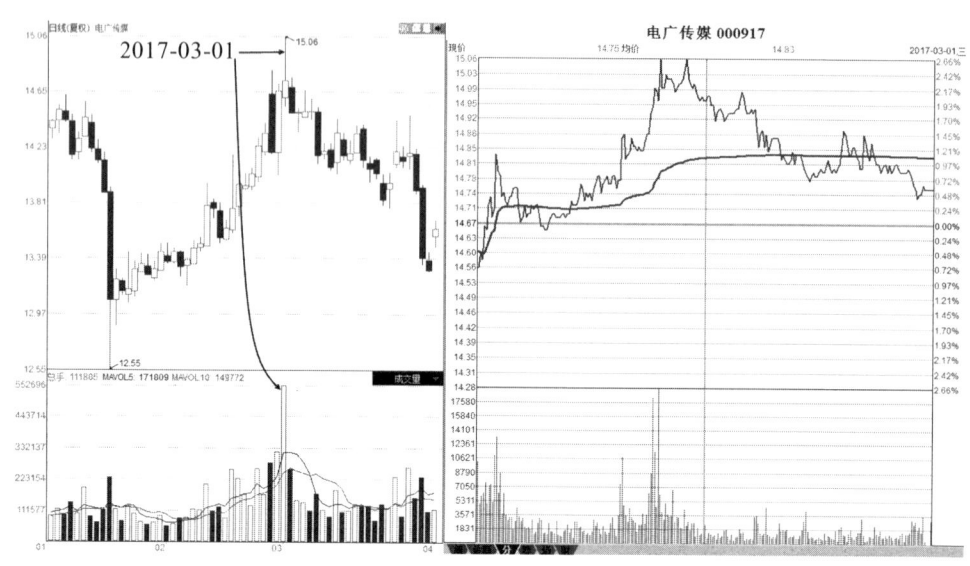

图 6-5　电广传媒 2017-03-01 日分时图

6.2.2　强转均衡的脉冲量

强转均衡，是指分时图由强势运行转为多空均衡状态，多空均衡主要有两种表现方式，一是分时线贴合均价线，二是分时线小幅度围绕均价线上下波动。

对于强转均衡的分时图，当日的脉冲放量是否为短线回调信号，应结合脉冲量能大小及随后几日走势来综合分析。当日脉冲放量幅度过大、远超前期均量水平，则易引发短线调整；随后几日若价格走势震荡不前，则表明脉冲放量上涨日形成的推动力已大幅减弱、连续性不强，易引发短线回落。下面我们结合一个案例加以说明。

如图 6-6 为二六三 2017-03-09 日分时图，在低位区的震荡走势中，个股于震荡区上沿位置点出现了强转均衡的脉冲放量，当日放量幅度极大且随后几日的价格走势滞涨不前，这表明脉冲放量并不是真正的突破上攻信号，实盘中，脉冲放量不能形成连续性的上涨，多会出现深幅调整，此时应实施 T0 卖出。

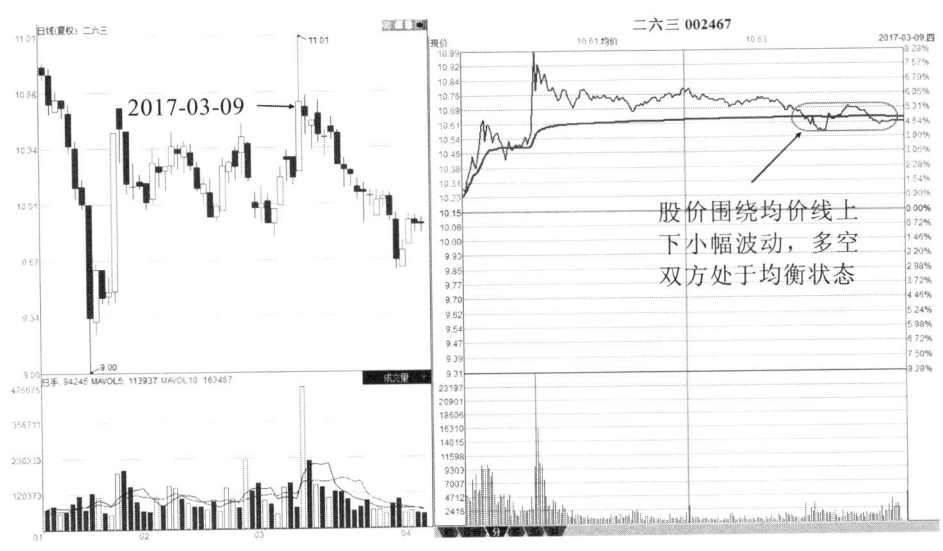

图 6-6　二六三 2017-03-09 日分时图

6.2.3　大涨后高点脉冲巨量

在大幅上涨后的明显高点位置处，只要个股出现了单日放量形态鲜明的脉冲式巨量，则不论当日的分时图是否强势，一般来说，它都是中短线见顶回落的信号。此时的分时图形态的重要性不明显，脉冲式的放量形态才是主要分析因素。

这也是脉冲放量形态的关键用法之一，在价格走势上扬过程中，它可以帮助我们规避一些看似强势型、然而却预示下跌的分时图形态。

如图 6-7 为旗滨集团 2017-07-19 日分时图，个股的中短线涨幅较大，当日的分时图呈明显的强势状态，价格走势也在加速上扬，但当日的成交放大异动，呈脉冲式形态，这就是一个较为明确的中短线回落信号，也是 T0 交易中的明确卖股时机。

6.2.4　脉冲量的买卖点

对于脉冲式放量来说，它的出现并非就一定预示着短线的卖出，我们可以结合脉冲当日的放量效果及个股所处位置点来综合分析。

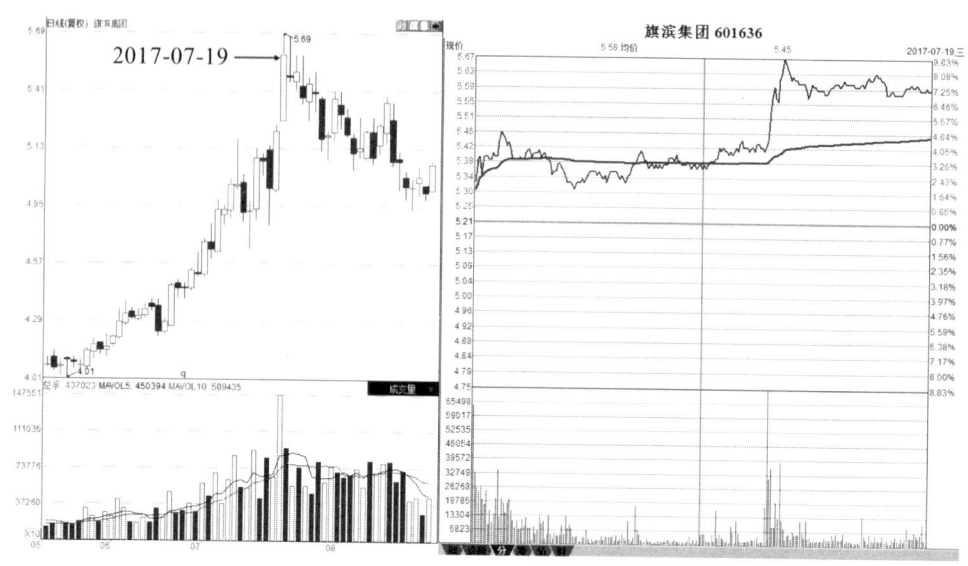

图 6-7　旗滨集团 2017-07-19 日分时图

如果个股中短线涨幅较小且正处于突破位置点,放量效果不超过之前均量水平的 3 倍,则可以继续观察几日,看个股能否继续突破上行;如果个股短线已有一定涨幅,且脉冲当日的放量效果达到之前均量的 4 倍左右,一般来说,它预示着短线出现回落的概率更大,操作上,可以逐步减仓或清仓离场。下面我们结合两个案例加以说明。

如图 6-8 为紫光股份 2017 年 5 月至 8 月走势图,在盘整后的突破点,个股出现了脉冲式的放量形态,但当日的放量幅度不是很大,此时可以持有;随后,个股继续突破上行,并且再度出现了脉冲式放量,这时的放量幅度达到了之前均量的 4 倍左右,而且此时的短线涨幅已经较大,这就是一对相对明确的短线卖出信号了。

对于放量效果十分鲜明的脉冲放量形态来说,在其出现后,个股次日低开低走的概率较大,而且,个股的短线涨幅越大,则脉冲放量后的短线下跌速度往往也越快。因而,在第一时间卖出离场,是一个相对稳妥的操作策略。

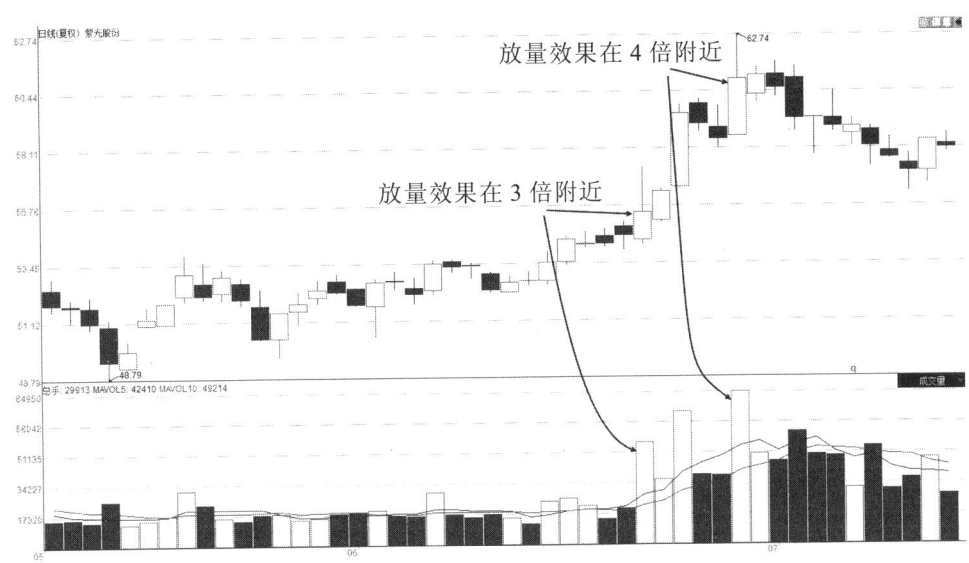

图 6-8 紫光股份 2017 年 5 月至 8 月走势图

如图 6-9 为三维通信 2016-07-25 日分时图，个股在短线大涨之后，于 2016-07-22 日出现了放量幅度极大的脉冲式量能，次日，个股低开低走，在开盘后走势较弱的情形下，持股者就应及时卖出，以规避个股在盘中持续下行所带来的短期风险。

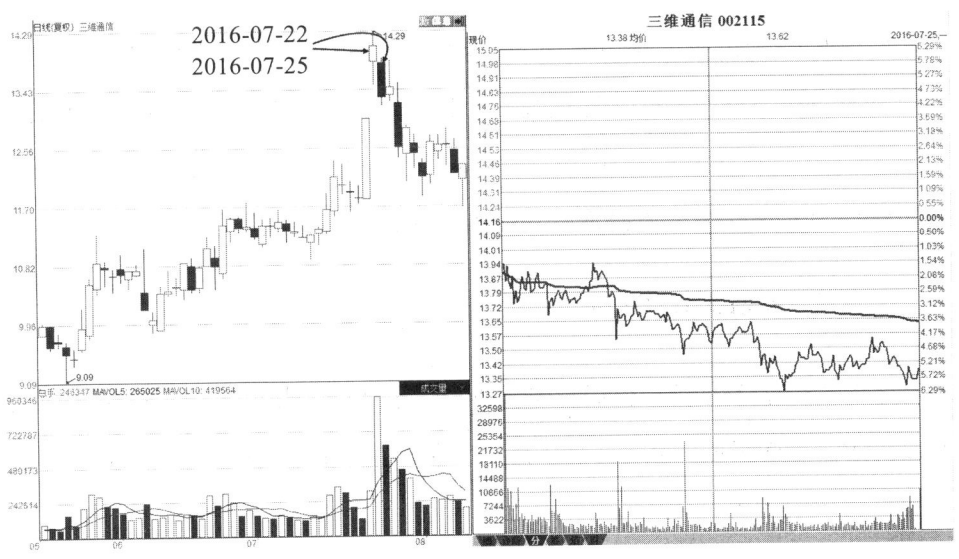

图 6-9 三维通信 2016-07-25 日分时图

6.3 放量下的 T0 买卖点

放量，是最常见的成交量变化方式，量能的放大代表着多空双方的交锋趋于激烈，一般来说，这也是价格走势短线波动幅度加剧的信号，可能加速个股的上涨或下跌，也可能引发快速的短线反转。实盘操作中，我们要结合价格走势及放量方式来把握短线方向。本节中，我们将讲解几种常见的放量形态，并结合 T0 交易的超短线特点，来看看如何更好地把握放量下的 T0 买卖点。

6.3.1 低点巨量阴线

在中线累计跌幅较大、短线又快速下跌的情形下，如果个股出现了巨量的大阴线，多预示着中短期内的空方力量消耗过大，随后的低点一旦出现多日的止跌企稳走势，则往往是一轮反弹行情的信号，此时的止跌企稳就是实施 T0 买入的好时机。

如图 6-10 为天润乳业 2017 年 3 月至 6 月走势图，个股在中短线低点出现了巨量大阴线的形态，随后连续数日企稳，此时逢个股盘中震荡之际实施 T0 买入。但是，由于这是一种抄底的短线策略，风险相对较大，因而，在参与时，应控制好仓位并将止损价设定在离买入价较近的位置。

6.3.2 递增式放量上涨

递增式放量上涨是一种局部量能形态，它是指：成交量在短期内的一波上涨走势中，呈逐级放大状态，即：后一交易日的量能略高于上一交易日，有一个逐步递增的效果。

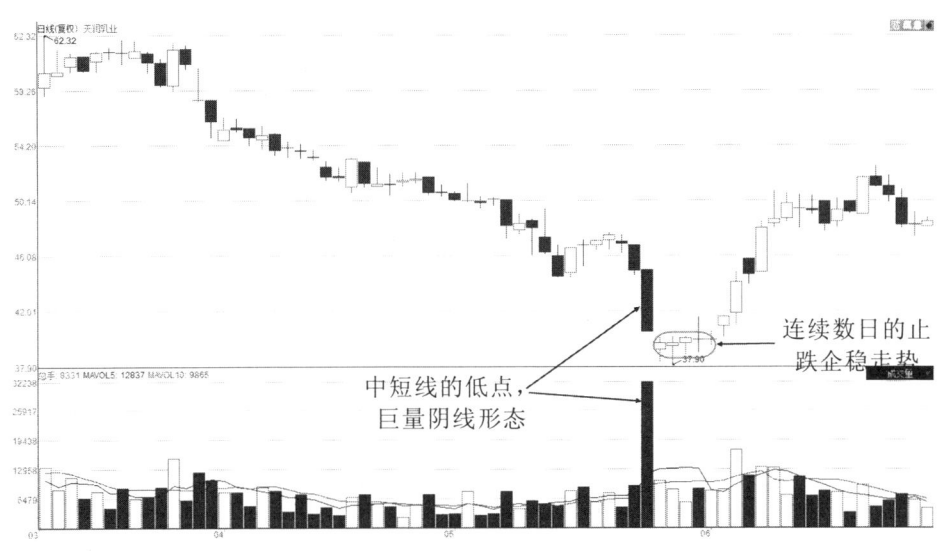

图 6-10 天润乳业 2017 年 3 月至 6 月走势图

在递增式放量过程中，成交量的不断放大、伴以价格走势的快速上涨，这代表着买盘正加速涌入个股且买盘介入的力度越来越大，但是，市场中的获利抛压越来越沉重。当量能递增到峰值时，由于买盘介入力度的减弱，就会引发调整走势出现。因而，递增式量能的峰值处也往往正是个股阶段性高点位置处。

如图 6-11 为三一重工 2016 年 10 月至 12 月走势图，如图中标注所示，个股在一波上涨走势中，成交量逐级增加，呈现递增效果。此波上涨的量能峰值处正是短线最高点。当递增式放量无法持续后，我们会看到量能的明显缩减，此时应在个股盘中震荡冲高之际及时卖出，以规避随后可能出现了深幅回落。

6.3.3 两日上涨脉冲量

两日上涨脉冲式也可以称之为双阳巨量，它是脉冲式放量上涨的一种变形，市场含义相近，一般来说，都是个股短期内缺乏连续上攻动力的标志，预示着短线的回落。在超短线 T0 交易中，若个股在出现双阳巨量之后，连续几日内没有再度启动攻势，则出现深幅回落的概率较大，应及时卖出。

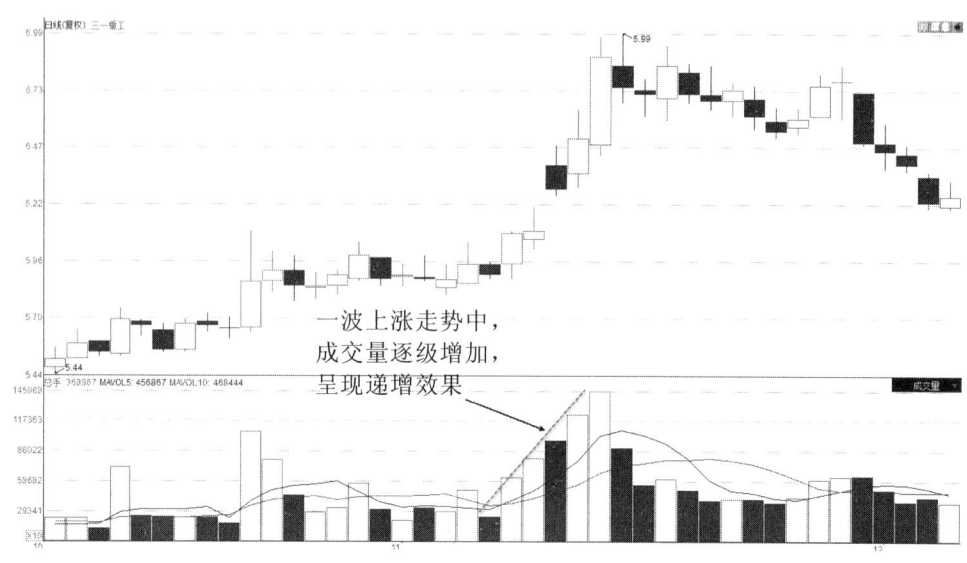

图 6-11 三一重工 2016 年 10 月至 12 月走势图

如图 6-12 为中航机电 2017 年 2 月至 5 月走势图，个股在短线高点出现了双阳巨量形态，随着第三个交易日的大幅缩量，可以判断这是脉冲式的放量形态，它是短线回落的信号。

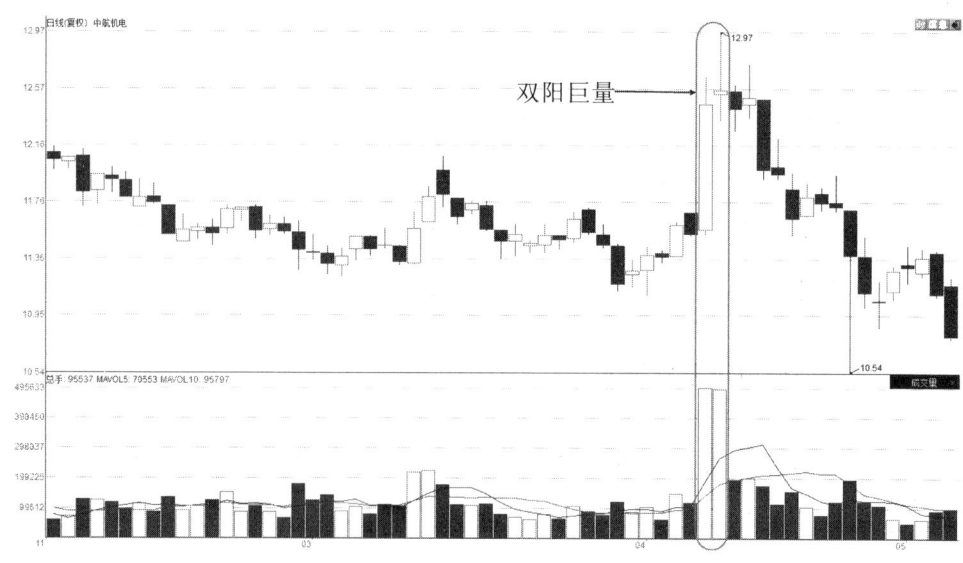

图 6-12 中航机电 2017 年 2 月至 5 月走势图

而且，双阳放量的第二个交易日为上下长影线形态，结合"5.2.2 上下长影线"的讲解可知，这同样也是一个短线回落信号，在 K 线形态与量价形态均为卖出信号时，宜第一时间卖出。实盘分析中，我们也应注意结合多种技术手段来把握个股走势，这样得出的结论往往更为可靠，也有助于及时把握买卖点。

6.3.4 间隔式放量上涨

间隔式放量是一种特殊的量价形态，它虽然与市场浮筹相对较少有关，但这种量价形态一般很难推个股大幅上涨，间隔式放量的上涨波段也往往较为短促，实盘操作中，我们可以采取逐步减仓的方式来应对，这样既可以很好地获取短线利润，又能明显降低风险，下面结合一个案例来看看间隔式放量上涨的形态特征及操作策略。

如图 6-13 为紫光股份 2017 年 5 月至 7 月走势图，个股在突破盘整区的一波上涨走势，量的忽大忽小，变化极不连续，这就是间隔式放量上涨。

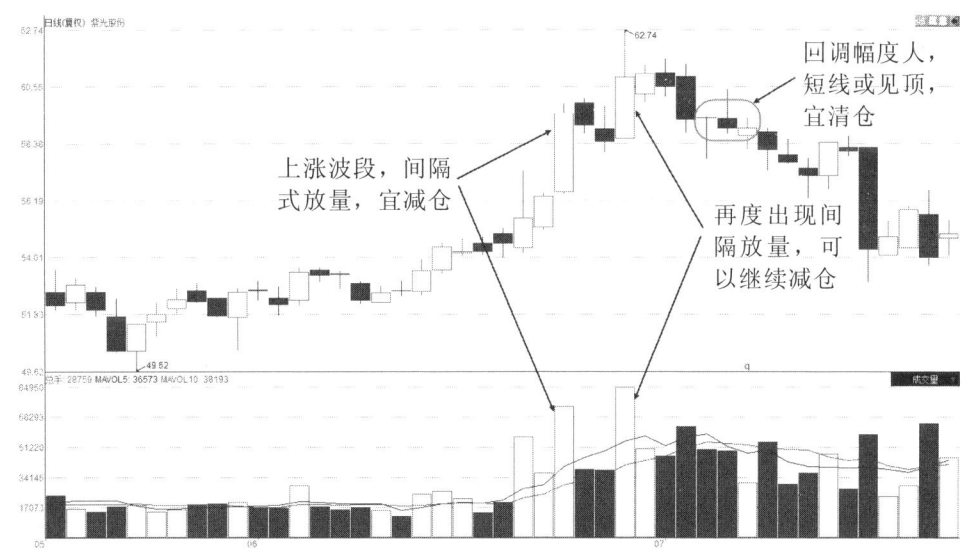

图 6-13 紫光股份 2017 年 5 月至 7 月走势图

如图中标示，在出现间隔式放量后，前两次均为减仓操作，这是因为此时的上涨仍是主基调，个股短线回调幅度较小。但是，随后的短线回落使得股价接近了间隔式放量上涨日的开盘价,这是一次明显的回落,也代表着空方抛压占据了主动,此时宜清仓离场、锁定利润。

6.4 缩量下的 T0 买卖点

承接上一节的放量形态 T0 买卖点,本节中,我们将继续讲解缩量下的 T0 买卖点。相对于放量形态来说,缩量往往被视作交易清淡的标志,并不被投资者重视,殊不知,在很多时候,缩量形态可以为我们提供准确的 T0 买卖时机,如果不懂得应用缩量形态,我们交易的成功率就会大大下降。而且,缩量形态的出现常常与主力的控盘行为相关,一些较为特殊的缩量形态甚至能够预示短线牛股的出现。

6.4.1 缩量小连阳回升

缩量小连阳回升形态出现在中短线的低点,是一波反弹行情即将展开的信号。它是指:个股连续至少五个交易日收于小阳线,这些小阳线可以低开高走型的,可以是平开高走型的,也可以是高开高走型的,但由于每个交易日的涨幅很小,从而使得个股短线的回升幅度也很小,而且,这几日的成交量也呈现相对缩量状态。

连续出现的缩量小阳线表明市场抛压轻、多方占有一定优势,由于多方力量的释放往往有一个由缓到急的过程,因而,当这种组合形态出现在低点时,它是一个大概率的反弹行情出现信号。

如图 6-14 为格林美 2017 年 4 月至 6 月走势图,个股在低位出现了较长时间的震荡企稳,随后,在图中标注位置点,连续收于缩量小阳线,这就是反弹上攻行情开始的信号,操作中,可以逢个股盘中震荡回落时,实施 T0 买入操作。

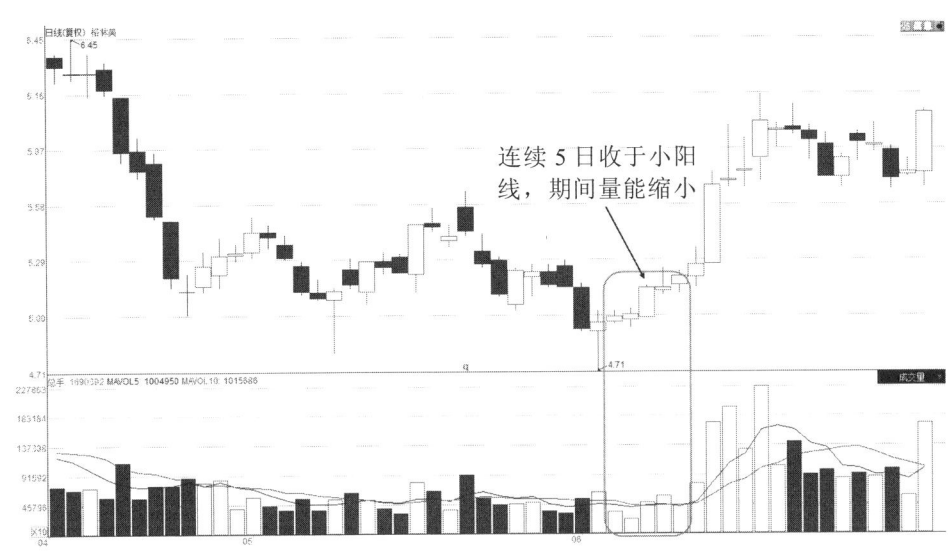

图 6-14　格林美 2017 年 4 月至 6 月走势图

6.4.2　滑梯式缩量企稳

滑梯式的缩量企稳出现在短线大涨之后，短线上涨使得成交量大幅度放出，此时量能水平远远高于前期均量，随后，因抛压沉重、空方占优，股价开始不断回落，回落过程中，可以看到成交量呈现为"滑梯式"的缩减，当量能大小接近放量上涨前的均量水平时，如果此时的价格走势也明显企稳，这往往就是短线上的多空力量转折点，个股有望出现强势反弹。但是，这种反弹往往相对短促，反弹价格一般不会超过前期高点，操作上，应结合反弹的力度与速度及时减仓或清仓，以锁定利润，规避新一轮下跌走势出现的风险。

如图 6-15 为林海股份 2016 年 12 月至 2017 年 2 月走势图，个股自高点开始出现深幅调整，回落幅度大，成交量呈滑梯式缩减状态，随后，价格走势企稳，此时的成交量缩减到了放量上涨前的水平，这就是一个短线上的多空分水岭，个股有望迎来反弹，可以实施超短线的 T0 买股交易。

从个股随后走势来看，反弹的幅度并不是很大，在反弹高点有一明显的滞涨形态，这或预示了反弹行情的结束，此时，应及时卖出。

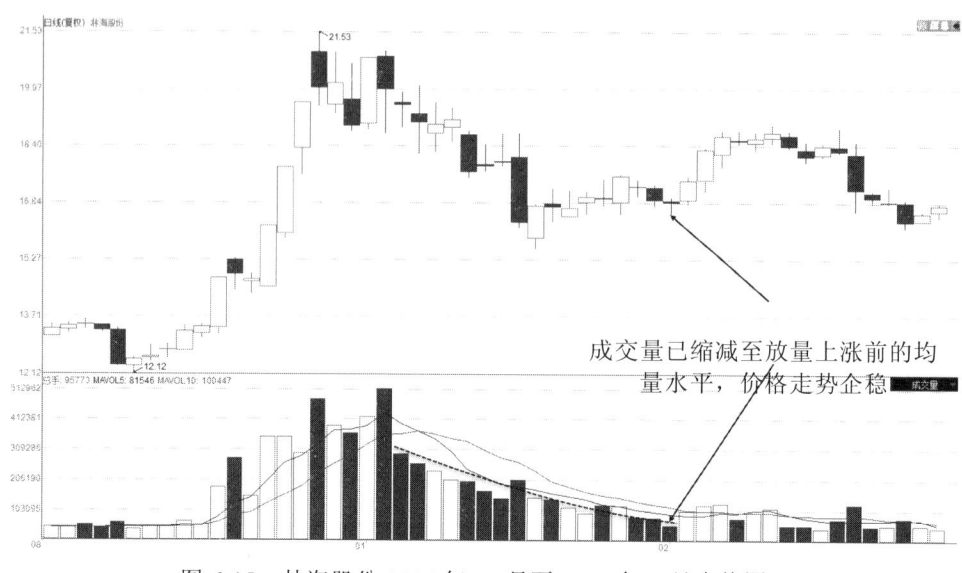

图 6-15 林海股份 2016 年 12 月至 2017 年 2 月走势图

6.4.3 回调位缩量平台

回调位缩量平台，所谓的回调位：出现在个股累计涨幅较小、攀升格局明确的背景下。短线的一波深幅下跌，使得个股开始呈现横向整理状态，并构筑了一个缩量平台，这个平台的量能明显小于前期震荡攀升时的量能。

回调位缩量平台的出现，多表明市场中仍以多方力量占优为主，此时的缩量平台仅仅是一次整理过程，也是多方进一步蓄势的环节，随后，个股突破上扬的概率较大，而且，这种上升途中的整理平台其持续时间往往并不是很长，操作上，这是一个较好的低风险、短线预期强的 T0 买股时机。

如图 6-16 为三元达 2016 年 5 月至 9 月走势图，个股在震荡攀升过程中，出现了一个较为明确的回调位缩量平台，此时的窄幅整理看似是个股不活跃的信号，但实则是下一波上涨的短暂整理，随着缩量整理的持续，个股随时有可能于盘中大涨、开始新一轮突破上攻，操作中，在识别出这种量价形态后，我们应及时实施短线买入操作，耐心持有，等待个股突破。

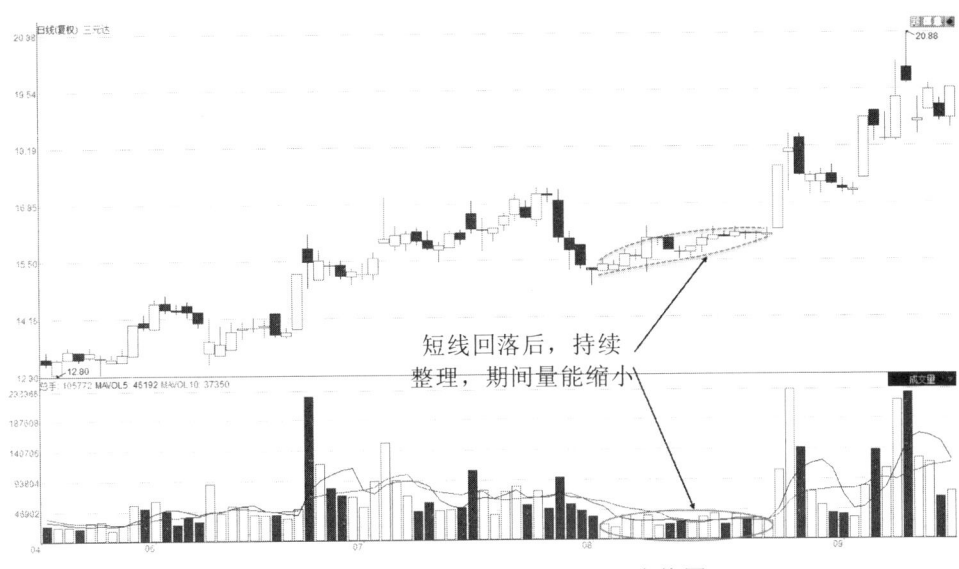

图 6-16 三元达 2016 年 5 月至 9 月走势图

6.4.4 高位震荡区缩量反弹

震荡区的反弹上涨会使得更多的筹码处于解套状态，形成一定的解套抛压，因而会出现一定的放量，但是，在反弹上涨中却呈现了缩量，这表明市场浮筹并不是很多，这种情形出现在低位震荡区时是一个好现象，它多标志着主力有一定的控盘能力，但是，当其出现在高位震荡区时，情况则不同，这是市场对此股参与度较低、跟风盘不足的信号，随着大盘的弱势运行，这类个股易出现向下破位走势、且破位后的下跌幅度往往较大，因而，对于出现这种量价形态的个股，宜及时逢高卖出、规避风险。

如图 6-17 为惠泉啤酒 2016 年 8 月至 2017 年 3 月走势图，个股在高位区出现了震荡格局，如图中标注，两波反弹上涨走势的量能一波小于一波，买盘入场力度不断减弱，而且，随着震荡走势的持续，可以看到股价重心的下移倾向，持股者应及时卖出。

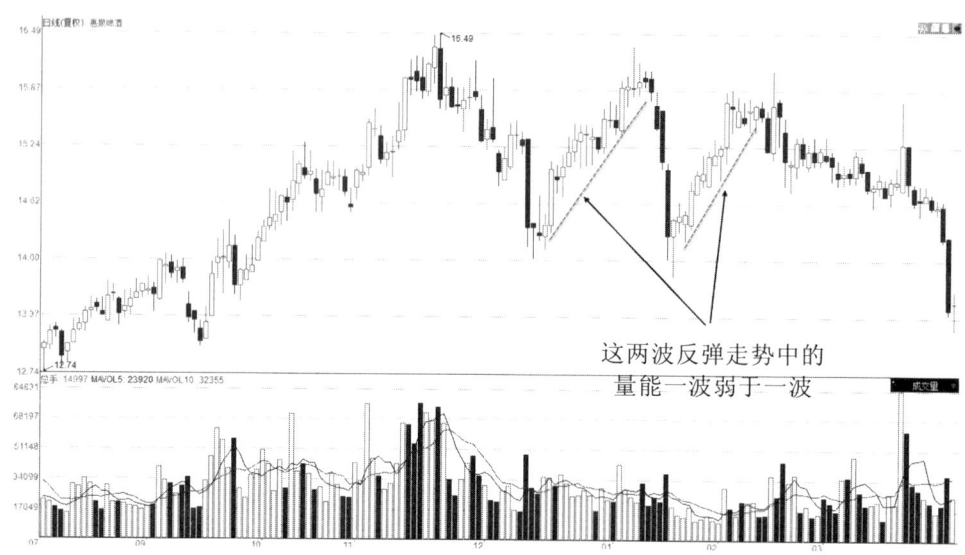

图 6-17　惠泉啤酒 2016 年 8 月至 2017 年 3 月走势图

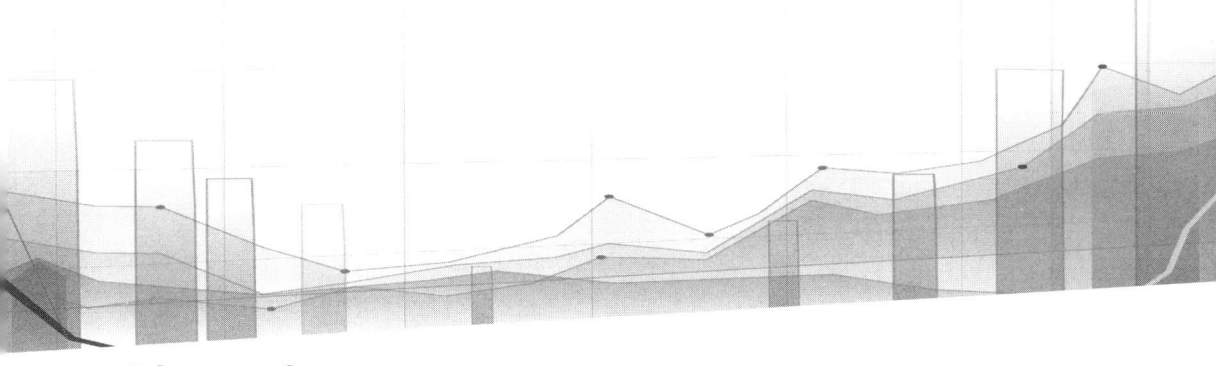

第 7 章

T0 分时图买卖点追踪（上）

超短线 T0 交易中，利用分时图的运行形态来把握盘中买点与卖点是决定一笔交易成败的关键，大多数 T0 交易的持股时间极短，往往只有两三个交易日，甚至是当日买进、次日卖出，对于中线走势向好、短线回调后有望再度上扬的个股，只有掌握盘中买卖点并能结合仓位的增减变化，才可以让我们进一步摊低成本、提升利润，也才能更好地规避难以预测的短线大幅回落风险。

对于超短线 T0 交易来说，若没有以分时图形态良好的感悟、对盘中买卖点更为准确的把握，是很难展开的，本章及下一章中，我们将结合案例讲解分时图中的买点与卖点，为了更好地贴合实战，每一个案例在讲解买点之后，都会继续追踪卖点，力图通过个股的真正走势帮助读者更好的理解、掌握以分时图为核心的 T0 交易。

7.1 买点：早盘 60 度推升式启动

7.1.1 T0 形态特征

早盘阶段，个股出现了强势放量的特征，但上扬方式并不是流畅式的向上飙升，而是呈陡峭的 60 度角向上推升，期间的分时量放大明显，表明这是大买单不断入场推动所致。当日随后的盘口时间段，个股不再进一步上扬，而是呈强势的横向运行，并没有向下靠拢均价线。

本形态中的"启动"侧重于日 K 线图上的突破启动位置点，即个股处于一波上涨走势的启动位置点，而不是短线已涨幅较大的高点。

7.1.2　T0 买卖点分析

这是一种较为强势、相对迅急的盘口启动形态，它常见于盘整后的突破点。一般来说，是个股开启短线上攻行情的信号。在买点上，当日的涨幅若不超过5%，则次日出现盘中调整的概率不大，可于当日收盘前买入；若当日涨幅相对较大，可于次日盘中回落时或是收盘前买股入场。

7.1.3　T0 实战案例

如图7-1为紫光国芯2017-09-18日分时图，个股早盘出现了大幅上扬，盘中上扬时的力度大、放量明显，随后的盘口运行也极为强势、未见明显回落，这表明多方占据了主动，市场的逢高抛压不重，是个股将开启一波上攻走势的信号。实盘操作中，当日收盘前可以买入部分仓位，次日的盘中回落或收盘前，可以适当加仓。

7.1.4　近似形态辨识

在这种盘口形态中，它能够揭示短线上攻行情最为重要的因素是"突破点"这个位置要素，早盘上扬后是否回落靠拢均价线并不是最关键的，因为如果早盘涨幅不大，即使随后盘中运行向下靠拢了均价线，个股的短线上攻走势仍然值得期待。

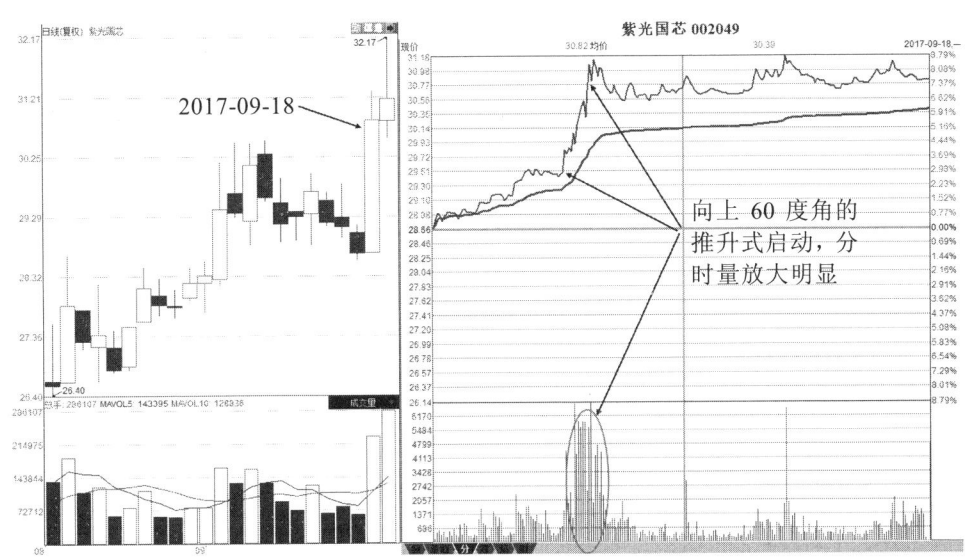

图 7-1 紫光国芯 2017-09-18 日分时图

如图 7-2 为三一重工 2017-06-22 日分时图，个股早盘推升上扬后，尾盘出现了一定的回落并跌破均价线，但当日涨幅较小且日 K 线图上正处于一波行情的启动点，这种盘中回落并不妨碍"早盘上扬"这个分时形态所预示的短线启动信号。

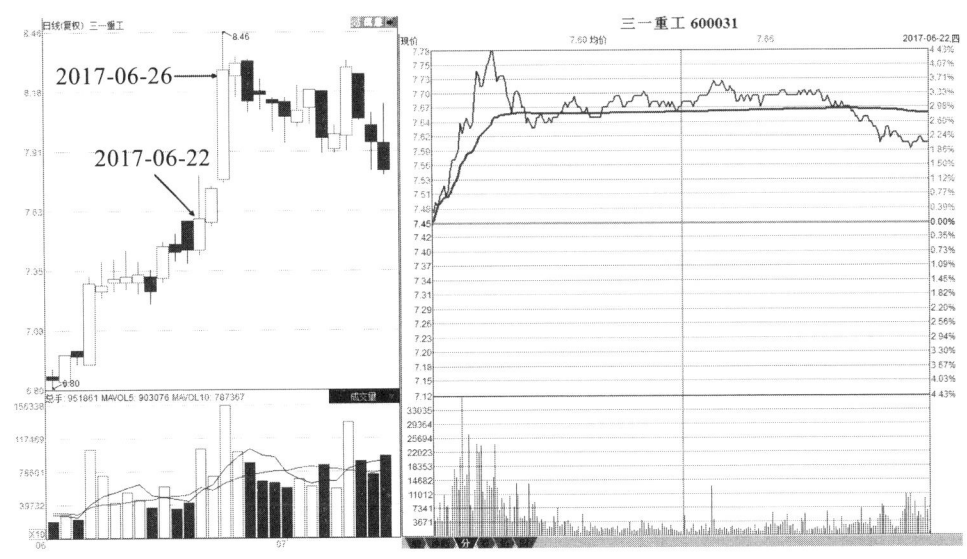

图 7-2 三一重工 2017-06-22 日分时图

但是，随后此股于 2017-06-26 日再出现相似的盘口分时图，如图 7-3 所示，虽然盘口分时图很强势、股价在盘中也跌破均价线，但由于此时的短线涨幅已经较大，它就不是一个预示短线上涨的盘口形态了。因而，在实盘中，我们应结合日 K 线图来做出买卖决策，以免仅仅依靠分时图形态得出片面的结论。

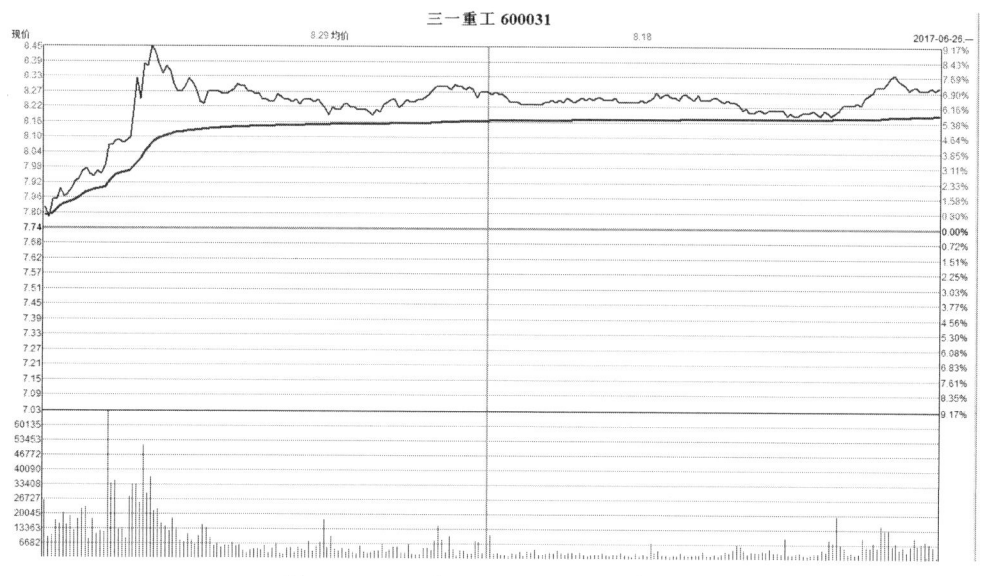

图 7-3　三一重工 2017-06-26 日分时图

7.2　卖点：盘中强转弱凸量

7.2.1　T0 形态特征

在个股短线上涨后的高点，盘口形态上，早盘阶段的涨幅相对较大、股价站稳于均价线上方，但随后的中盘运行中，股价向下跌破了均价线并持续运地于均价线下方直至收盘。

从成交量来看，当日的成交量明显高于之前放量上涨时的量能大小，这是放量状态下的再度放量，称之为凸量。

7.2.2 T0买卖点分析

在短线高点，个股在放量的情况下又再度放量，这种凸量的效果一般不具有持续性，也是市场逢高抛压陡然增强的标志；盘中的强转弱形态则表明当日的空方力量占据了主动。一般来说，这是短线走势上或快速下跌波段出现的信号，操作上，当日收盘前宜卖股离场。

7.2.3 T0实战案例

如图7-4为紫光国芯2017-09-21日分时图，在经历了一波短线上涨之后，个股当日高开高走、开盘后呈强势状态，但在11:00之前出现了强转弱的变化，股价在向下跌破均价线后无力回升，此时可以减仓，以锁定利润、规避风险；当这种弱势盘口形态一直持续到尾盘阶段时，当日的凸量效果也已呈现，应清仓离场。

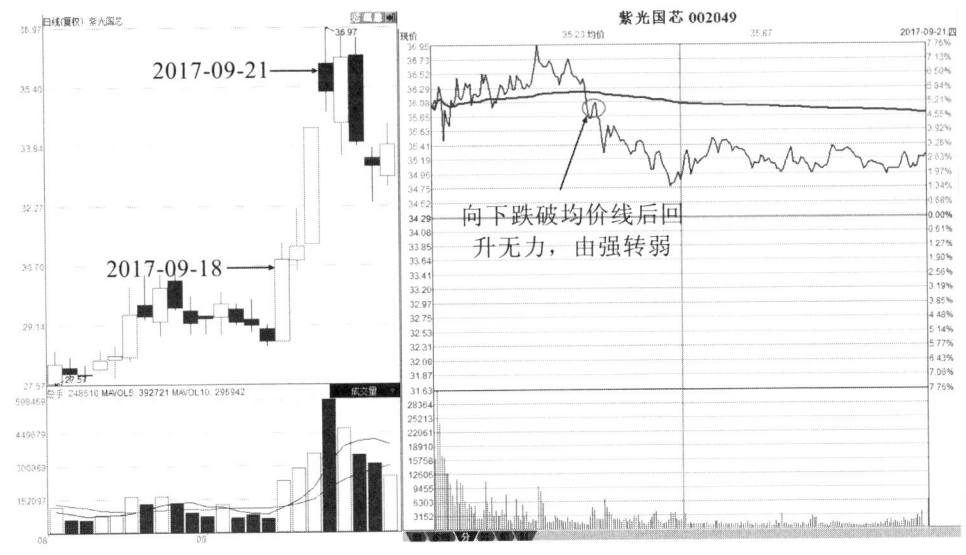

图7-4 紫光国芯2017-09-21日分时图

7.2.4 近似形态辨识

开盘后的上冲走势会出现回落，但回落跌破均价线并不是由强转弱的明确信号，因为短线的上冲激发了多空分歧，盘中强弱转变也往往会出现多次，实盘操作中，我们可以在盘中多观察一段时间，若个股在跌破均价线后，长时间无力回升至均价线上方，才是由强转强弱的预示信号，而运行至收盘时，才是盘口由强转弱的明确信号。

如图 7-5 为广宇发展 2017-09-18 日分时图，个股在开盘上冲后，虽然回落跌破了均价线，但持续时间不长，这并不是盘口由强转弱的信号，也不是我们做出 T0 卖股决策的依据。

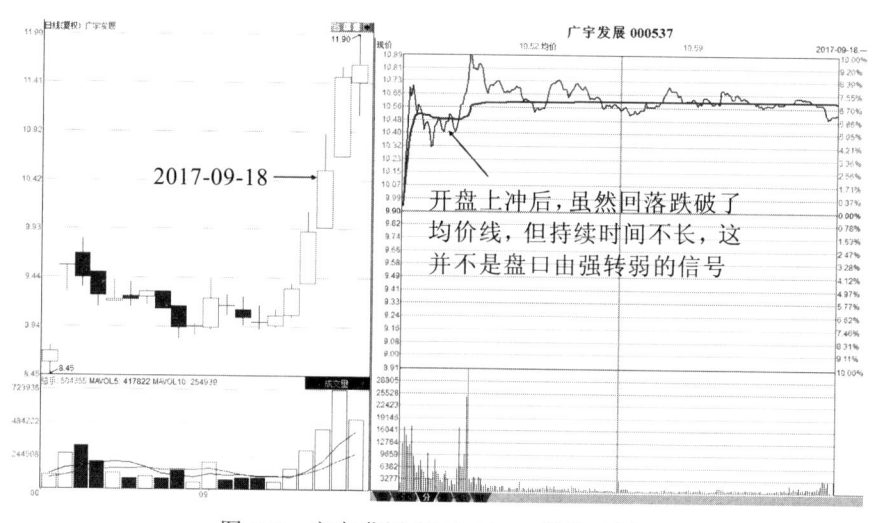

图 7-5　广宇发展 2017-09-18 日分时图

7.3　买点：午市开盘上冲强势

7.3.1　T0 形态特征

早盘走势平稳，未见明显上涨。但是个股在午市开盘后，因连续大买单的推升而直线上扬，随后，股价走势强劲，继续冲高，在回落过程中，分时线未回踩均价线，收盘时的涨幅相对较大，但一般不超过 5%。

这是一种强势的短线飙升形态，它常见于短线大幅下跌之后的低点，或是长期窄幅整理之后的突破走势初期，是短线上攻力度强、次日或将大涨的盘口形态。

7.3.2　T0 买卖点分析

午市开盘后的直线飙升在很多时候只是个股偶然的异动，并不具有短线持续性，我们应等到收盘时，根据个股午市后的总体运行情况再决定是否买入。如果午市后的运行很强势、盘中回落不踩均价线，则表明短线上攻具有持续性，收盘前可以买入，反之，则不宜入场。

7.3.3　T0 实战案例

如图 7-6 为博迈科 2017-05-18 日分时图，个股在午市开盘后直线上扬，成交量开始放大，个股的强势启动并非短暂的上冲，随后的盘中交投活跃、成交量明显放大，且股价的盘中回落不踩均价线、呈强势运行格局，收盘时的涨幅接近 5%。

这种盘口形态是个股短线走势突然被激活的标志，且多方力量占据明显主动，是短线上攻将持续的信号，结合日 K 线图来看，反弹空间巨大，操作上，当日收盘时是最好的 T0 买入时机。

7.3.4　近似形态辨识

午市开盘后的上冲只是个股盘中走势的一个启动环节，随后至收盘这段时间的价格运行应一直保持强势，如果午市开盘的强势上冲引发了股价的持续回落，则不属于本节所讲的形态，也不是 T0 买入信号。

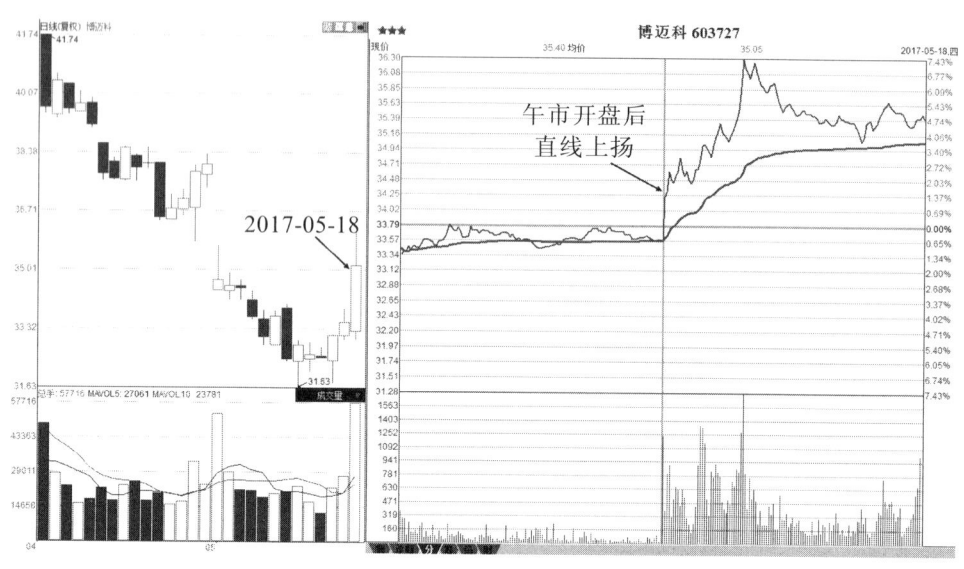

图 7-6 博迈科 2017-05-18 日分时图

如图 7-7 为华讯方舟 2017-06-29 日分时图，个股的午市开盘上冲虽然力度很大，但持续性很差，股价持续回落并跌破了均价线，这种形态虽然相似，但短线的持续攻击性较差，不适宜实施 T0 买入。

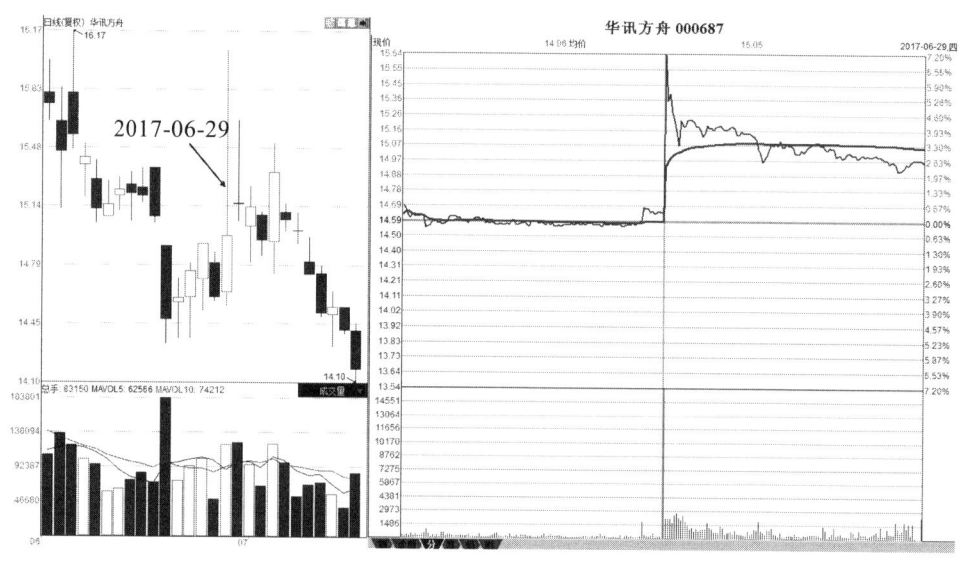

图 7-7 华讯方舟 2017-06-29 日分时图

7.4 卖点：顺势高开二度破均线

7.4.1 T0 形态特征

个股短线出现了一波强势上涨，做多氛围浓郁，当日顺势高开，但在开盘之后，个股走势较为低迷，早盘阶段两度出现跳水且特征鲜明的跌破了均价线。

这种盘口形态出现在短线大涨之后，是空方抛售力度突然转强、场内资金大量抛售的标志，多预示着短期内或有急速下跌走势出现，是 T0 交易卖股形态。

7.4.2 T0 买卖点分析

个股于盘中二度跌破均价线形态，盘中持续下跌的概率在加大，因而，在二度跌破均价线时应第一时间卖出；如果早盘波动幅度相对较小且受大盘影响明显，对个股的盘中后程走势仍旧看好，则可适当减仓、降低风险，一旦个股出现持续滑落，就应做好逢反弹清仓的准备，此时，股价向上反弹至均价线附近时，是较好的盘中清仓时机。

7.4.3 T0 实战案例

如图 7-8 为博迈科 2017-05-18 日分时图，承接此股 2017-05-18 的走势（参照图 7-6)，此股展开了一波强势上攻，当日处于短线高点，股价顺势高开，但早盘却两度跳水跌破均价线，这是一个短线见顶的反转信号，也是 T0 交易方案下的卖出信号。

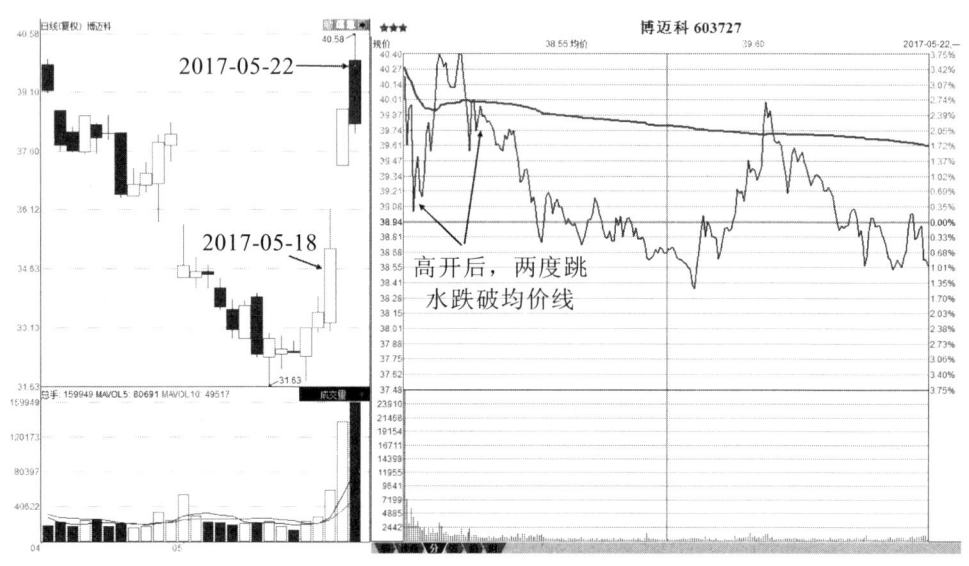

图 7-8　博迈科 2017-05-18 日分时图

7.4.4　近似形态辨识

顺势高开、随后跳水的形态较为常见，但本形态强调的是两次跳水破均价线，两次跳水有一个时间间隔，这期间正是个股向上反弹突破均价线的一个过程，经历了这样一个反复的震荡后、再度跌破均价线才彰显了空方力量的短期优越性，也才是较为明确的 T0 卖出信号。

如图 7-9 为歌华有线 2017-08-28 日分时图，个股高开后持续下跌，虽然股价一直运行于均价线下方，但这并不是二度跳水破均价线形态，盘中出现逆转上行的概率也是较大的，因而，T0 交易中，这种盘口形态并不是卖出信号。

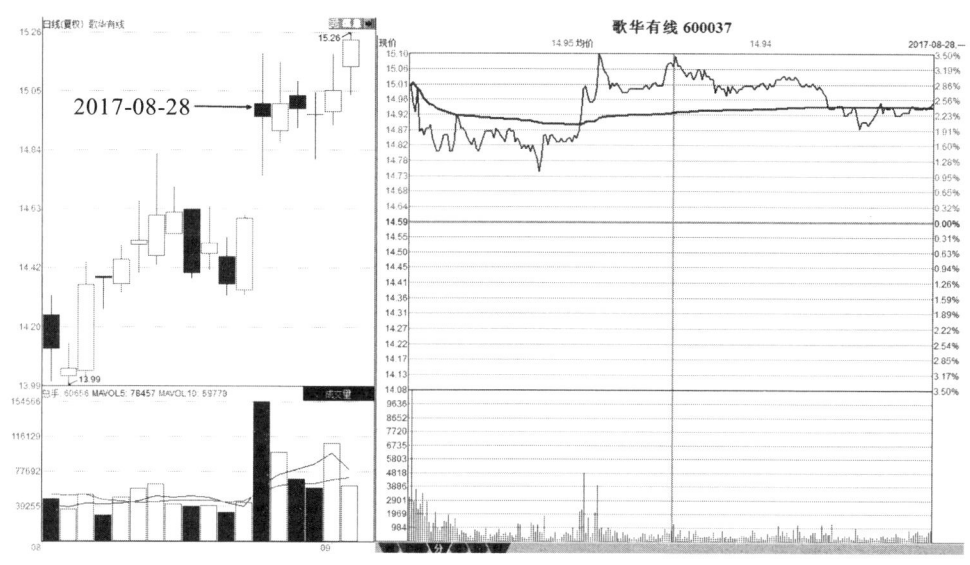

图 7-9 歌华有线 2017-08-28 日分时图

7.5 买点：频繁小波动式缓缓上扬

7.5.1 T0 形态特征

个股于盘中出现独立、强于大市的缓缓攀升走势，在整个缓慢攀升过程中，个股出现了频繁上下小幅度波动特征，且在整个上扬过程中有分时量的放大为支撑。

7.5.2 T0 买卖点分析

这种盘口形态是多空交锋状态较为自然、有序的一种表现，也是买盘持续入场、多方力量缓慢释放的一种表现，一般来说，当其出现在短线涨幅较小的位置点时，预示着一波上涨行情或将出现，是买入信号。在超短线 T0 交易中，盘口中识别出这种形态后，宜第一时间买入；若当日收盘时的涨幅相对较小，也可于次日早盘阶段逢震荡回落买入。

7.5.3 T0 实战案例

如图 7-10 为盛屯矿业 2017-08-31 日分时图，个股在盘中缓缓上扬过程中，股价频繁地小幅度波动，当日量能温和放大，短线走势呈加速上扬状，这是多方力量依旧占据主导且推升意愿较强的标志，也是实施 T0 买入的信号。

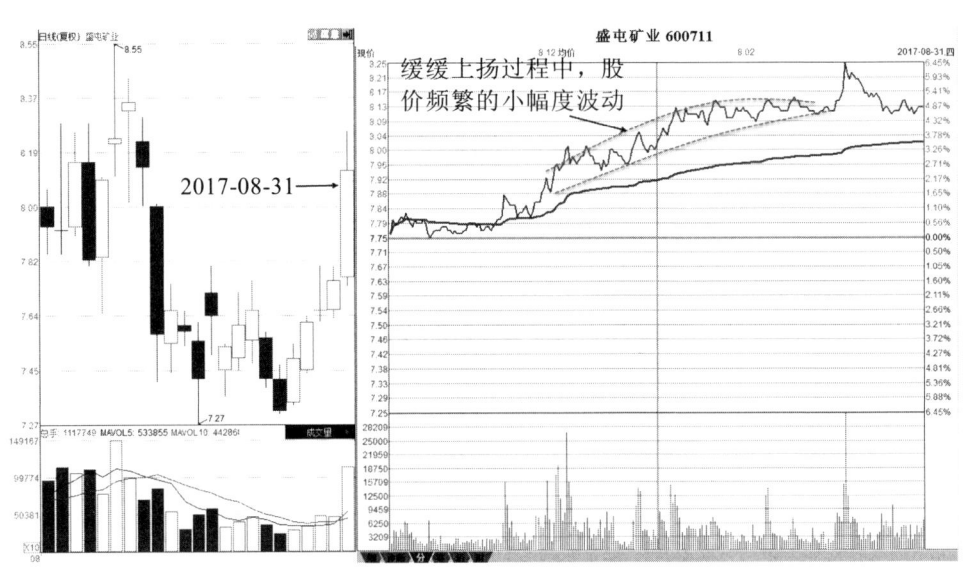

图 7-10　盛屯矿业 2017-08-31 日分时图

7.5.4 近似形态辨识

"频繁小波动式缓缓上扬"的盘口形态中，"缓缓上扬"是一个关键要素，因为这代表着买盘的充足、入场连续性强，如果个股在盘中长时间的横向运行、而非缓缓上扬，则它所预示的短线上涨信号并不强烈，并不是我们实施 T0 买入的依据。

如图 7-11 为一汽轿车 2017-03-13 日分时图，个股在当日运行中出现了频繁的小幅度波动特征，而且早盘的上扬使得分时图呈相对强势状态；但是从中盘开始，分时线一直呈横向运行、没有缓缓上扬特征，这表明买盘的后续入场力度不足，结合个股局部运行中多次于盘中出现宽幅震荡来看，多空分歧相对明显，而且当日又处于中短线的高点，因而，这个分时图并不是我们实施T0买入的信号。

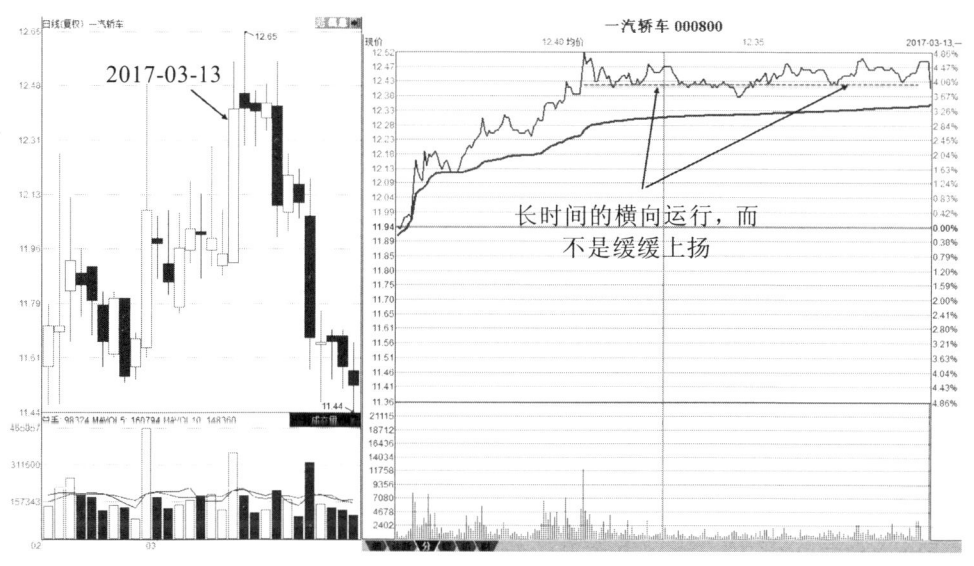

图 7-11　一汽轿车 2017-03-13 日分时图

7.6　卖点：过山车式盘中折返

7.6.1　T0 形态特征

个股在早盘或中盘前半段时间内出现了较大幅度的上涨，至少要超过 5%，午盘之后，股价开始震荡回落，至收盘时，跌掉了当日的大部分涨幅，总体来看，盘口走势为前半程上涨、后半程下跌的过山车形态。

7.6.2　T0买卖点分析

对于过山车形态来说，当其出现在短线高点时，它是个股上攻遇阻、空方抛压沉重的标志，且市场的主动性抛压较重，个股出现快速短线调整的概率较大，操作上，宜在当日收盘前卖股离场。有两个较好的盘中卖点，一个卖点出现在股价开始向下滑落时，此时可以看到个股在盘中高点无支撑、价格走势震荡下滑，这是盘口由强转弱的信号，也是第一卖股时机；第二个卖点出现在收盘前，此时的盘口过山车形态较为明确，结合个股当前正处于短线高点来分析，一波回落走势或将出现，应卖出离场。

7.6.3　T0实战案例

如图 7-12 为盛屯矿业 2017-09-06 日分时图，个股小幅低开后持续上扬，盘中涨幅一度超过了 9%，但随后的运行由强转弱，股价持续回落，这就形成了过山车形态，结合个股短线涨幅较大来看，这是一个调整信号，应实施 T0 卖出操作。

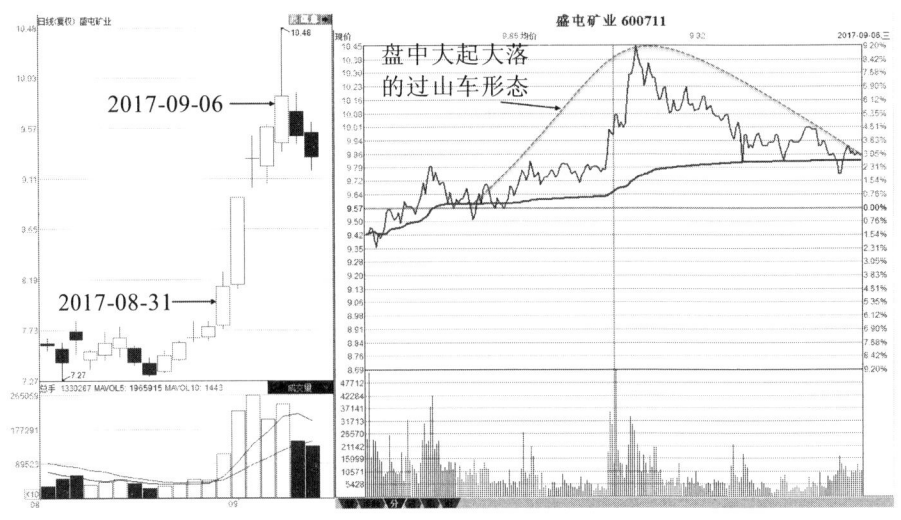

图 7-12　盛屯矿业 2017-09-06 日分时图

7.6.4 近似形态辨识

过山车形态仅仅是盘口走势由强转弱的一种表现形式,它有一个明显的震荡上扬和震荡滑落的过程,其形态特征犹如一个"抛物线",而且,只有当其出现在短线高点时,才是较为可靠的T0卖出信号。

有一些个股在早盘强势上扬,随后于盘中高点长时间运行,最后才转为弱势下滑,这种形态并不是过山车的盘口形态,虽然从日K线图来看,它也收于一个长上影线形态。

如图7-13为迅游科技2017-08-28日分时图,个股在盘中高点长时间运行后,才转为弱势下跌,这并不是过山车盘口形态,而且,个股的短线上涨才刚刚展开,这种"盘中小幅度跌破均价线的形态"虽然表明空方力量在尾盘有转强迹象,但也并不能成为短线T0卖出的依据。

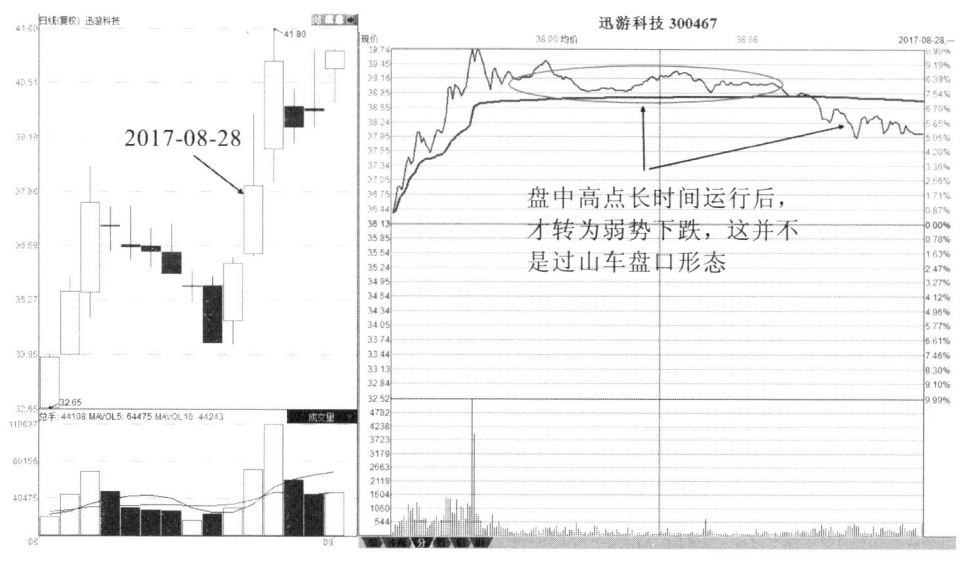

图7-13 迅游科技2017-08-28日分时图

7.7 买点：盘中二度45度上扬

7.7.1 T0形态特征

盘中二度45度上扬形是一种前后承接、逐步走强的分时图形态，个股分别在两个不同的盘口时间段（可以是早盘及中盘，也可以是中盘及尾盘）出现了45度角式的上扬走势，第一次出现45度角上扬后，分时线稳健地运行于盘中高点，随后再度出现的45度角上扬使得股价再涨一层，收盘价接近当日最高价。

7.7.2 T0买卖点分析

盘中两度明显的推升股价，且股价能够在推升后站稳于盘中高点，这表明多方上攻意愿强、推升力量强，若个股中短线涨幅较小，则很可能是一波快速上攻行情展开的信号，操作中，宜在盘中或收盘时的第一时间实施T0买入操作。

7.7.3 T0实战案例

如图7-14为正裕工业2017-07-03日分时图，个股于中盘及尾盘均出现了明显的45度上扬，当日正处于低点的震荡走势中，这个盘口形态就是一波突破行情展开的信号，应及时买入布局。

7.7.4 近似形态辨识

盘中两度出现的45度角上扬，要有一个相对较长的时间间隔，一般来说，不能少于半小时，且第一波推升后的股价应该能站稳于盘中高点，这是本节中所讲形态的关键点。下面我们来看一个近似形态，但它并不是预示短线上涨的信号。

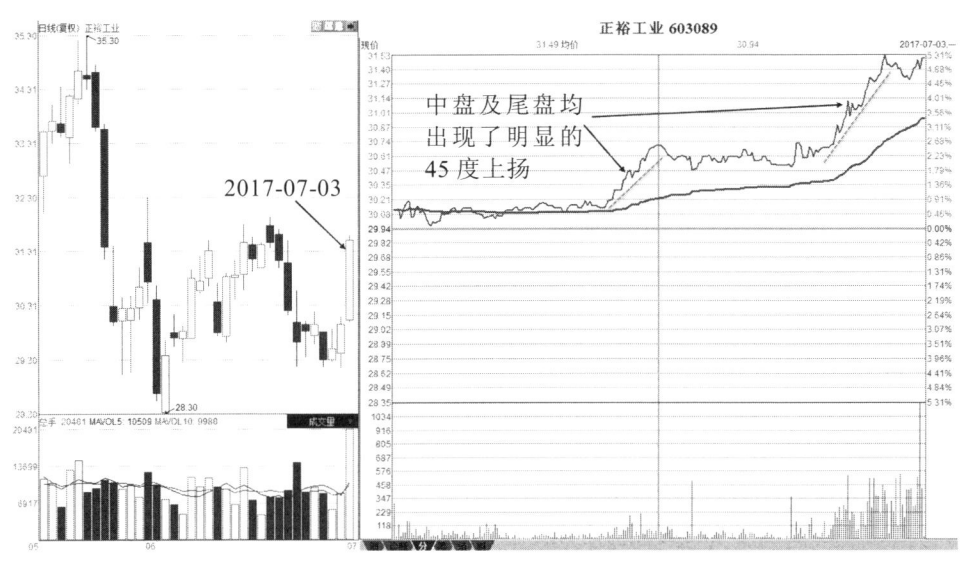

图 7-14　正裕工业 2017-07-03 日分时图

如图 7-15 为迅游科技 2017-08-16 日分时图，在午盘之后，个股出现了两波较为强势的上扬，但是，两波推升的间隔时间过短且第二波推升后还出现了明显的滑落，因而这个形态并不能预示多方力量的短期主导性，也不是我们短线买入的信号。

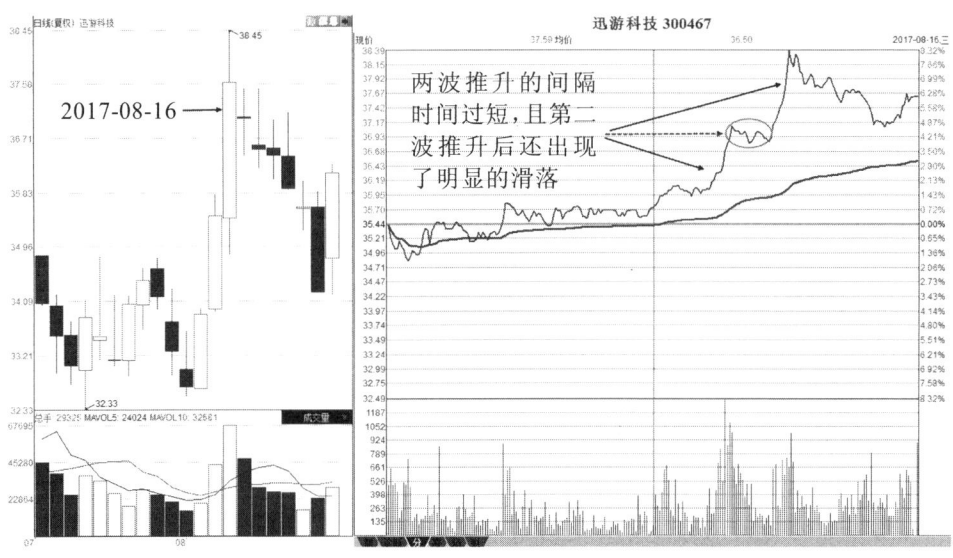

图 7-15　迅游科技 2017-08-16 日分时图

7.8 卖点：尾盘上扬式凸量

7.8.1 T0 形态特征

个股在盘中运行相对强势、处于上涨状态的情形下，于尾盘阶段再度上扬，从而使得收盘时的涨幅较大。当日处于一波上涨中的高点，且当日的成交量明显高于前几日上涨时的量能，这就是放量情况下的进一步放量，可以称之为凸量。

7.8.2 T0 买卖点分析

尾盘的上扬、短线高点、凸量，这几个要素均是短线调整的信号，出现这种形态的个股，次日出现大幅低开的概率较大，操作上，宜在当日收盘前卖出。

7.8.3 T0 实战案例

如图 7-16 为正裕工业 2017-07-06 日分时图，如图中标注，当日的成交量明显高于前几日的放量幅度，且尾盘上扬幅度较大，这是尾盘上扬式凸量形态，也是我们应实施 T0 卖股的信号。

值得注意的是，此股随后几日的盘中波动幅度极大，且再度上涨并创出了新高，但这种盘中宽幅震荡形态的出现具有一定的偶然性，而且，在这样的短线高点参与，风险较大，在超短线 T0 交易中，2017-07-06 收盘前卖出是一个较为稳妥的策略，如果看好此股的中线上涨，则可在个股随后于盘中出现大跌之际再度实施 T0 买入。

7.8.4 近似形态辨识

尾盘的上涨并导致当日放量，从 K 线图来看，这并不一定就是凸量形态，凸量形态有它特定的出现背景，它出现在短线放量上涨之中，是对这个放量上涨波段的进一步放量。

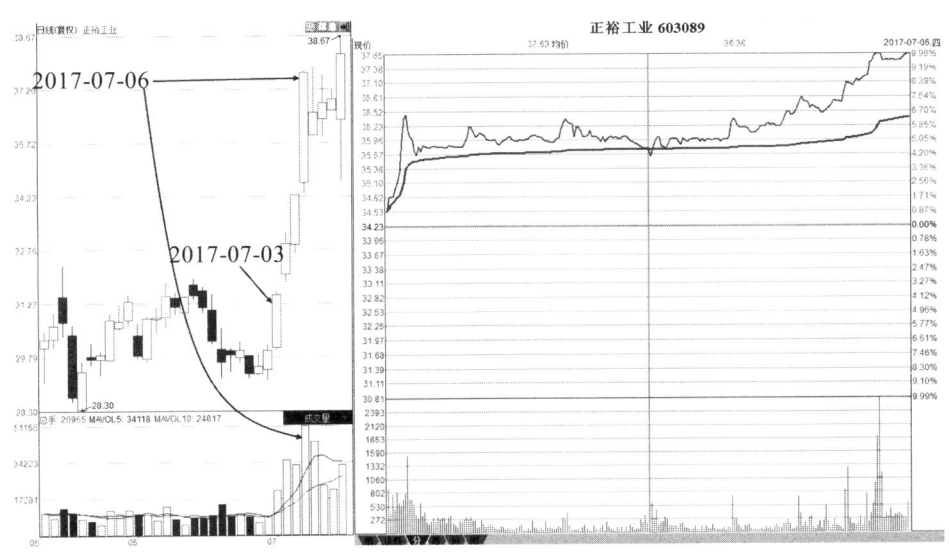

图 7-16　正裕工业 2017-07-06 日分时图

如图 7-17 为宝钛股份 2017-07-06 日分时图，虽然个股当日在尾盘大幅上涨且成交量放大，但这一日的上涨没有之前的放量上涨波段做为衬托，并不是"尾盘上扬式凸量"形态，也不是我们短线卖股离场的依据。

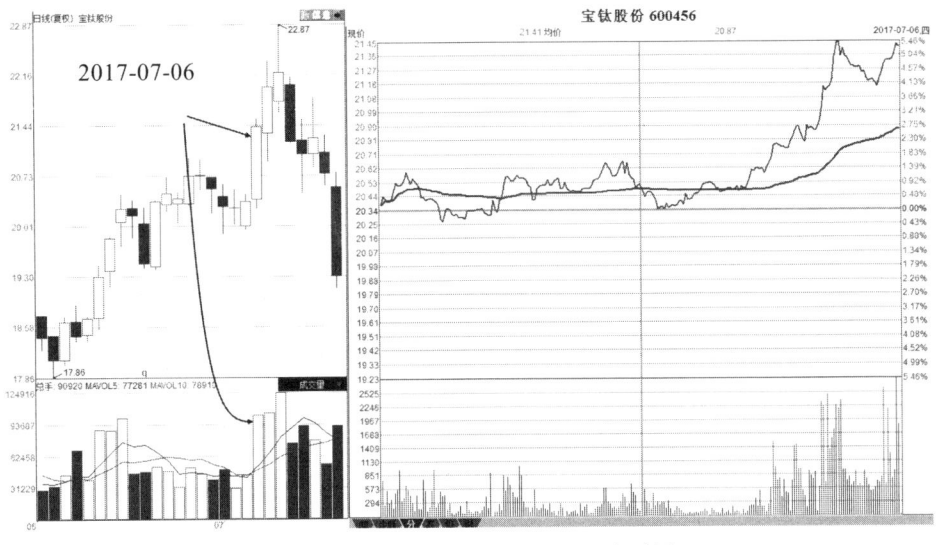

图 7-17　宝钛股份 2017-07-06 日分时图

7.9 买点：盘中释压后走强

7.9.1 T0 形态特征

个股在盘中运行相对较强或是一波小幅度上冲之后，出现了向下跳水、跌破均价线的走势，且跳水波段有分时量的明显放出，但股价停留于均价线下方的时间并不长，随后再度向上运行、逐波走强，至收盘。

7.9.2 T0 买卖点分析

盘中跳水放量的形态是主动抛盘较多的标志，如果跳水幅度不大且随后能够再度突破均价线走强，则可以看作是盘中出现的一次对空方抛压的短暂释放，空方抛压释放后个股再度走强，表明多方的推升意愿较强，只要个股此时的涨幅不大，则短线仍可看高一层，也是实施 T0 买入的信号。

一般来说，盘中释压后，个股会缓缓上行，在突破均价线且无回落迹象时，可以实施买入；若收盘时的涨幅不大，则收盘前也可以买入。

7.9.3 T0 实战案例

如图 7-18 为中炬高新 2017-08-07 日分时图，个股在早盘小幅上冲后出现了跳水整理的形态，期间分时量放出，随后于盘中再度走强表明这波跳水只是对空方抛压的一次短暂释放，分时线再度向上突破均价线且逐波上扬的形态较为清晰后，就是实施 T0 买入的提示信号。

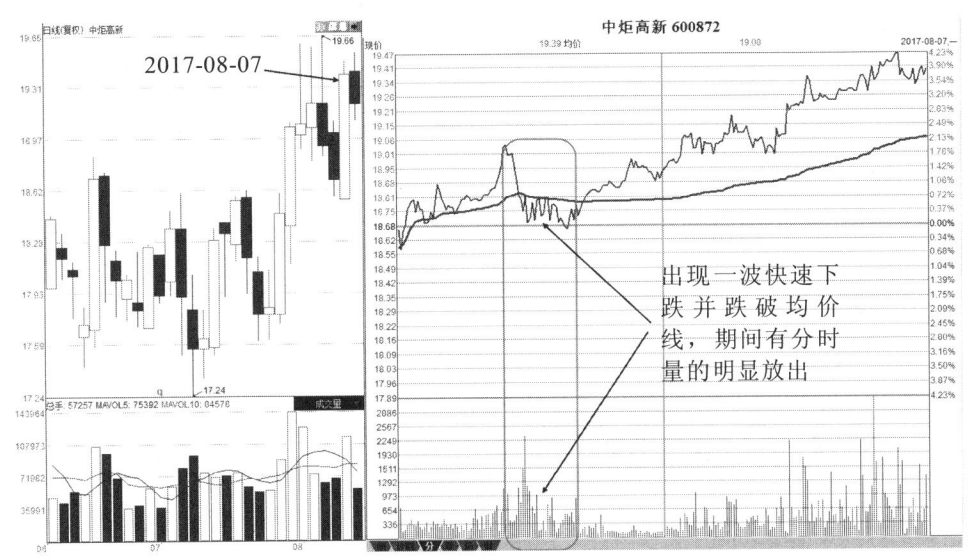

图 7-18 中炬高新 2017-08-07 日分时图

7.9.4 近似形态辨识

跳水的幅度不宜过大、跳水时的分时明显放大，随后的再度走强才是较为可靠的 T0 买入信号；如果个股在"先上冲、后跳水"的波段运行中，并没有出现放量跳水整理的过程，那么，其随后的盘中走强就不具有短线看涨性，因为跳水时的相对缩量并未能有效释放空方抛压。下面我们结合一个案例加以说明。

如图 7-19 为景兴纸业 2017-07-31 日分时图，开盘后，个股小幅上冲，走势相对强劲，随后的跳水未放出量能，盘口再度走强后，虽然股价也稳稳地站于均价线上方，但这并不是预示短线上涨的强势分时图，从随后的表现可见，尾盘阶段再度跌破了均价线，这也是早盘跳水未放量、未能有效释放空方抛压的信号。

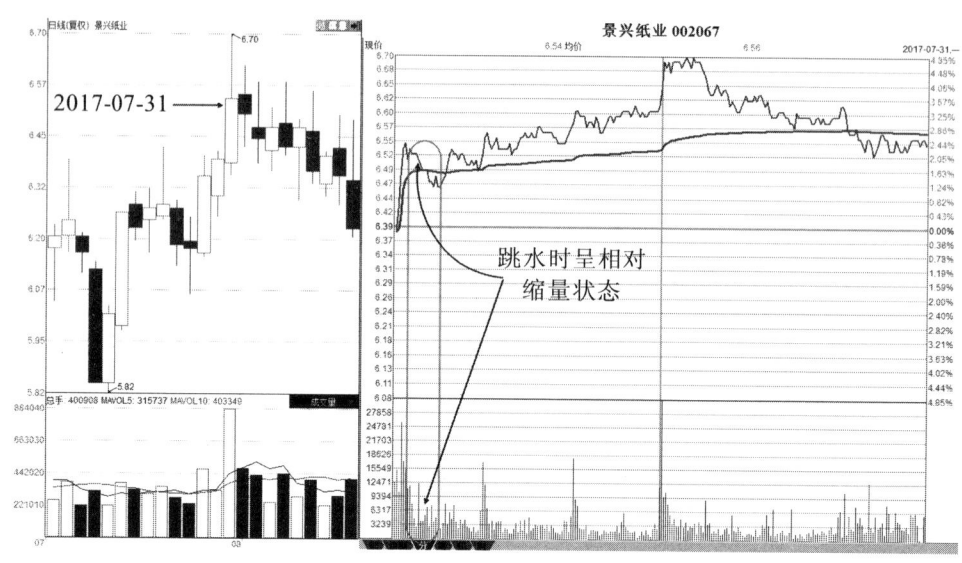

图 7-19 景兴纸业 2017-07-31 日分时图

7.10 卖点：低点缩量上探均价线

7.10.1 T0 形态特征

低点缩量上探均价线，是指个股在向下远离均价线的位置点开始上涨、并接近均价线，且上探过程中没有分时量的明显放大。低点缩量上探均价线形态常出现在尾盘阶段，是个股中盘跌幅较大、尾盘开始回升的信号。

7.10.2 T0 买卖点分析

盘中低点的出现表明盘中的抛压曾一度很强，是空方占据是主动的标志；虽然股价此时再度上探均价线，但并没有量能放大支撑，这表明买盘入场力度不足，一旦抛盘再度涌出，随时会使得股价走势再度下跌。一般来说，这种盘口形态常见于短线高点，是多方力量明显减弱、市场抛压加重的信号，也预示了短线的调整。

操作上，个股当日向上接近均价线时，由于此时的盘中反弹幅度已较大，宜及时卖出，规避随后再度下跌的风险。

7.10.3 T0实战案例

如图7-20为中炬高新2017-08-15日分时图，个股在午市开盘后出现了急速下跌，向下远离了均价线下，下跌过程可以看到分时量的放大，尾盘开始回升、股价接近均价线，但分时量未见放大，结合个股短线涨幅较大来看，这是一个较为明确的T0卖出信号。

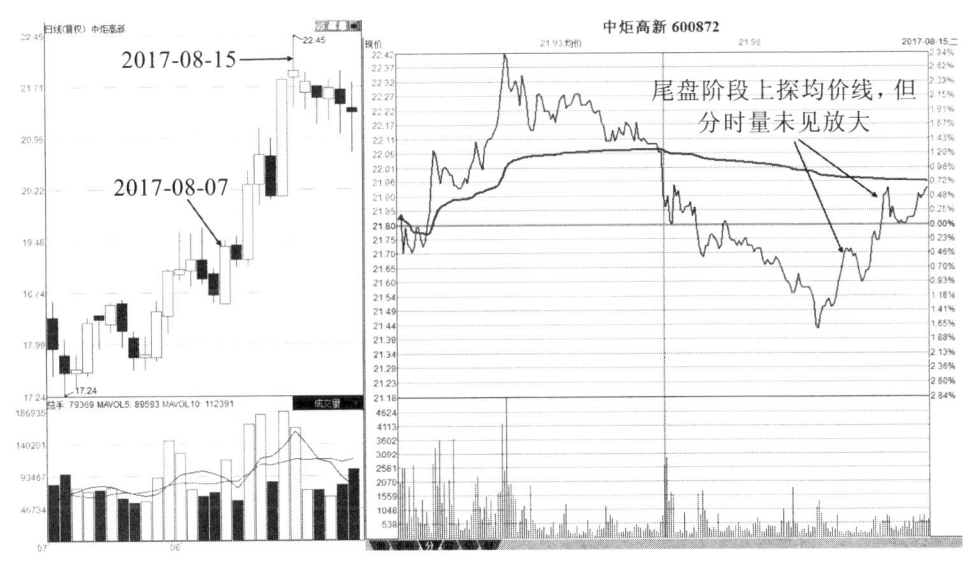

图7-20 中炬高新2017-08-15日分时图

7.10.4 近似形态辨识

自盘中低点向上靠拢均价线，并不是向上穿越均价线。如果个股在跳水之后强势反转向上突破了均价线，则是由弱再度转强的信号，当这种盘口形态出现在短线低点，它常常是预示短线上涨的信号。

如图7-21为华谊集团2017-07-17日分时图，在尾盘阶段，个股先是快速、深幅的跳水，随后则是强势反转并向上穿越了均价线，结合个股当前的位置点来看，这是多方承接力度较强的标志，而且尾盘的放量跳水在很大程度上释放了短线抛压，有利于个股随后的反弹行情展开，因而，这个盘口形态非但不是卖出信号，反而可以作为超短线 T0 买入信号。

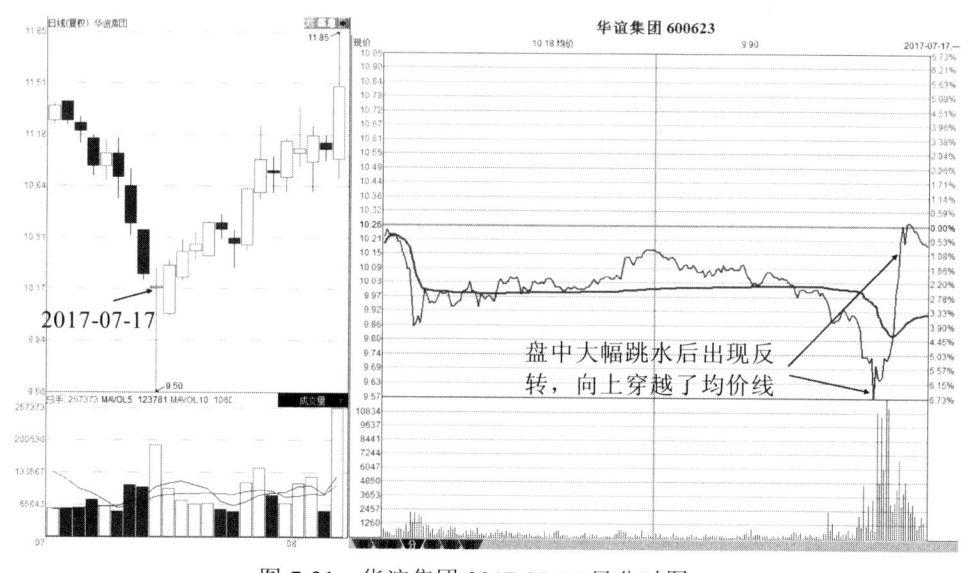

图 7-21　华谊集团 2017-07-17 日分时图

但是，由于尾盘的反转幅度过大，次日出现低开的概率较大，操作上，收盘前不宜追涨入场，次日早盘的低开整理是较好的 T0 买点。

7.11　买点：双日早盘小幅上冲

7.11.1　T0 形态特征

这是一种以连续两个交易日分时图为研究对象的组合形态，个股在中短期低点连续两个交易日收于小阳线，这两日开盘之后均呈现出强势运行特征，早盘出现了明显的小幅度上冲形态，随后于盘中高点横向整理运行并持续到收盘，从而使得当日均收于小阳线。

7.11.2　T0买卖点分析

连续两日的早盘小幅上冲，彰显了多方短期推升意愿较强，而且，个股的上涨往往有一个由缓到急的过程，这两日的小阳线就是一波行情即将展开的信号，操作上，由于两日均收于小阳线，短线涨幅较小，个股出现回调整理的概率不大，宜在第一时间实施T0买股操作。

7.11.3　T0实战案例

图7-22、图7-23分别为岳阳林纸2017-08-09日、2017-08-10日分时图，从分时图可以看到，连续两个交易日的早盘均有明显的上冲形态，个股的盘中运行较为独立，结合当前正处于中短线低点来看，这是一个超短线T0买入信号，可于次日（2017-08-10日）收盘前买股布局。

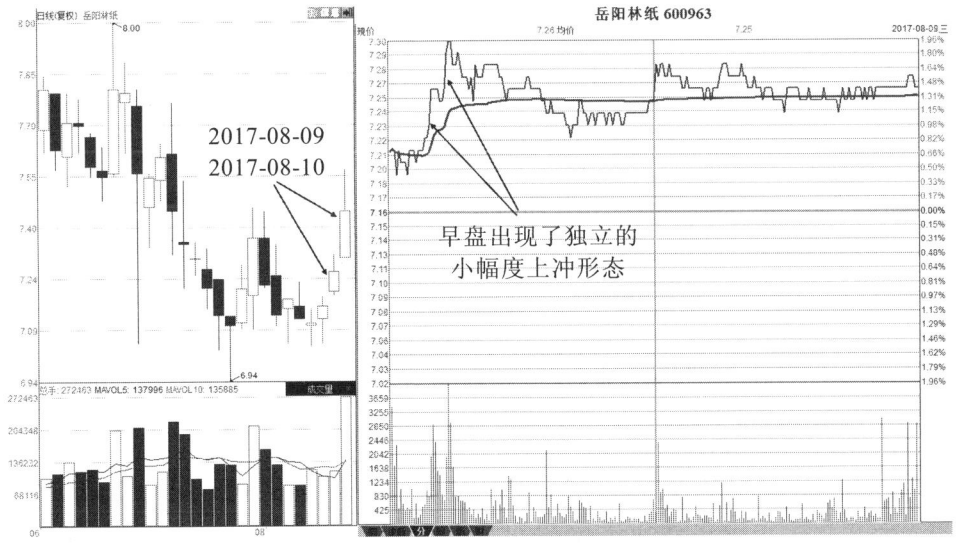

图7-22　岳阳林纸2017-08-09日分时图

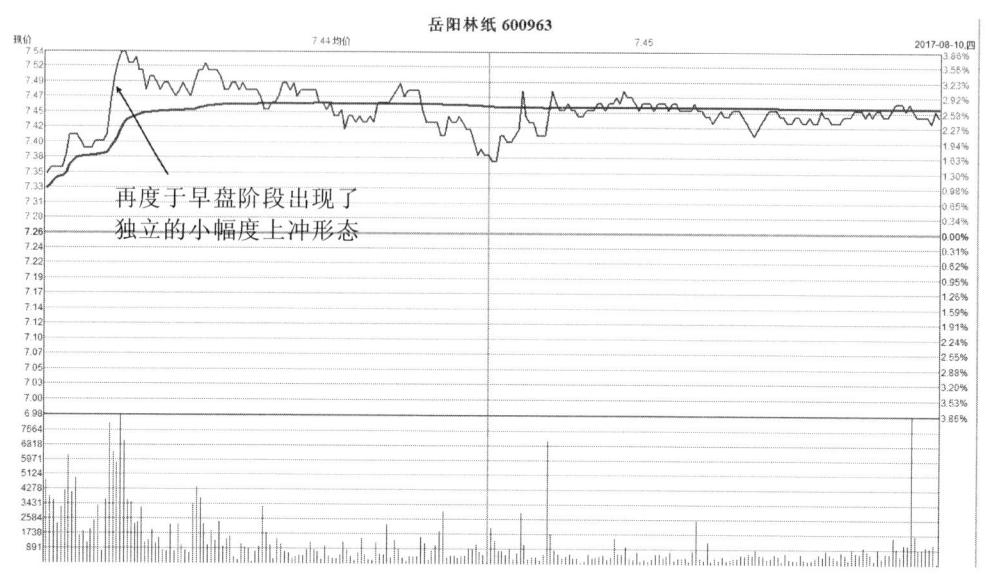

图 7-23 岳阳林纸 2017-08-10 日分时图

7.11.4 近似形态辨识

这种盘口形态要求个股早盘开盘之后就呈相对强势状态,并没有由弱转强的过程,因而,如果个股在其中的一个交易日出现了由弱转强的变化过程,则并不是提示我们实施 T0 买入的信号。之所以有这种区别,这是因为在个股出现小阳线的当日,多方并没有明显的推升,如果早盘出现了由弱转强的变化,则表明空方的抛压曾一度较强,这也是短期内多方优势不明的标志,也预示着个股进一步大幅上涨的概率相对较低。

如图 7-24 为中航机电 2017-01-06 日分时图,个股在早盘出现了小幅上冲,从日 K 线图来看,这是短线上的第二个连续小阳线。但是此股在上一交易日的盘口表现却并不符合我们要求的形态特征,如图 7-25 所示,当日的早盘虽然出现了较为强势的独立上冲形态,但这波上冲出现在跌破均价线之后的由弱转强过程中,并不是开盘后强势运行状态下的小幅度上冲的盘口形态，因而，这两日的盘口组合形态并不构成我们实施 T0 买入的提示信号。

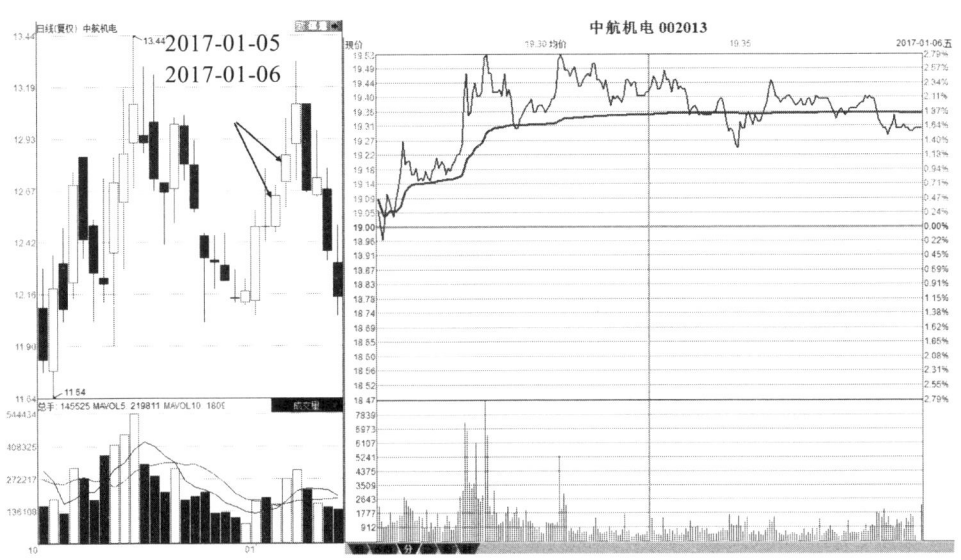

图 7-24　中航机电 2017-01-06 日分时图

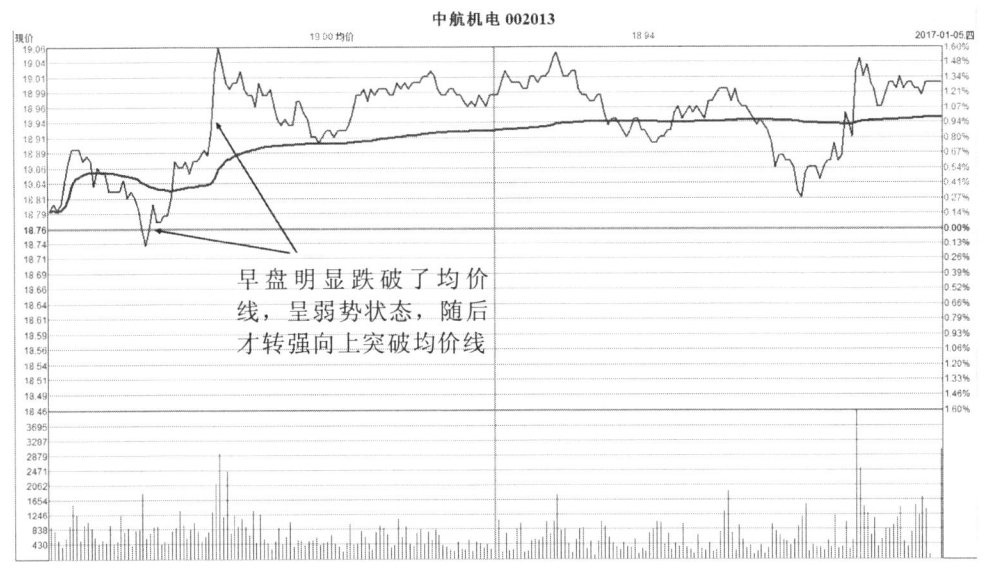

图 7-25　中航机电 2017-01-05 日分时图

7.12 卖点：高开跳水反冲乏力

7.12.1 T0 形态特征

在短线涨势较为凌厉的背景下，个股当日顺势高开，但高开后即出现了向下跳水且随后持续运行均价线下方，反冲力度较弱、难以突破均价线。

7.12.2 T0 买卖点分析

这种盘口形态常见于短线上涨波段中，是空方抛压突然增强、个股走势或将调头向下的信号。由于短线涨幅较大，积累了较多的获利抛压，而且由于多空分歧的加剧，个股出现盘中大幅下探的概率较大。在把握 T0 卖点时，早盘的跳水及随后的反弹力度减弱都标志着空方开始占据主动，应在第一时间卖出，一般来说，当均价线形成压制后，反弹至均价线时是一个较为理想的 T0 卖出时机。

7.12.3 T0 实战案例

如图 7-26 为岳阳林纸 2017-08-21 日分时图，个股的短线涨幅较大、速度较快，当日的高开跳水、跳水后无力反弹至均价线上方的盘口形态表明空方抛压明显增强，多方推升力度减弱，应及时卖股离场、规避短线调整风险。

7.12.4 近似形态辨识

高开后出现一波跳水并不是明确的 T0 卖股信号，我们还要观察跳水后的表现，如果个股能够快速上扬、收复失地，则表明多方力量依据占据优势，仍可以继续持股，并结合随后的盘中运行来决定是否卖出。

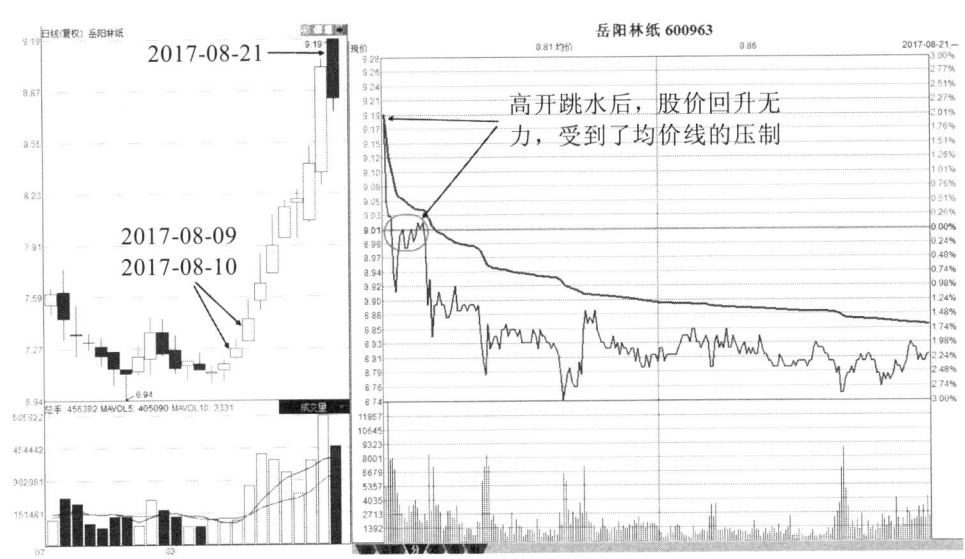

图 7-26　岳阳林纸 2017-08-21 日分时图

如图 7-27 为中航机电 2017-04-12 日分时图，个股当日也是顺势高开并出现跳水走势，但随后又强力上扬、收复跳水失地，盘中走势也呈上下震荡状。仅仅从分时图来看，这是多空双方力量相对均衡的一种表现，此时可以借助于其他技术分析手段。

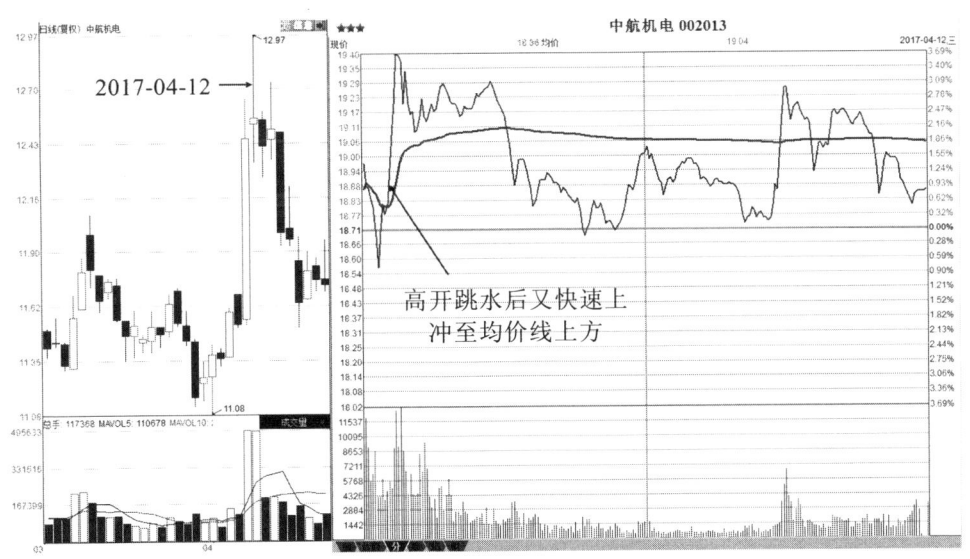

图 7-27　中航机电 2017-04-12 日分时图

日 K 线图上,随着交易的延续可以发现,这两日的上涨使得个股出现了双阳巨量的形态,在前面的"6.3.3 两日上涨脉冲量"中,我们讲解过这种形态,它预示着短线的下跌,是卖出信号。

通过本例可以看出,在分时图形态所蕴含的多空信息并不明确时,我们可以进一步借助于其他的技术分析手段,来帮助我们作出 T0 交易的买卖决策。

第 8 章
T0 分时图买卖点追踪（下）

本章将承接上一章的内容，继续讲解利用分时图波动形态追涨盘中买卖点的超短线 T0 交易方法。

8.1 买点：连续窄幅波动放量小阳线

8.1.1 T0 形态特征

个股在盘中小幅度震荡，上下震荡幅度一般不会超过 2%，在盘中震荡过程中可以看到分时量在较多的时间内呈明显放量形态，个股的盘中交投也十分活跃，当日收于小阳线。这种盘口形态至少持续两个交易日。从日 K 线图来看，这几日的放量较为明显，能够达到之前均量的 2 倍左右，且股价位于中短线的低点。

8.1.2 T0 买卖点分析

在低点位，个股连续两三个交易日出现盘中放量的小幅度震荡形态，且当日收于小阳线，这可以看作是资金入场的信号，由于量能放大较为明显，这也体现了多方入场力度较强，是一波短线上涨走势展开的信号。由于此时的股价仍处于低位，短线上涨随时可能展开，宜在发现这种形态后的第一时间买入。

8.1.3　T0实战案例

图8-1、图8-2分别为济民制药2017-08-17日、2017-08-18日分时图，在这两个交易日的盘中小幅度震荡中，均可以看到分时量的放大且日K线图上的放量特征明显，股价正处于低位整理之中，量能的异动、结合分时图的小幅度震荡，这是一轮上涨走势将出现的预示信号，这种配合关系并没有引发股价的短线大涨，因而也给了我们良好的低位布局时机。

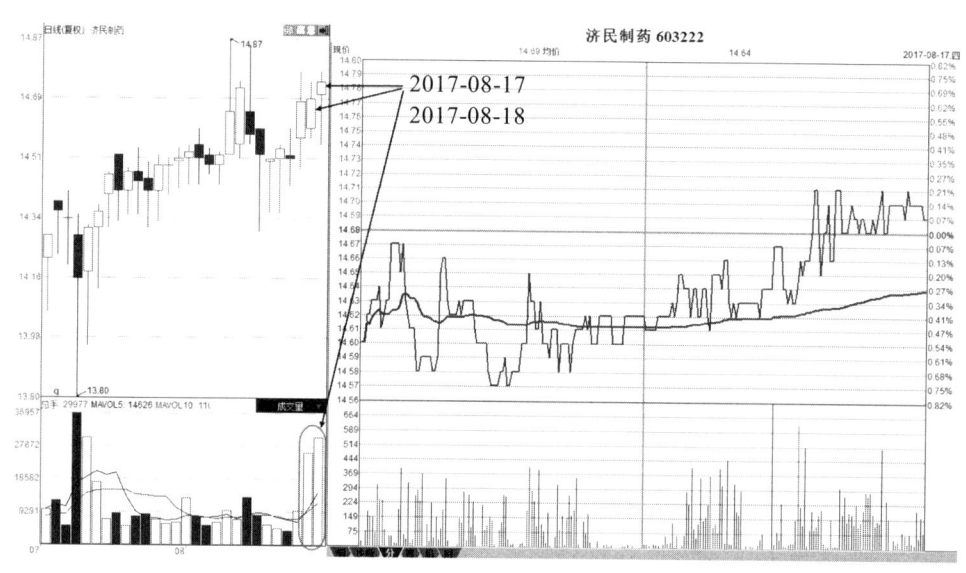

图8-1　济民制药2017-08-17日分时图

8.1.4　近似形态辨识

这是一种既要关注盘中分时，也要关注日K线图上量价配合的组合形态，且日K线图上的量价配合是关键所在。一般来说，要至少出现连续两日的放量，且放量幅度不宜小于之前均量的2倍。过小幅度的放量并不体现资金的大力入场，因而也就不能预示着短线上涨走势的出现。

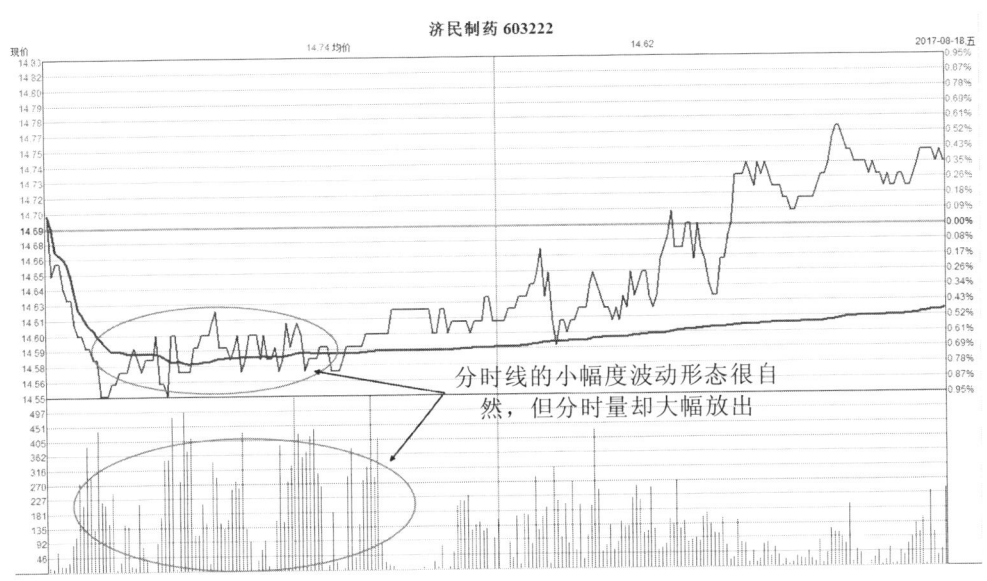

图 8-2 济民制药 2017-08-18 日分时图

如图 8-3 为汇鸿集团 2017 年 7 月至 9 月走势图，在低位的盘整走势中，个股虽然连续出现了两个放量小阳线，但这两日放量程度显然较低，因而这并不是我们本节中讲到的组合形态，也不能成为我们实施 T0 买入的触发信号。

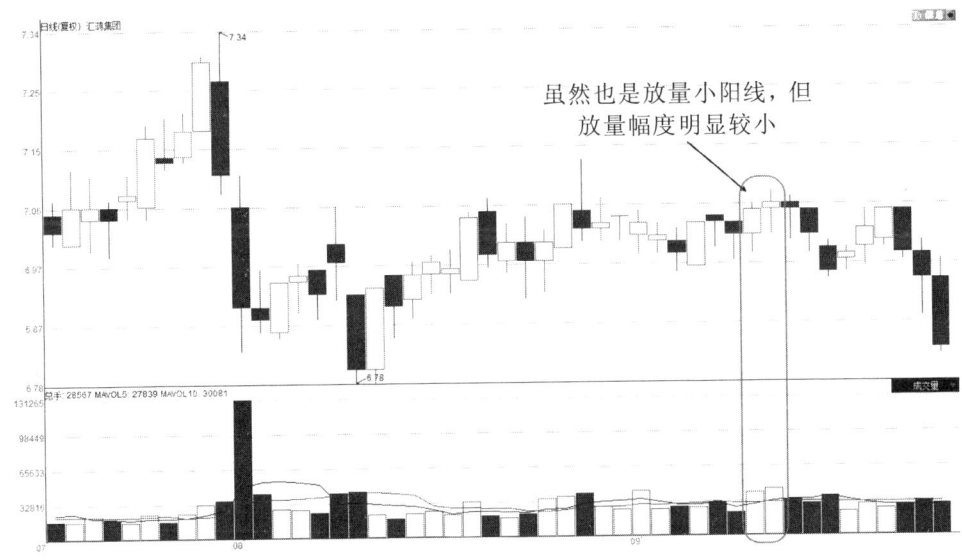

图 8-3 汇鸿集团 2017 年 7 月至 9 月走势图

8.2 卖点：数分钟内的巨量打高

8.2.1 T0 形态特征

在个股于盘中运行相对平稳或处于缓慢下跌之中时，突然出现了连续性的高价大买单、在短短几分钟内将股价大幅度打高，从而使得这几分钟的分时量远远高于之前的均量，随后大买单消失，分时量水平再度恢复如初。

8.2.2 T0 买卖点分析

这种盘口形态常见于短线大涨后的高点，一般来说，股价在盘中被突然打高后，会导致多空分歧加剧，从而使得分时量相对放大，但这种盘口形态则不然，当大买单突然消失后，分时量再度恢复如初。

这种异动的盘口形态表明，市场浮筹较少、散户投资者对于个股的参与度并不高，追涨盘及跟风盘较少，随着场内大资金的出货，由于缺少承接盘，个股随时可能会出现跳水，因而，宜在第一时间卖出离场。

8.2.3 T0 实战案例

如图 8-4 为济民制药 2017-09-06 日分时图，个股在午盘之后，两次出现股价在短短几分钟内被快速打高的形态，快速打高时有分时量的明显放大，第一次快速打高后的分时量快速恢复如初，第二次快速打高后则临近收盘。这种明显的盘口异动形态表明当前这个高点位已缺乏买盘跟进，个股短期内易跌难涨，甚至有可能出现短线大幅跳水，操作上，应及时卖出。

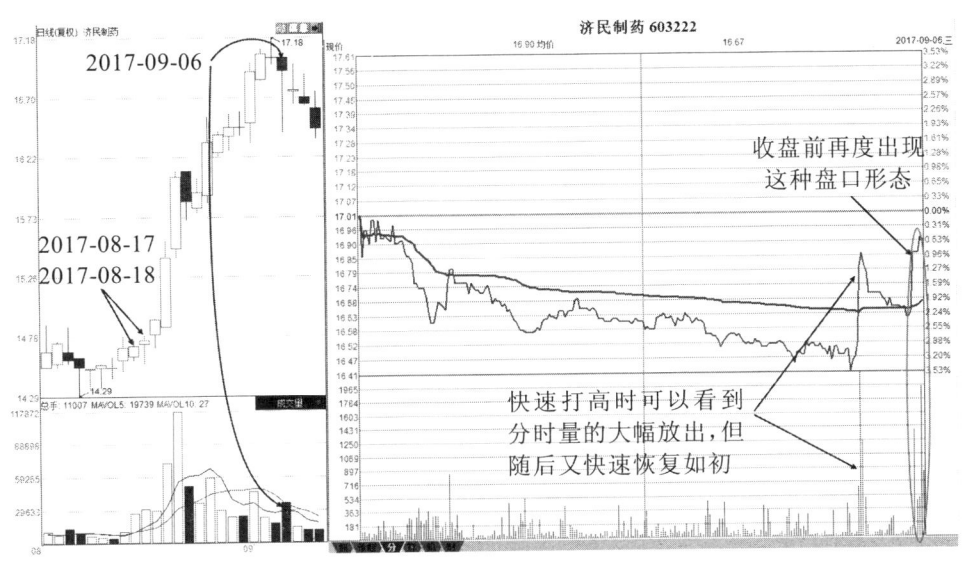

图 8-4 济民制药 2017-09-06 日分时图

8.2.4 近似形态辨识

对于这种异动的盘口形态来说，它往往体现了市场浮筹（可以理解为散户投资者）参与度较低等信息，因而，在短线操作上，一定要结合个股当前的位置点来分析，如果这种盘口形态出现于中短期低点时，这样的个股因短线上涨获利抛压较轻，其随后的阶段走势反而可能好于同期大盘。但是，这类个股由于市场参与度较低，也隐藏着一定的风险，一旦价格走势出现明显转向，其跌幅往往极大，若没有良好的业绩支撑，并不适宜于中长线持有，只宜短线参与。

如图 8-5 为道森股份 2017-01-06 日分时图，个股在盘中多次出现股价被快速打高的形态，且分时量的变化方式也与我们本节讲到的较为相似，但由于此时的个股正处于低点位的缓慢回升波段中，中短线累计涨幅小，因而这种形态并不是短线看跌信号，它只是提示我们：对于这类个股，若没有业绩支撑，并不宜中长线持有。

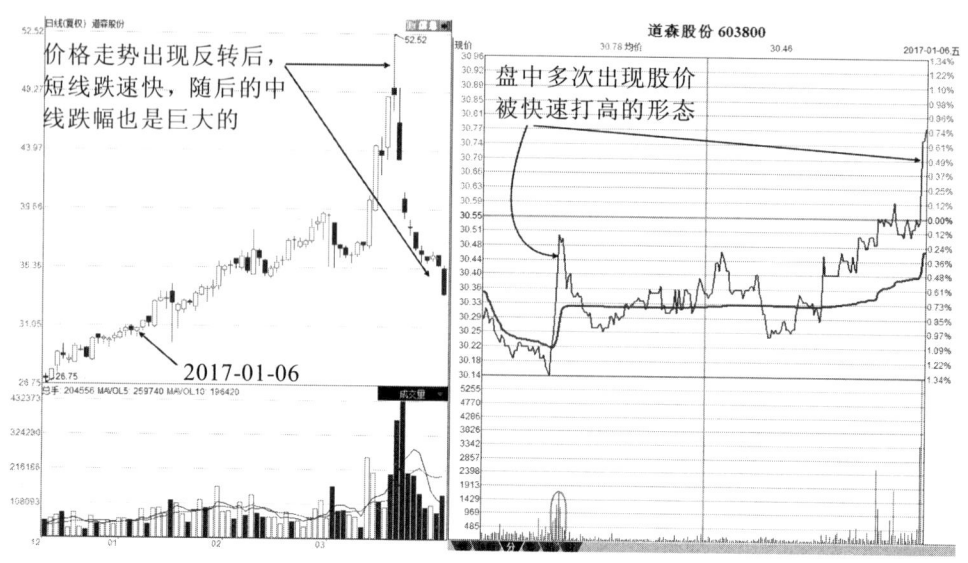

图 8-5 道森股份 2017-01-06 日分时图

8.3 买点：山堆式放量启动

8.3.1 T0 形态特征

山堆式放量启动，是指个股处于盘整后的突破点位，当日盘中（主要是早盘阶段）出现了一波相对独立、形态流畅的上扬走势，虽然幅度不是很大，但分时量呈现出明显的"山堆式"特征，股价在小幅度上冲后，也站稳于均价线之上。

8.3.2 T0 买卖点分析

山堆式的放量启动代表着买盘的积极入场，这是一种相对优异的盘中量价配合，由于股价刚刚处于突破启动点，短期内仍有一定的突破上升空间，操作中，应在发现这种盘口形态后第一时间买入布局。

8.3.3 T0实战案例

如图8-6为太极集团2017-07-10日分时图,日K线图上,个股处于窄幅整理后的突破位置点,当日早盘出现的一波上扬走势,虽然幅度不大,但上扬形态流畅、分时量山堆式放量特征鲜明,这是分时图与K线图配合共同发出的突破启动动信号,操作中,在山堆式放量出现后,由于盘中上涨幅度较小,此时可以实施T0买入操作。

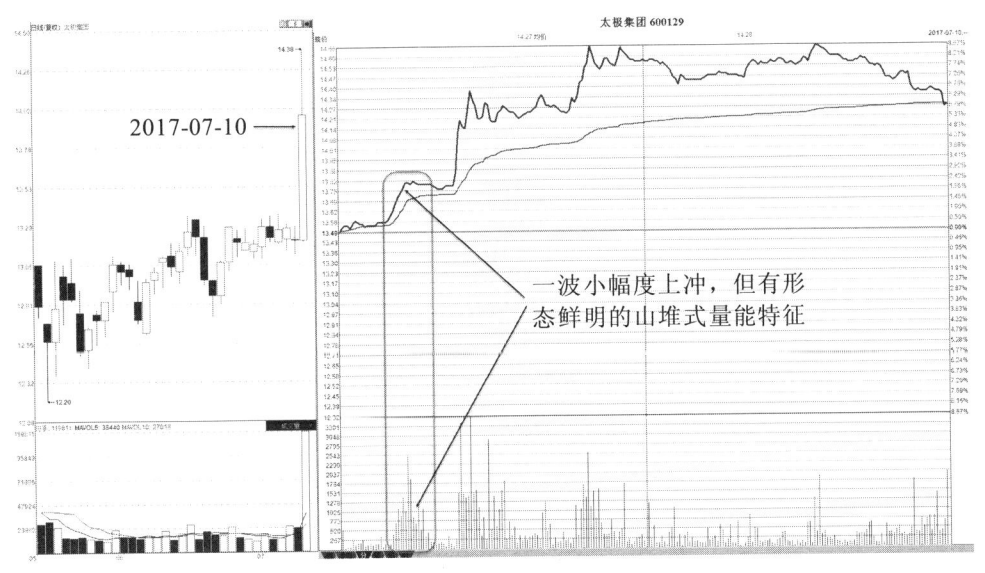

图8-6 太极集团2017-07-10日分时图

8.3.4 近似形态辨识

山堆式放量较为常见,但它是否是短线上涨信号,我们一要结合日K线图的突破位置点来判断,另一方面则要结合分时图中的放量幅度来判断。如果山堆式放量上涨使得个股盘中创出新高,一般来说,山堆式放量水平应高于盘中之前的上涨波段,这才能体现充足的入场买盘推动力度。

如图8-7为奥特迅2017-08-22日分时图,如图中标注,个股在早盘出现一波流畅的放量上涨，创出了盘中新高，但这一波上涨时的量能明显小于开盘后的一波上涨，因此，创新高的一波上涨走势其上涨动力并不充足，个股随后于盘中出现回落的概率较大，操作上，这一波放量上涨虽然也有山堆式量能特征，但并不买入信号。

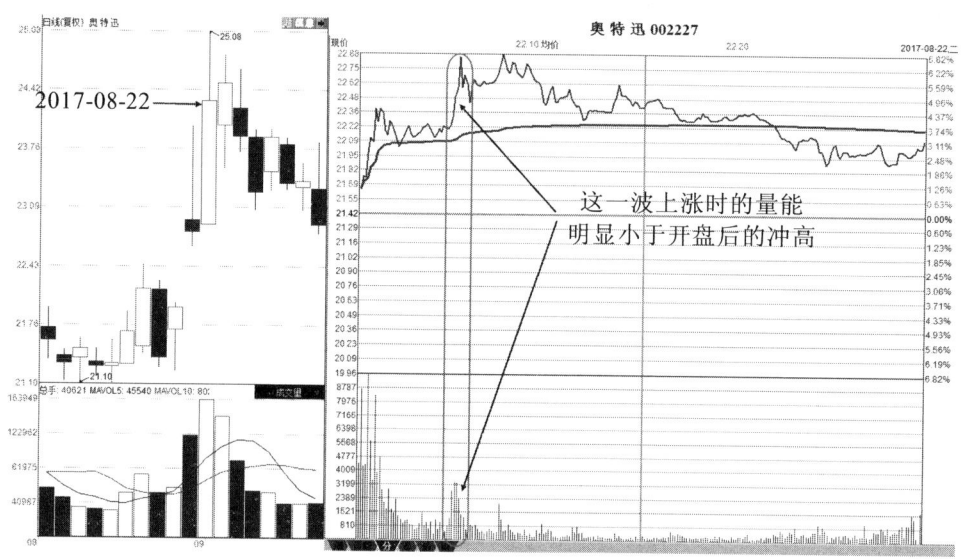

图 8-7　奥特迅 2017-08-22 日分时图

8.4　卖点：强势分时收盘前的反冲

8.4.1　T0 形态特征

强势分时收盘前的反冲，是指个股在早盘及中盘环节的运行较为强势，股价稳稳站于均价线上方且处于明显上涨状态，但在临近尾盘时出现了跌破均价线的强弱变化，临近收盘时，多空强弱格局再度出现变化，股价由均价线下方快速上冲并突破了均价线，从而使得收盘价相对较高。

8.4.2　T0买卖点分析

这种盘口形态常见于短线上涨之后，早盘及中盘的强势代表着多方的推升，是个股继续上涨的标志，但是随后的"强转弱"表明市场抛压开始转强、多空分歧明显加剧，这是股价走势短期转向的信号，收盘前的再度上冲多是为了取得一个更高的收盘价。

操作上，由于当日整体运行较为强势，尾盘的强弱互换走势只是一个提示信号，并不够准确，因而，可以分批减仓，当日收盘前减掉部分仓位以锁定利润，次日如果个股不能继续加速上涨则应在收盘前清仓离场。

8.4.3　T0实战案例

如图8-8为太极集团2017-07-11日分时图，个股承接了上一交易日的强势上涨态势，早盘出现了大幅飙升，中盘也相对强势，但尾盘出现了强转弱的变化，临近收盘时，股价再度回升，依据前面的分析来看，收盘前应减仓；从日K线图来看，此股次日在盘中出现了大幅震荡，表明多方推升遇阻，短线应清仓。

8.4.4　近似形态辨识

如果个股全天走势相对弱势、股价处于均价线下方，仅仅是在尾盘阶段出现了一波上冲，从而使得收盘价停留于均价线上方，这种形态虽然与本节所讲的略有不同，但都可以看作是推高收盘价的一种表现方式，当其出现在短线高点时，同样预示着回落走势出现的概率较大，是T0卖出信号。

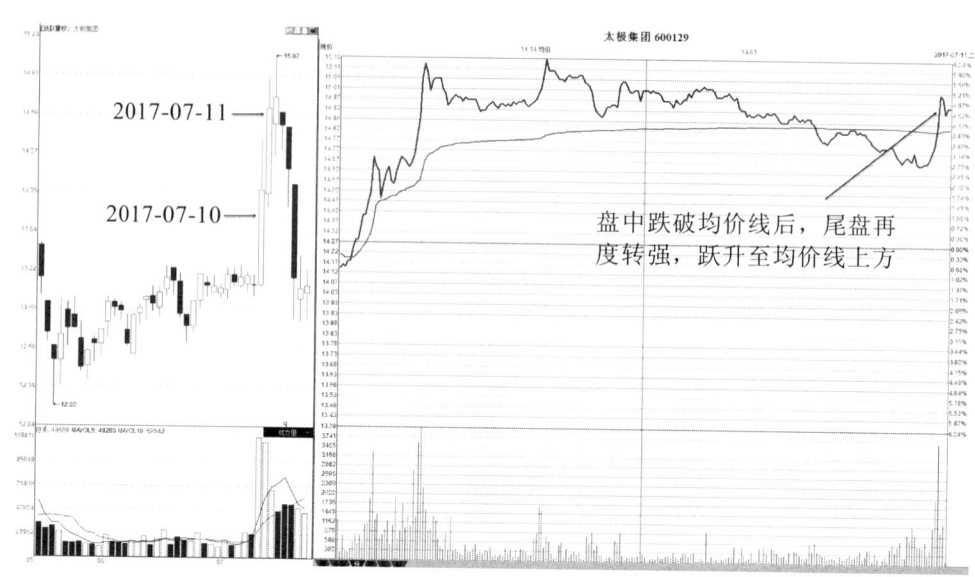

图 8-8 太极集团 2017-07-11 日分时图

如图 8-9 为中能电气 2017-06-27 日分时图，个股当日高开之后，个股运行相对弱势，虽然处于上涨状态，但分时线持续运行于均价线上方，尾盘阶段出现了上冲突破均价线也没有明显的放量支撑，结合当日正处于短线高点来看，这是一个短线回落信号，应卖出。

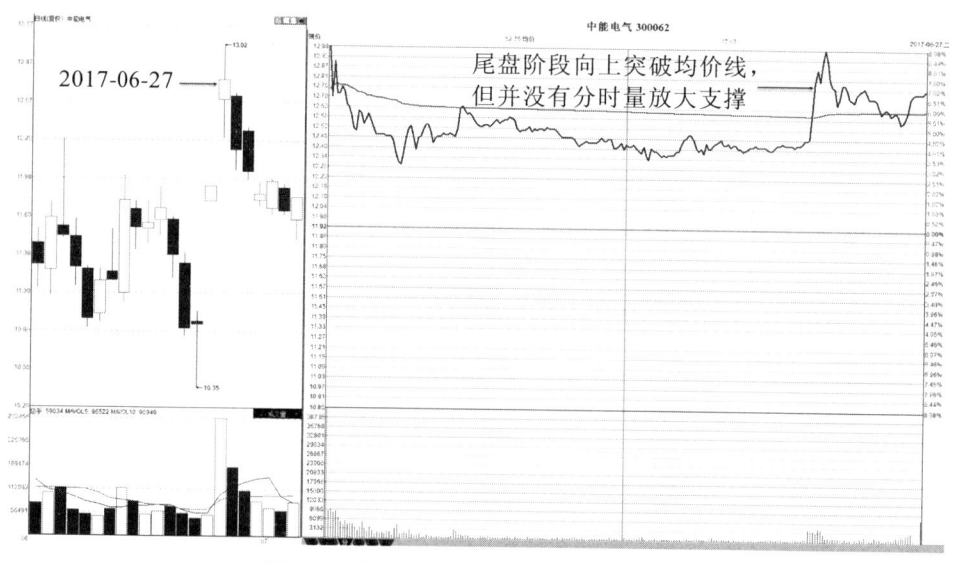

图 8-9 中能电气 2017-06-27 日分时图

8.5 买点：后量大前量流畅上扬

8.5.1 T0 形态特征

后量大前量流畅上扬形态，是指个股在盘中出现了两波流畅的上扬，这两波上扬有一定的时间间隔，第二波流畅上扬不仅使股价创出了盘中新高，而且其分时量也明显大于第一波。

8.5.2 T0 买卖点分析

两波流畅上扬表明大买单入场行为较为连贯，且后一波上扬时的量与价均创出新高，这也意味着市场抛压尚在多方承接范围之内、买盘入场力度在增强，因而，个股上涨走势值得期待。

在把握买点时，如果当日放量效果较为温和，则个股随后出现回落的概率较低，宜在当日收盘前实施 T0 买股操作；如果当日放量较大，则表明市场抛压相对较重，虽然多方承接力度强，但次日或随后几日或将出现震荡，宜在盘中震荡回调时买入。

8.5.3 T0 实战案例

如图 8-10 为华微电子 2017-09-04 日分时图，个股盘中运行较强势，虽然涨幅不大，但早盘的两波小幅上扬却有流畅的分时线形态及明显放大的量能支撑，这正是大买单连续入场的标志，而且后一波上冲时的量能大于前一波，这是多方力量充足的标志。

当日收盘时涨幅不大，但当日放量幅度较大，在把握 T0 买入点时，次日的盘中震荡回落时是更好的买入时机。

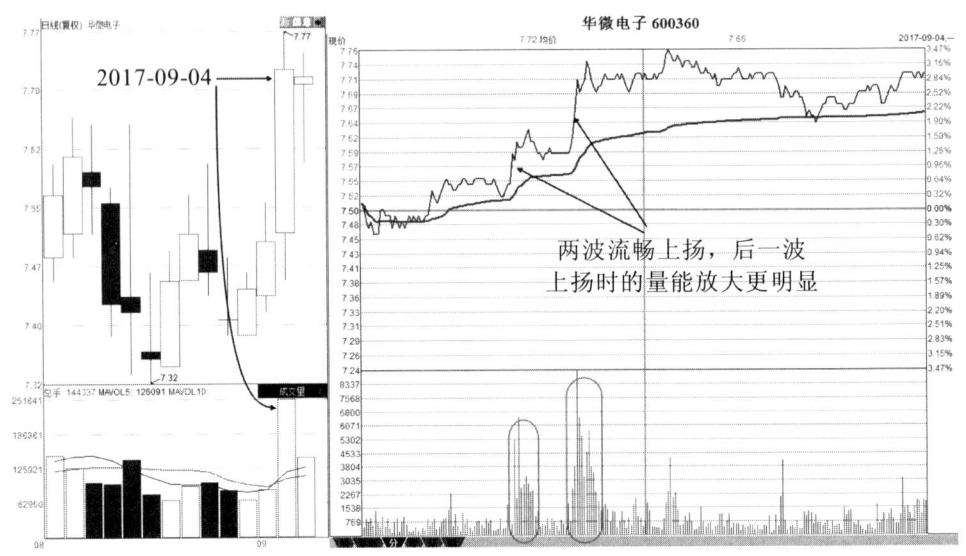

图 8-10　华微电子 2017-09-04 日分时图

8.5.4　近似形态辨识

后量大前量，是两个上冲波段的整体性对比，并不是某一分钟的量能对比，如果个股在第二波上扬时的幅度较小、波段放量效果较差，但上涨时的某一分钟却创出了量能新高，这并不是后量大前量形态。

而且，对于后量大前量形态来说，个股当日只宜出现两波上冲走势，如果在盘中出现了三波上扬，即使这三波上冲走势"有后量大前量"来配合，也会使得当日涨幅较大且买盘力度释放过度，不利于个股的短线上涨，并不是实施 T0 买入的信号。

如图 8-11 为金钢玻璃 2017-09-07 日分时图，个股虽然在早盘出现了两波流畅上扬，但是，后一波放量较为短促，整体放量效果不及第一波上扬，因而，这不是标准的后量大前量形态，而且，个股在盘还出现了第三波上扬。综合来看，当日的分时图并不是实施 T0 买入的信号。

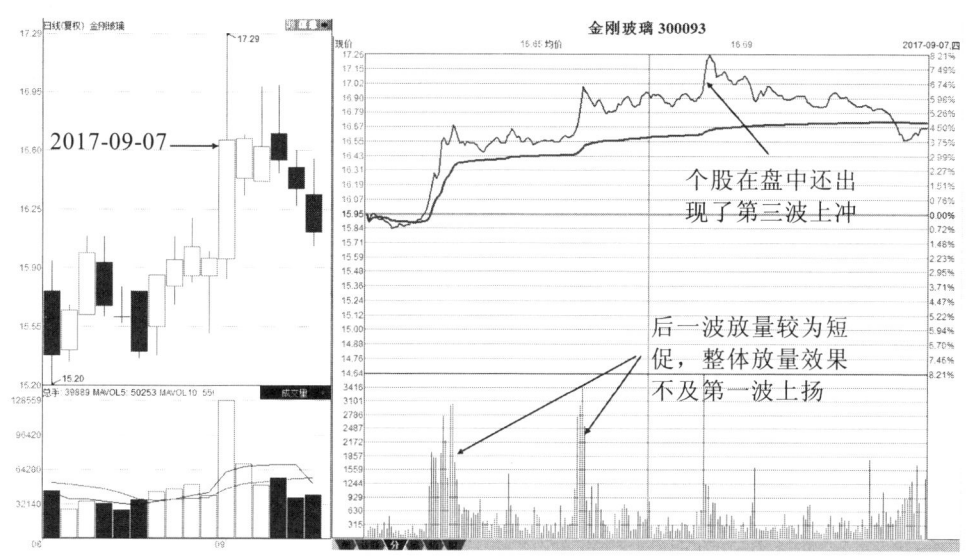

图 8-11　金钢玻璃 2017-09-07 日分时图

8.6　卖点：堆量式飙升整理

8.6.1　T0 形态特征

堆量式飙升整理形态，是指个股于盘中出现了快速的上冲、短短几分钟内的飙升幅度较大，分时量呈堆积式放大，且在随后的盘中高点整理运行中，分时量虽有所缩减，但依旧是堆积式放大、远远高于盘中其他时间段。

8.6.2　T0 买卖点分析

堆量式的飙升整理虽然从盘口交投来看似是大买单连续入场的表现，但分时量的堆量式放大方式并不符合个股正常状态下的涨跌量能变化特征，它的出现常与主力资金的运作有关，当其出现在短线高点时，往往预示了深幅调整的出现。

操作中，中盘出现这种盘口形态后，股价随后不断向下滑落、甚至跌破均价线的概率较大；尾盘出现这种盘口形态后，次日出现低开低走的概率较大。综合来看，若个股短涨幅较大，盘口出现这种形态，宜在第一时间卖出离场。

8.6.3 T0实战案例

如图8-12为华微电子2017-09-21日分时图，在尾盘阶段出现了直线飙升及高点整理走势，期间的分时量都是堆积式的放大，这是短线走势或将调整的信号，当日收盘前应及时卖出，以规避次日低开低走的短线回落风险。

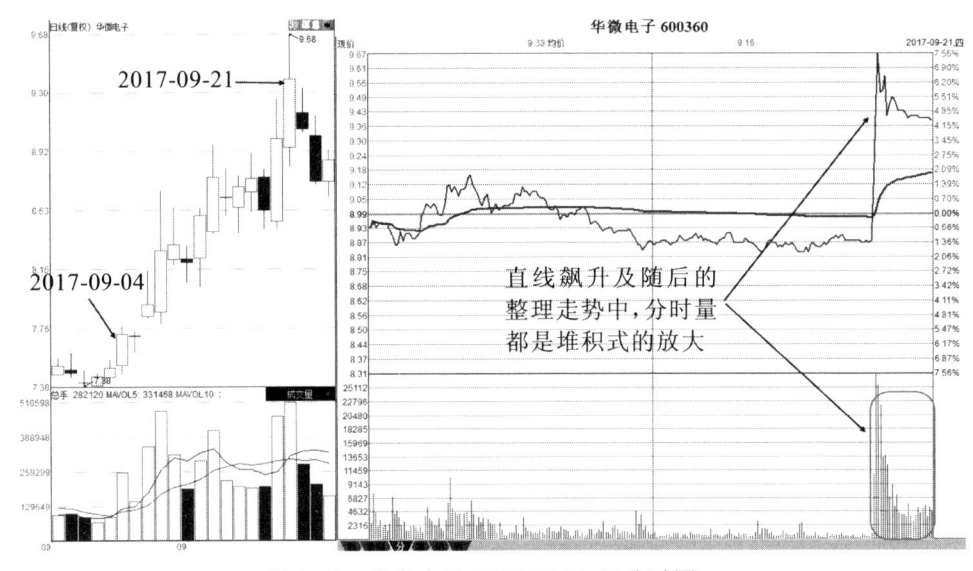

图8-12 华微电子2017-09-21日分时图

8.6.4 近似形态辨识

上冲时出现堆量是一种正常的量价配合，因为要抵挡上方的大量卖单，在本节所讲的组合形态中，高点整理时的"堆量"是一个关键点，即：在整理过程中，成交量始终保持一种相对平均的放量状态，没有随着交易的持续而呈现出缩减趋势。

如图8-13为特发信息2017-09-22日分时图，对比图8-12收盘前的高点整理走势来看，此股在盘中冲高后的整理过程中，其分时量有一个明显的缩减趋向，而且图 8-12 收盘前的整理则属于堆量，两者的形态特征并不同，因而，所预示的多空信息也并不相同，对于此股来说，盘中出现的"放量上冲、缩量整理"是一个突破启动信号。

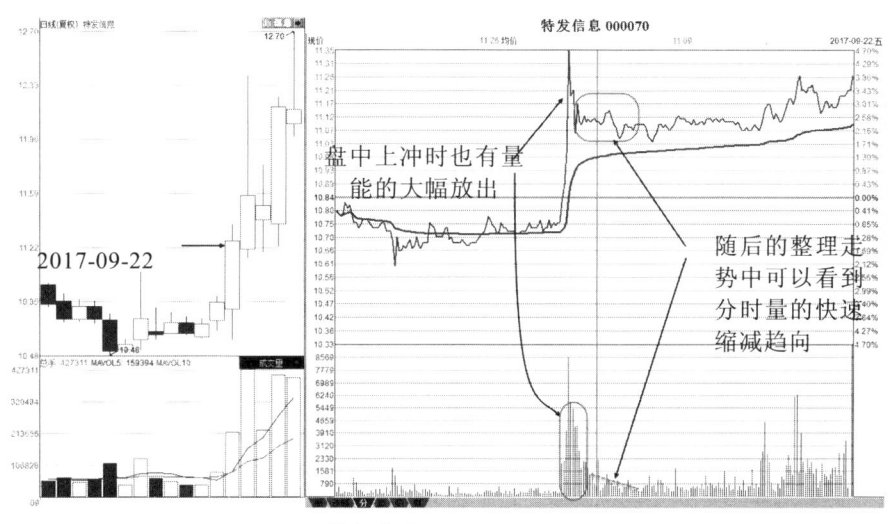

图 8-13　特发信息 2017-09-22 日分时图

8.7　买点：尾盘顺势上扬放量支撑

8.7.1　T0 形态特征

尾盘顺势上扬放量支撑，是指个股在早盘及中盘走势相对较强、但涨幅不大的情况下，尾盘阶段出现了明显的上扬且站稳于盘中高点，在尾盘上扬及随后的整理中可以看到分时量的明显放大作为支撑。

8.7.2　T0 买卖点分析

尾盘的上扬及整理有分时量的放大为支撑，这表明买盘入场的力度较强，如果尾盘上扬时离收盘仍有较长时间且随后可以稳健地站于盘中高点,则是多方优势明显的标志,个股短期走势上出现连续上涨的概率较大,宜在当日收盘前实施 T0 买入操作。

8.7.3　T0 实战案例

如图 8-14 为朗玛信息 2017-07-21 日分时图,早盘及中盘阶段,股价缓缓上扬、走势稳健,这是较为强势的盘口形态,随后,在离收盘近一个小时的时候,个股顺势上冲、形态流畅,随后于盘中高点强势整理,期间的分时量放大明显,分时量的这种放大可以看作是一种支撑的标志,结合个股短线上涨刚刚展开、股价处于中短线低点,这种分时图预示了一波上涨走势的出现,可以实施 T0 买入。

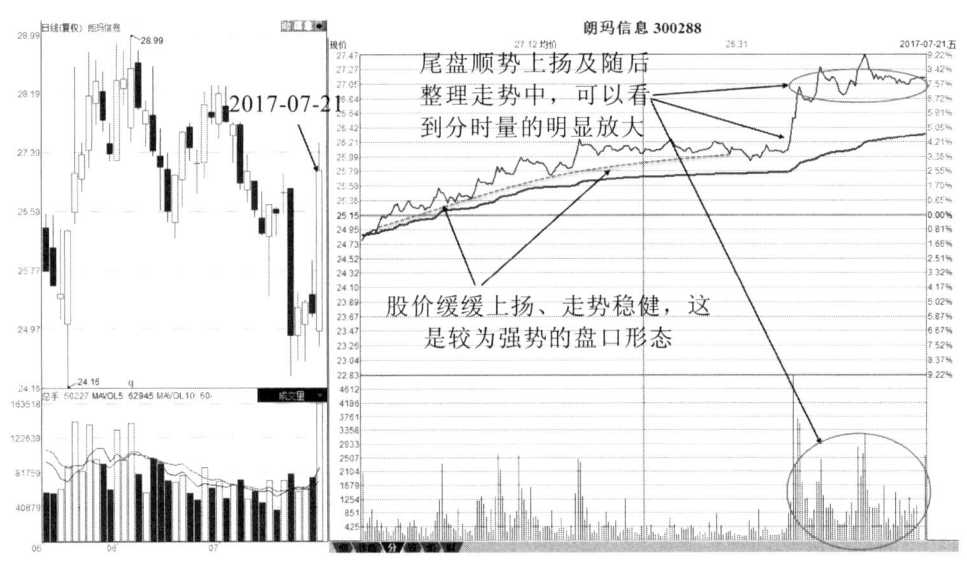

图 8-14　朗玛信息 2017-07-21 日分时图

8.7.4　近似形态辨识

尾盘的顺势上扬并不是收盘前的顺势上扬,一般来说,14:00 附近时出现的顺势上扬、且有分时量配合的形态是较好的短线上涨信号。如果尾盘阶段出现顺势上冲的时间离收盘较近，则当日收盘前不宜追涨买入，应多观察两日，看个股能否强势站稳于当日收盘价附近。

如图 8-15 为通富微电 2017-07-07 日分时图，个股在尾盘出现顺势上冲的时间离收盘较近，这也导致了分时量的放大较为短促，没有足够的分时量放大支撑，个股短线站稳于高点的概率就大大下降了，从随后走势来看，次日的大幅低开表明尾盘的上冲引发了较强的抛压，是股价回落的信号。

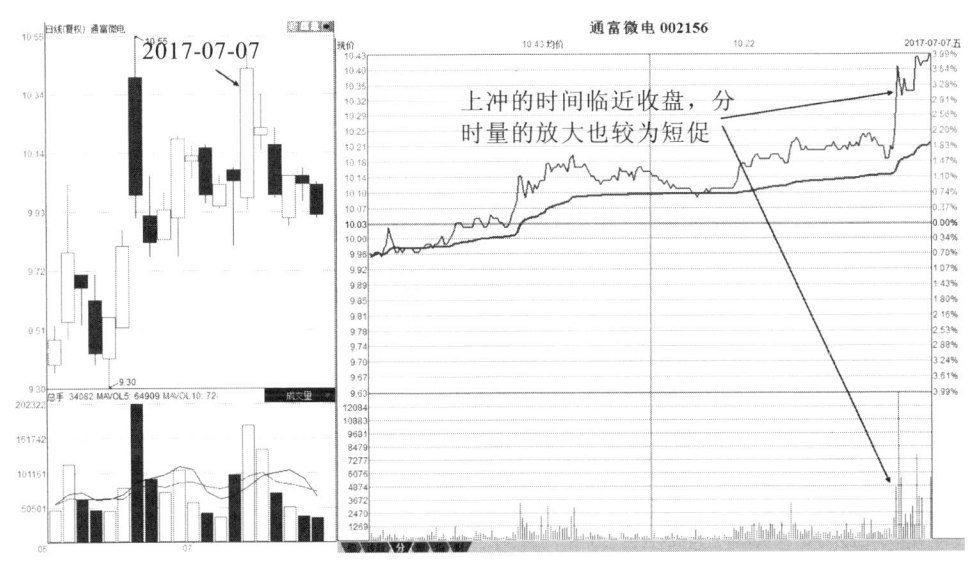

图 8-15　通富微电 2017-07-07 日分时图

8.8　卖点：跳空型盘中反弹峰下降

8.8.1　T0 形态特征

在短线上涨后的高点，个股当日顺势跳空高开，但在盘中却震荡走低，呈现出一个反弹峰低于一个反弹峰的分时形态特征。

8.8.2 T0 买卖点分析

这种盘口形态常见于短线快速上涨途中,是短期内多方推升力量减弱、空方抛压明显增强的信号,也预示了一波下跌走势的展开。操作中,由于快速上涨往往伴以快速的回落,因而,当日收盘前就宜卖股离场。

8.8.3 T0 实战案例

如图 8-16 为朗玛信息 2017-07-28 日分时图,从日 K 线图来看,个股的短线涨幅较大,当日的盘中走势呈逐波滑落状,反弹峰不断下降,这是短期内多空力量对比格局开始转变的信号,也是我们应实施 T0 卖出的信号。

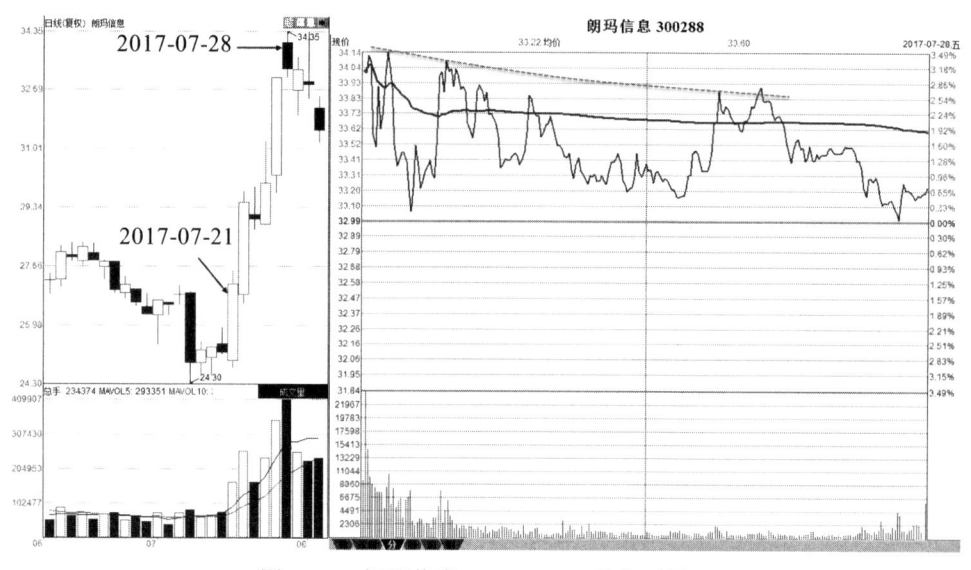

图 8-16　朗玛信息 2017-07-28 日分时图

8.8.4 近似形态辨识

反弹峰的不断下降应该是从开盘之后呈现的,可以是平开低走型、也可以是高开低走型,如果早盘出现了"先上扬、随后才震荡下跌"的折返过程,则不属于我们这里讲解的形态，也不是明确提示短线卖出的信号。

如图 8-17 为景兴纸业 2017-09-11 日分时图，个股虽然在盘中出现了反弹峰不断下降的形态，但这是出现在开盘后先上冲之后的，它种盘口形态可以看作是由强转弱的表现方式，但在个股短线涨幅不大时，并是不明确的短线卖股信号。

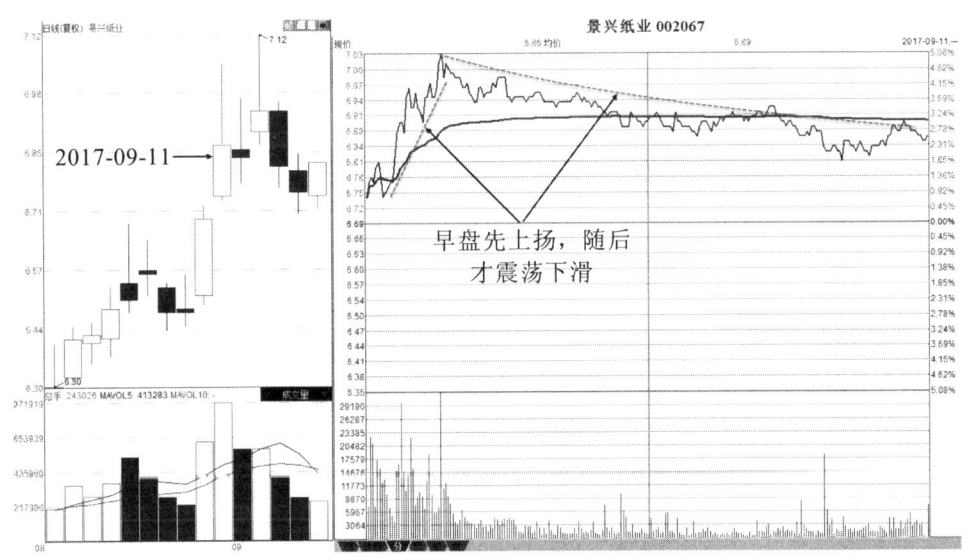

图 8-17　景兴纸业 2017-09-11 日分时图

8.9　买点："台阶式"上扬

8.9.1　T0 形态特征

"台阶式"上扬的盘面形态呈现为一个台阶、一个台阶地上涨，个股在上涨过程中往往会在短时间出经一小波上扬而创出盘中新高,随后于这个盘中高点横向运行、不出现明显回落，这就形成一个台阶）,整理完毕后，就会再通过这种"台阶"的方式继续上涨，……，直至收盘。

8.9.2 T0买卖点分析

台阶式上扬的盘口形态是盘口上涨走势"扎实"的标志，当日会收于大阳线，从日K线图来看，这种盘口形态常见于盘整后的突破点，它可以看作是一波上涨行情开启的信号。投资者宜在当日收盘前或是次日的盘中震荡时买股布局。

8.9.3 T0实战案例

如图8-18为万盛股份2016-11-11日分时图，个股在盘中呈现了台阶式上扬的特征，股价在每次的小幅冲高后都能稳稳地于盘中高点横向整理，随即再度小幅上扬并强势整理，这就是台阶式上扬形态的典型特征，结合个股当前正处于整理区间的突破点，因而，这个盘口形态可以看作是一波上涨走势开启的信号，也是短线实施T0买股入场的信号。

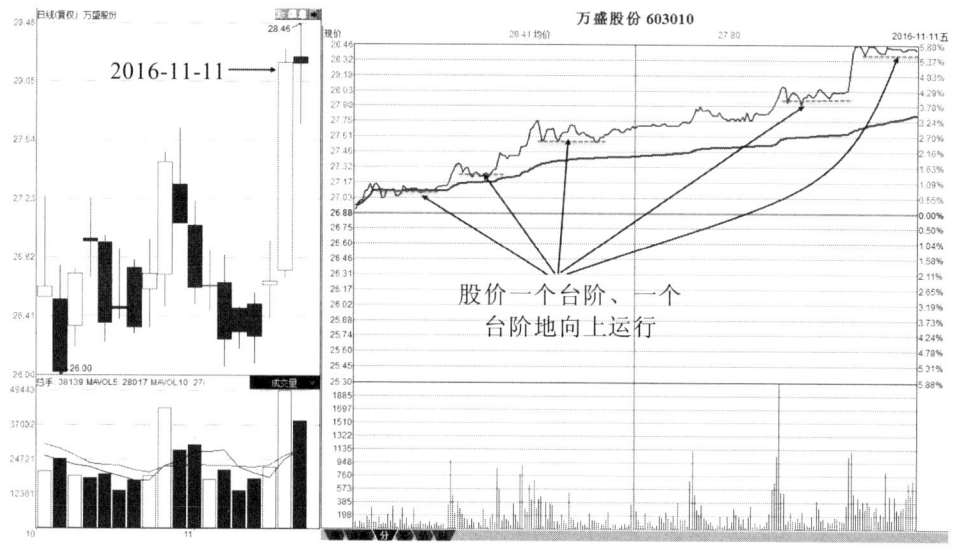

图8-18 万盛股份2016-11-11日分时图

8.9.4 近似形态辨识

台阶式上扬有一个不断上涨、不断创出盘中新高的过程,因而,每一波的上扬幅度不大且随后的回落幅度也较小,这是它的典型特征,也是体现多方力量不断推升、占据明显主导地位的标志。如果个股盘中(特别是在早盘阶段)出现大幅上扬,虽然随后能够强势运行均价线上方,但这并不是台阶式上扬形态。

如图 8-19 为飞利信 2017-09-01 日分时图,个股在早盘阶段出现大幅飙升,这透支了个股随后的上涨空间,难以构筑台阶式上扬走势,而且大幅上冲之后的回落幅度也较大。对于本例来说,这只是一个相对强势的分时图,与台阶式攀升形态对比,它所预示的短线上攻力度相对较弱,并不是明确的 T0 买入信号。

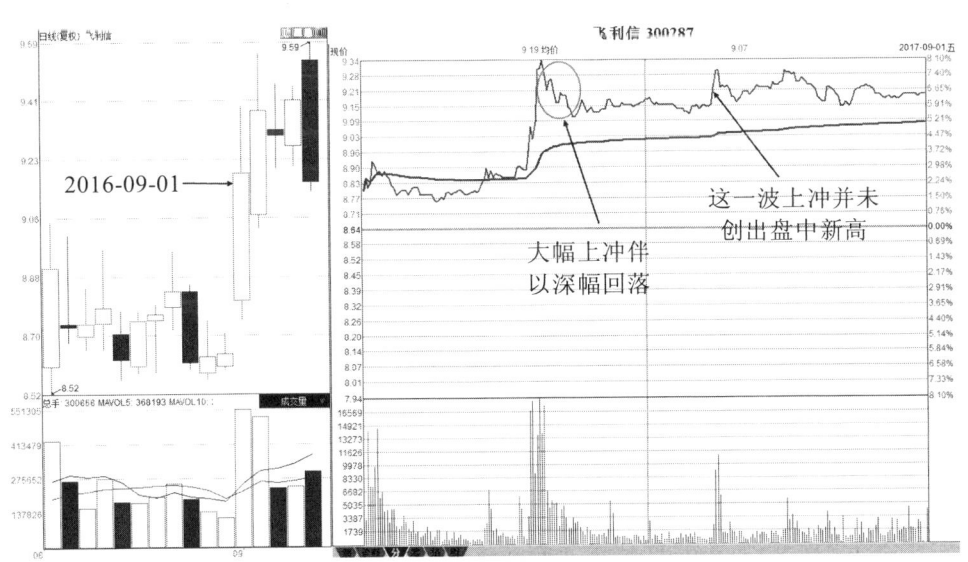

图 8-19 飞利信 2017-09-01 日分时图

8.10　卖点：45度角放量下行

8.10.1　T0形态特征

45度角放量下行形态，是指分时线呈45度角的方式不断下降，这种运行态势的持续时间长，至少保持在半个交易日，且随着股价的下跌、分时量也同步的不断放大。45度角放量下跌常出现在中盘阶段且一直持续至收盘，这使得收盘价接近当日最低点。

8.10.2　T0买卖点分析

45度角放量下行表明抛压较重、空方攻击力度较强，它常见于短期上涨后的高点或是盘整后的向下破位点，是个股短期或有一轮快速下跌走势出现的信号，操作上，盘口识别出这种形态后应第一时间卖出，因为个股在尾盘阶段惯性走低、甚至出现跳水的概率较大。

8.10.3　T0实战案例

如图8-20为万盛股份2016-11-23日分时图，个股在早盘10:30之后开始震荡下行，这种下跌方式一直持续到收盘，盘中的下跌呈现为45度角向下的方式，且随着下跌的持续，可以看到分时量的明显放大，当日的成交量也处于放大状态，结合个股短线涨幅较大来看，这是一轮快速下跌走势出现的信号，在盘中识别出这种形态后，就应在第一时间卖出离场。

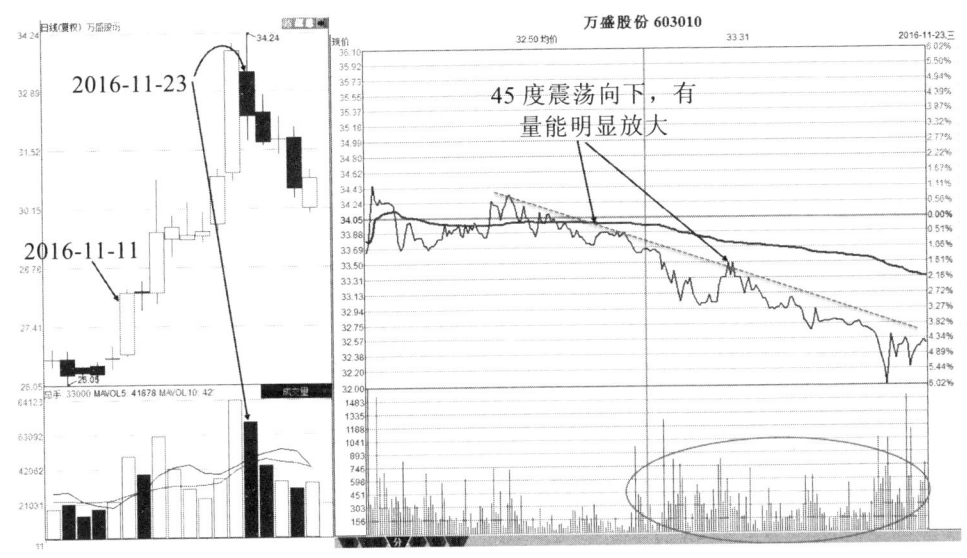

图 8-20　万盛股份 2016-11-23 日分时图

8.10.4　近似形态辨识

本节中讲到的"45 度角放量下行"是一个持续时间较长的盘口形态，且一直持续到收盘，对于这种盘口形态来说，它还有一个"缩小版"，只要个股盘中放量 45 度角的运行形态可以持续一个小时左右，则它仍可以视作短线上涨或下跌信号。当 45 度角向上倾向时，这种放量上扬盘口形态往往是短线上涨信号，反之，则是短线下跌信号。

如图 8-21 为方大化工 2017-08-14 日分时图，个股在整个尾盘阶段出现了近一小时的 45 度角放量上扬走势，当日量能温和放大，个股处于短线低点，因而，这个盘口信号可以看作是短线上涨的预示，操作中，是实施 T0 买入的信号。

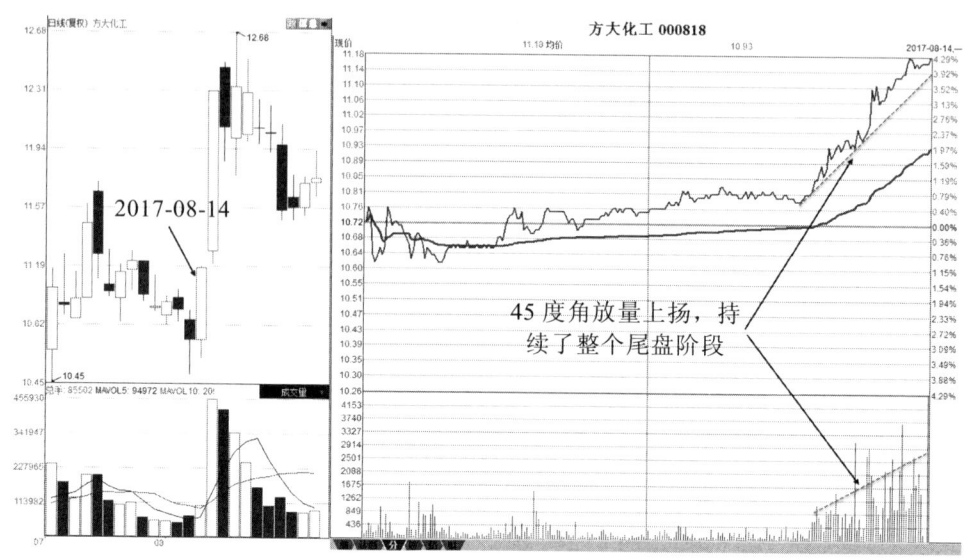

图 8-21 方大化工 2017-08-14 日分时图

如图 8-22 为国星光电 2017-07-11 日分时图，个股在临近尾盘阶段，开始出现 45 度角放量下行走势，这也是一个短线下跌信号，操作中，宜及时卖出以规避风险。

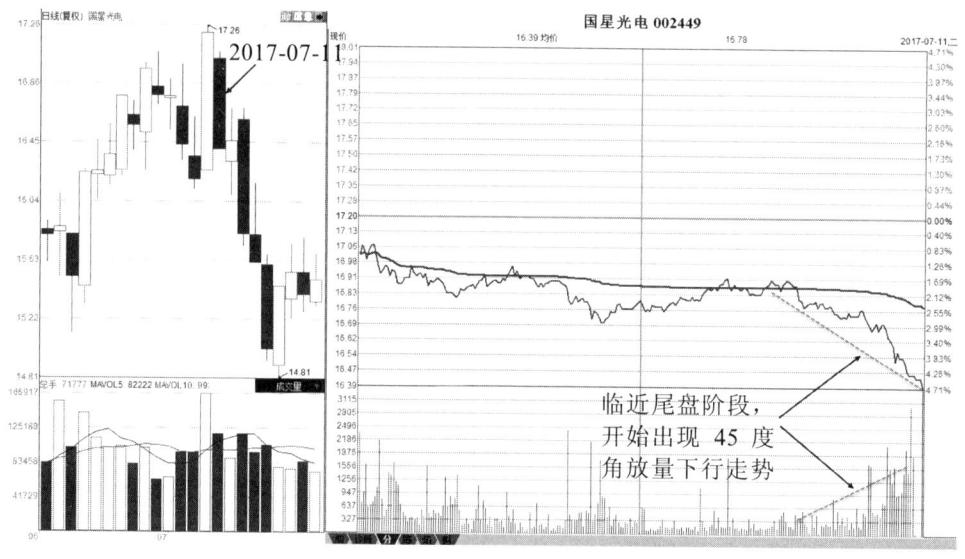

图 8-22 国星光电 2017-07-11 日分时图

8.11 买点：震荡低点二度低开转强

8.11.1 T0 形态特征

个股在短期低点两次出现明显的低开转强运行形态，所谓的低开转强是指出现了明显的低开后，在早盘阶段就开始明显转强，可以看到股价震荡上行的运动方式，第一次低开转强后出现了小幅度回落，从而使得第二次低开转强日的收盘价仍然在短线低位附近。

8.11.2 T0 买卖点分析

个股在较短的时间内两次于早盘出现低开转强，这一方面说明多空分歧较大，另一方面也预示着空方虽然有一定抛压力度，但多方的短线推升意愿与能力更强。一般来说，只要个股的中短线涨幅不大，这种形态预示着短期内有一定上涨空间。

操作上，第二次出现低开转强后，若当日的收盘时涨幅不大，则可于收盘前实施 T0 买入。二度低开转强是一种相对迅急的短线上攻信号，如果在买入后两三日内，个股无法向上突破这个低位震荡区，则宜及时卖出，以规避新一轮破位风险。

8.11.3 T0 实战案例

图 8-23、图 8-24 分别为恒通科技 2017-07-21 日、2017-07-18 日的分时图，这两个交易日均出现了明显的低开，但在早盘阶段都出现了股价走势快速转强的变化，结合个股当前正处于短线回落低点，因而，这可以看作是短线上涨信号。

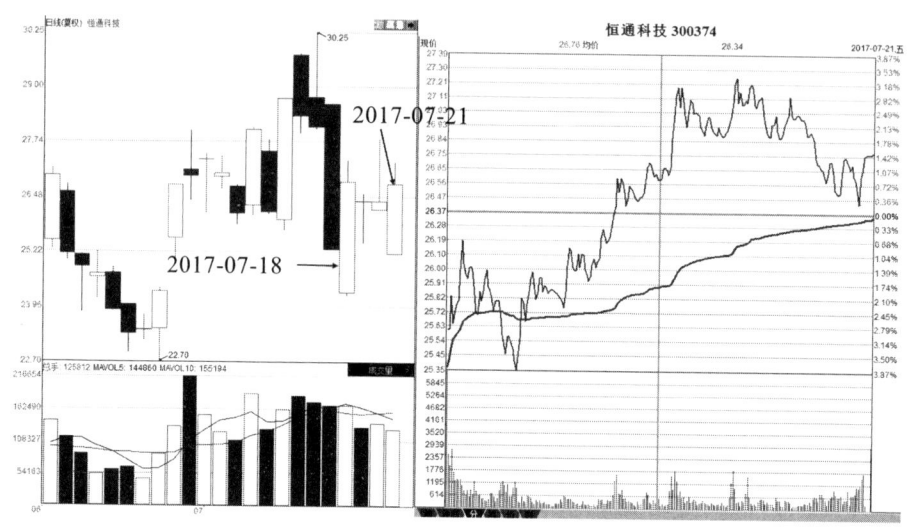

图 8-23 恒通科技 2017-07-21 日分时图

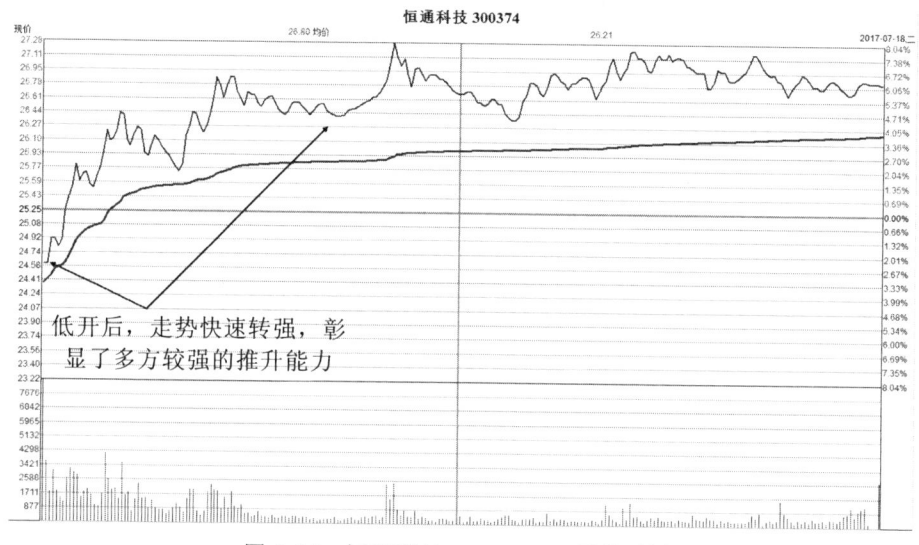

图 8-24 恒通科技 2017-07-18 日分时图

值得注意的是，此股先于 2017-07-18 日出现了低开转强，当日的大幅低开是延续了上一日的大幅下跌走势，但开盘后大幅上扬、全天走势强势格局，且收盘时大涨，由于当日涨幅较大，产生较多的短线抛压，因而，这个交易日的低开转强并不适宜追涨买入；随后于 2017-09-21 日再度出现的低开转强，已经较好地消化了短期内的空方力量，同时也彰显了多方的短期内做多行为的连续性，此时才是更为稳妥的 T0 买入时机。

8.11.4 近似形态辨识

对于这种组合形态来说，一定要注意在第二次低开转强时才是买入时机，因为一次的低开转强并不能体现多方推升行为的连续性，而且，这种盘口形态往往使得个股在 K 线形态上呈破位之势，短期内有较大的向下运行动力，如果没有二度低开转强来确认，冒然抄底入场，则风险大于机会。

另外一点值得注意的是，个股的中短线跌幅越大，则二度低开转强形态所预示的短线机会更好，风险也越小，如果个股伴有利空消息或同期大盘走势较差且正处于高位区的破位之初，则不宜利用这种二度低开转强的形态实施短线买入。

如图 8-25 为江龙船艇 2017 年 1 月至 5 月走势图，此股作为一只新股于 1 月份登陆股市，累计涨幅巨大，在高位区长期整理后开始向下破位，此时出现了二度低开转强的组合形态，结合同期次新股均出现了较大幅度调整来看，个股仍有较大的下跌空间，因而，这个位置点的低开二度转强形态并不是买入信号。

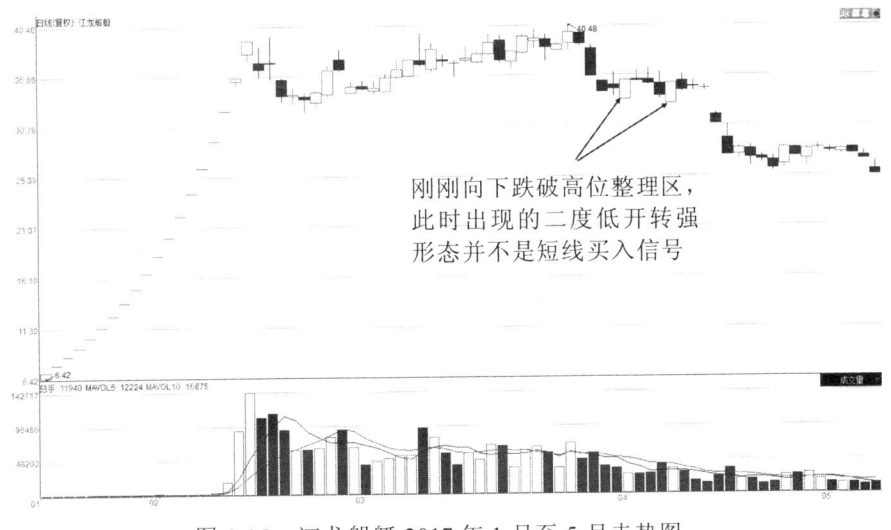

图 8-25　江龙船艇 2017 年 1 月至 5 月走势图

8.12 卖点：冲高二度回落破均价线

8.12.1 T0 形态特征

个股在早盘阶段出现了冲高走势，在随后第一波回落时，均价线形态支撑，但反弹力度较弱，当分时线又一次向下回探均价线时，均价线没能形成支撑、被快速跌破。

8.12.2 T0 买卖点分析

二度回落破均价线表明市场的逢高抛压较重、短期上涨力度减弱，当其出现在短线高点时，它是一波回落走势或将展开的信号，宜卖出以规避调整风险。

8.12.3 T0 实战案例

如图 8-26 为恒通科技 2017-07-28 日分时图，开盘后，个股出现了明显的冲高，第一次回落时获得支撑，第二次则跌破了均价线，结合个股短线涨幅较大来看，这个位置点的多空分歧加剧，或有回落走势出现，就超短线 T0 交易来说，可以实施 T0 卖出。

8.12.4 近似形态辨识

冲高后回落破均价线是一种常见的由强转弱形态，但并非一定是卖股信号，在本节所讲解的形态中，有三个关键点：一是，第一波回落应该较为明显、有一个回踩均价线的动作，而不是冲高后的小幅度震荡整理；二是，第二波回落破均价线后，观察个股能够收复失地、由弱转强；三是，若早盘回落幅度不大，观察个股能否在午市之前再度转强、向上突破均价线，能转强，则可继续持股观望。

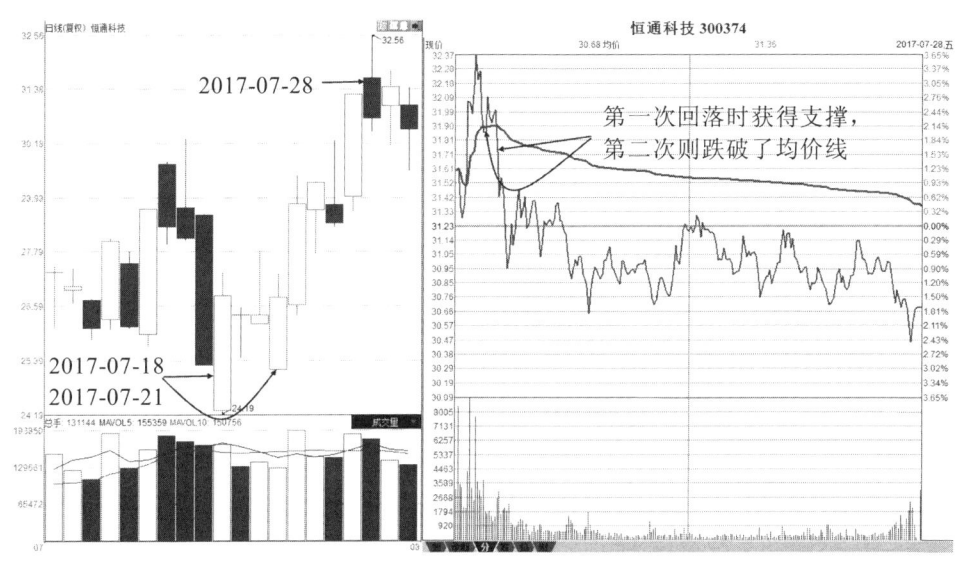

图 8-26　恒通科技 2017-07-28 日分时图

如图 8-27 为山鹰纸业 2017-08-02 日分时图，如图中标注所示，个股早盘跌破均价线的回落波段只是冲高后的第一波下跌，而且个股在午市之前就向上突破了均价线、实现了盘口由弱转强的变化，因而，这个分时图形态并不是短期内空方抛压占据主动的信号，也不构成我们实施 T0 卖股依据。

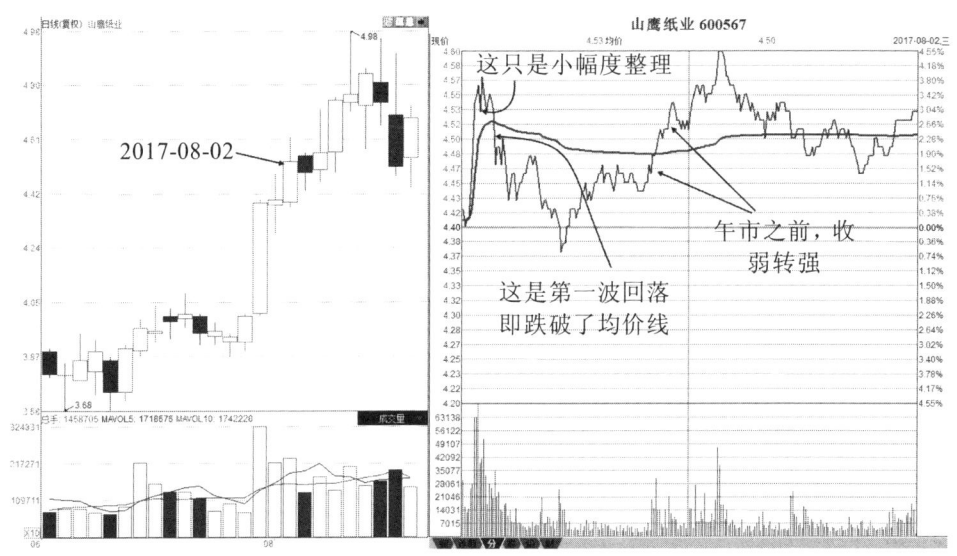

图 8-27　山鹰纸业 2017-08-02 日分时图

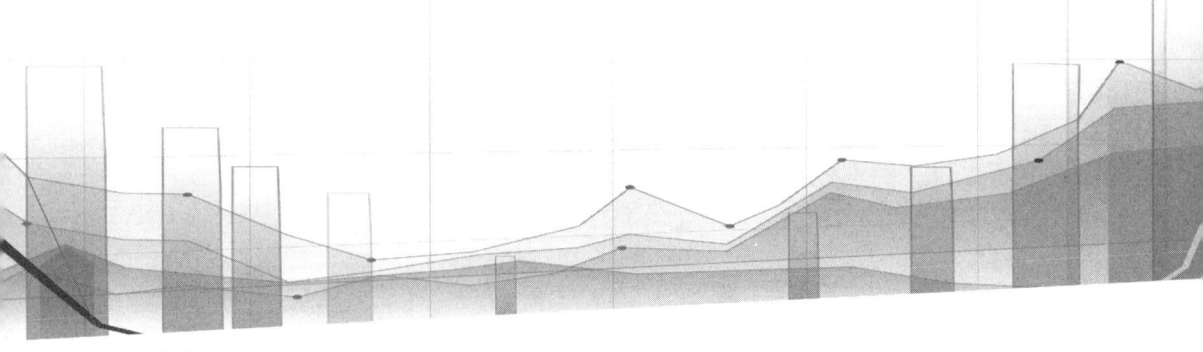

第 9 章

涨停形态 T0 实战攻略

涨停板是最为强势的分时图，它往往预示着短线飙升走势的出现，但是，也有一些个股在涨停之后出现了快速的反转下行，可以说，涨停板蕴藏机会，但也暗含风险。"富贵险中求"，涨停板交易更是将"风险"与"机会"进行了最大限度的融合，最佳买入时机可能稍纵即逝，卖出时机也往往十分短暂。如何更好地借助于涨停板来实施超短线 T0 交易呢？一般来说，我们可以从 K 线走势与涨停分时形态这两方面着手分析，本节中，我们将结合具体的涨停形态与实战案例进行讲解。

9.1 K 线涨停 T0 实战形态

不同的 K 线模式体现了不同的多空力量变化过程，当涨停板出现在多方力量相对占优的 K 线模式下时，它的短线上涨信号更准确，此时实施 T0 买入的成功率也无疑更高。而且，在利用涨停形态展开超短线 T0 交易时，K 线运行模式也是一个需要重点关注的前提，本节中，我们主要结合 K 线运行，来看看如何在不同的情形下把握涨停板带来的机会，并规避它暗藏的风险。

9.1.1 回调点"N"形启动

回调点"N"形启动是一种多日 K 线组形态,它出现在短期下跌后的相对低点,反映了多方力量完全占据了主导地位,且多方攻势不急不缓、张驰有序。

这一形态的特点是:首先是一根大阳线(或涨停板)推升的价格上涨,随后几个交易日出现小幅度回调,股价回落至大阳当日的开盘价附近,此时,出现了一个涨停板大阳线,从而与前面的大阳线组合形成了一个"N"字形。

在应用 N 字形态展开实盘操作时,我们还应关注成交量的变化情况,一般来说,在 N 字形的组合形态中,两根大阳线应出现相对的放量,特别是后面出现的涨停大阳线,量能的放大表明多方进攻力量较为充足,是价格后期上涨走势仍将继续的信号,也是我们可以实施 T0 买股的信号。

如图 9-1 为韶钢松山 2017-08-25 日分时图,虽然从分时图来看,这个涨停板并不强势,尾盘还出现了开板,但从日 K 线图来看,这是一个短线低点的"N"形组合,且当日的放量效果较为温和,因而,短线走势上,仍可以继续看涨。

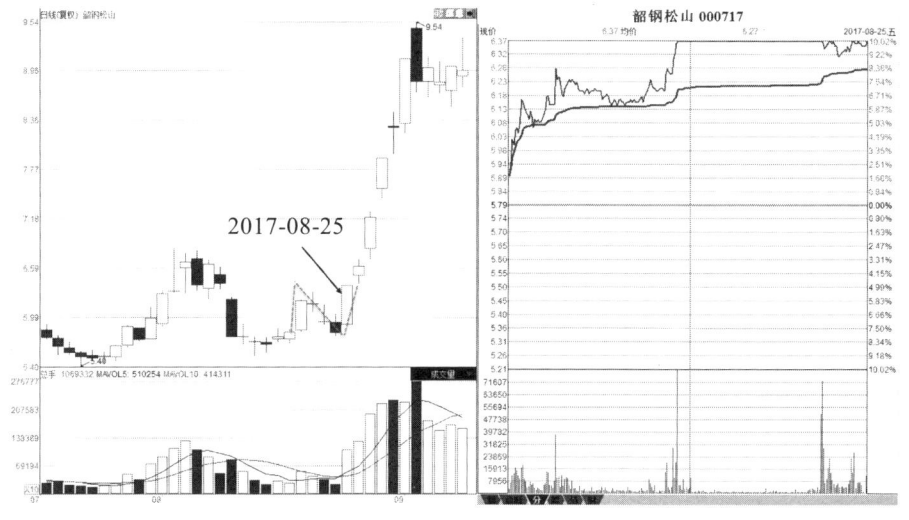

图 9-1 韶钢松山 2017-08-25 日分时图

对于这一组合形态来看，后面出现的涨停大阳线就是短线上攻开启的信号，因而，在买入后，次日应出现明显的上涨并脱离这个低位震荡区，如果个股没能出现这样的上涨，则宜及时卖出，以规避短线再度回落的风险。

9.1.2 缓升格局加速上攻板

缓升格局，是指个股的短期走势呈缓缓上扬状，一般来说，是自中短线低点开始的一波缓缓上扬走势，在这样的 K 线模式下，一个涨停板突然出现，从而使得短线上扬走势呈明显加速状。

只要分时图上不是尾盘阶段的大幅飙升封板，这样的涨停板往往表明多方力量已占据了主导地位，是短线上涨走势加速的信号。如果是早盘封板，则宜在封板当日第一时间买入；如果是中盘封板，则宜于次日观察个股运行状态下，再决定是否买入。下面我们结合一个案例来看看分析的方法及对于 T0 买点的把握。

如图 9-2 为北京君正 2017-08-31 日分时图，在缓缓上扬走势格局下，个股当日于午市前后开始大幅上扬并最终封板，由于当日的盘中振幅相对较大且是午市之后封板，因而，这并不是一个典型的强势分时图，个股次日出现高开高走的概率较低，操作上，当日不宜追涨入场，应观察次日的盘口运行是否能够延续强势特征及空方抛压是否相对较轻后，再选择盘口 T0 买入时机。

次日，如图 9-3 所示，个股早盘阶段的运行相对弱势，出现了小幅度调整，但在午市之后，由弱转强，股价站稳于均价线上方，这是多方再度开始推升股价的信号，结合"缓升格局加速板"所发出的上涨信号来看，盘口走势转强后继续上涨的概率较大，此时是实施 T0 买入的好时机。

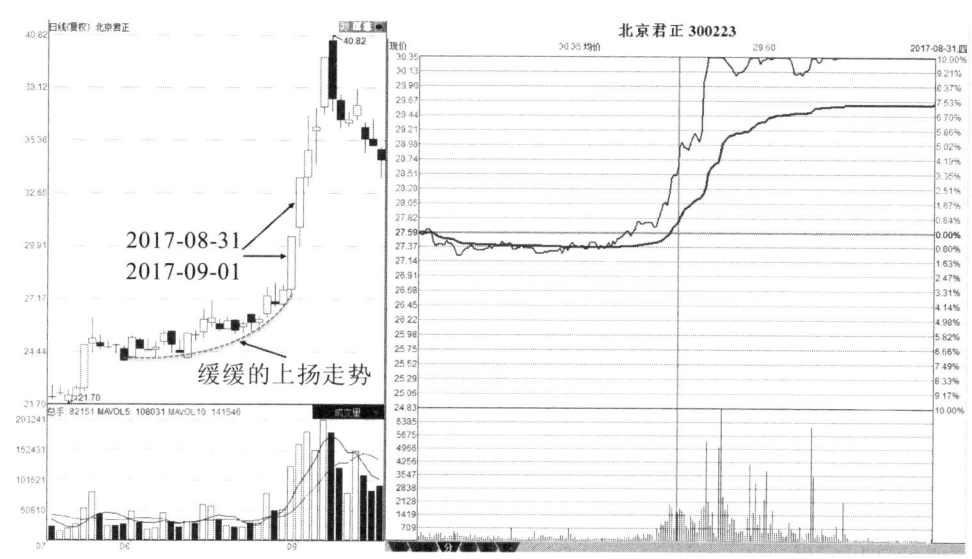

图 9-2　北京君正 2017-08-31 日分时图

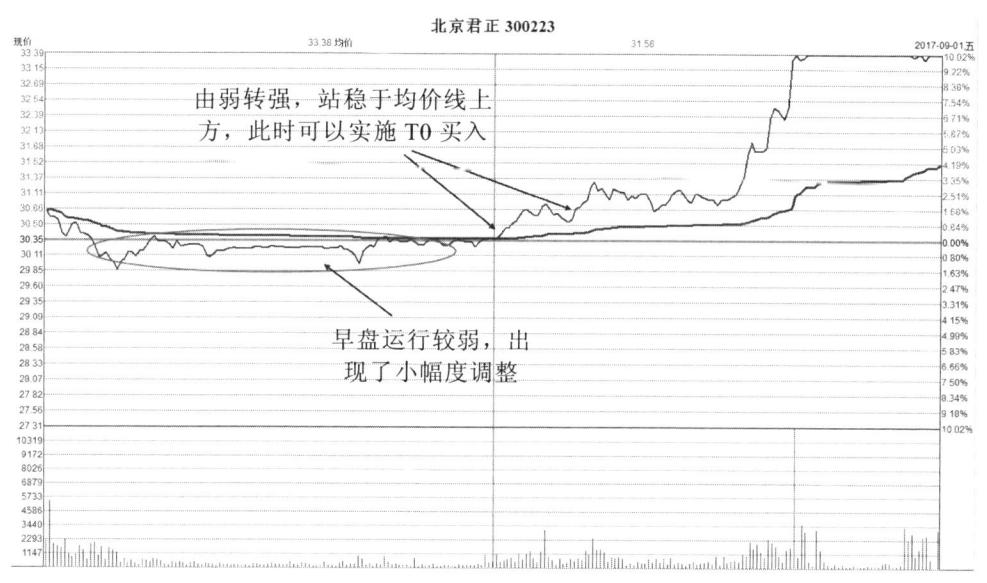

图 9-3　北京君正 2017-09-01 日分时图

9.1.3　跌破支撑位反向穿越板

这是一种先抑后扬的短线上攻形态，个股在相对低位持续的横向震荡整理，随后，短线一波快速下跌走势跌破了这个震荡区的支撑位置点，但并没有加速下行，而是反转回升，并且出现了涨停板向上穿越震荡区的形态。

如图 9-4 为北新路桥 2017-01-20 日分时图，从左侧日 K 线图可以看到，个股先向下跌破整理区支撑位，随后才是涨停板向上穿越了整理区，先抑后扬的形态特征较为明显，这也是一轮上攻行情展开的信号。

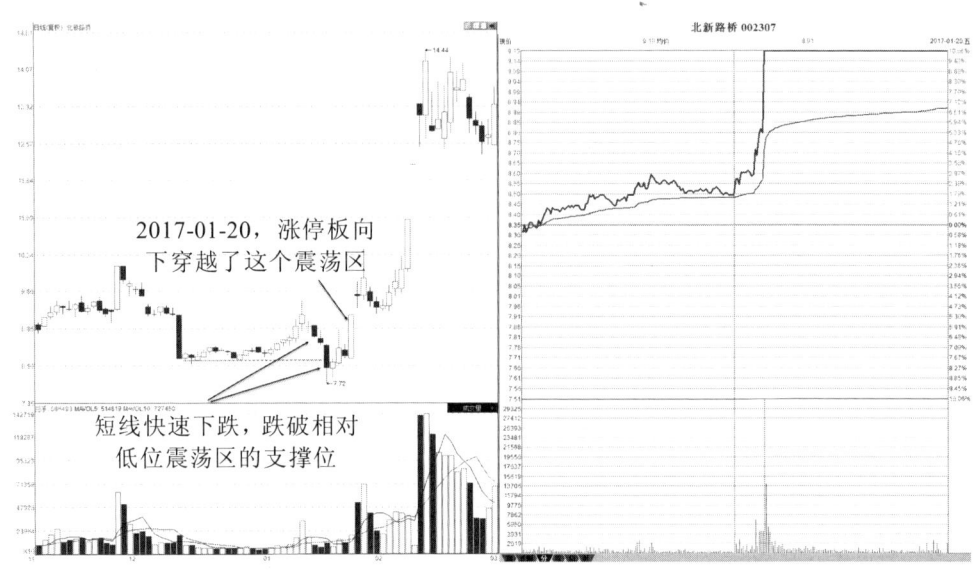

图 9-4　北新路桥 2017-01-20 日分时图

在把握买点时，由于向上突破形态出现后，短期内有一定的解套抛压及获利抛压，我们可以继续观察几日，若个股随后能够站稳于突破点、不出现深幅调整，且当前处于中期低点、累计涨幅不大，则可以实施相对激进的追涨操作。

9.1.4　涨停整理后涨停突破

涨停整理后涨停突破是一种"前后涨停，中间为横向整理走势"的组合形态，个股先是以一个涨停板的方式实现了对原来低位整理区的突破，或是对缓升走势的加速，随后，上涨终止、取而代之的是持续的横向整理，这是一个蓄势的过程，当个股再度以涨停板的方式对这个新整理区突破时，往往就是一波上攻行情出现的标志。操作中，第二个涨停板当日的量能放大相对温和，能够更好地保证短线上攻走势的展开，也是我们实施T0买入的信号。

如图9-5为嘉澳环保2017年1月至4月走势图，个股在运行中就出现了这种"涨停整理后涨停突破"的组合形态，如图标注，第二个涨停板当日的放量较为温和，可以在收盘前的第一时间实施买入，由于这是一波上攻行情开始的信号，因而，在买入后的两个交易日内，若个股无法加速上行、脱离我们的持仓成本区，则应及时卖出，以规避短线回落风险。

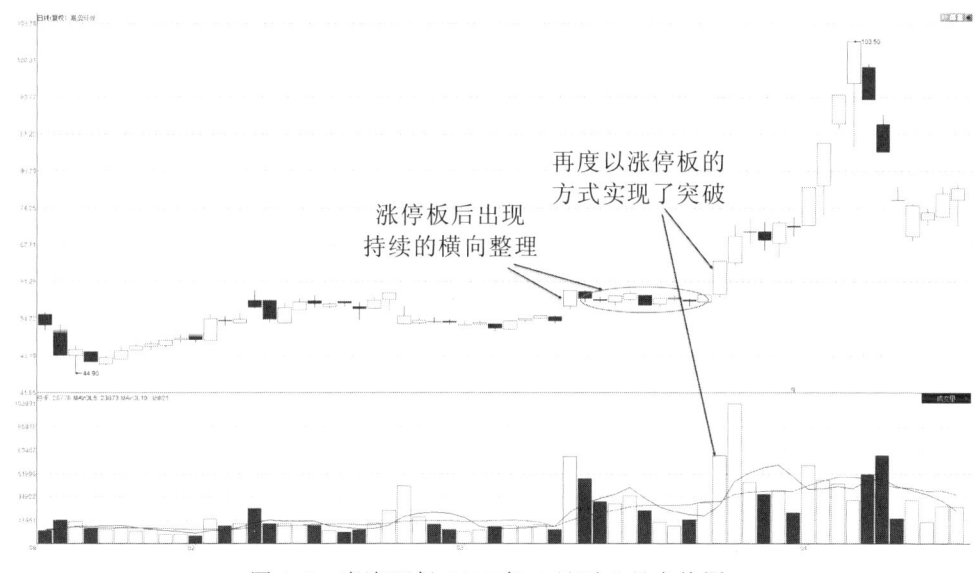

图9-5　嘉澳环保2017年1月至4月走势图

9.1.5　宽震区"突破"板

宽震区，顾名思义，是指上下震荡幅度较大的一个价格波动区间，宽震区的最大特点就是下方的支撑力强、上方的突破阻力也强，当个股以涨停板的方式向上突破这个宽震区时，若出现了明显的巨量形态（可以是涨停板当日，也可以是涨停板次日），则表明市场抛压极重，突破走势或将无功而返，不宜追涨买入，持股者则应逢高卖出。

如图9-6为宝利国际2016年9月至2017年1月走势图，个股于2016-12-28日以一个涨停板实现了对宽震区的突破，但是当日却放出了巨量，这是市场逢高抛压重的信号，个股的短线突破走势或将难以持续下去，应卖出。

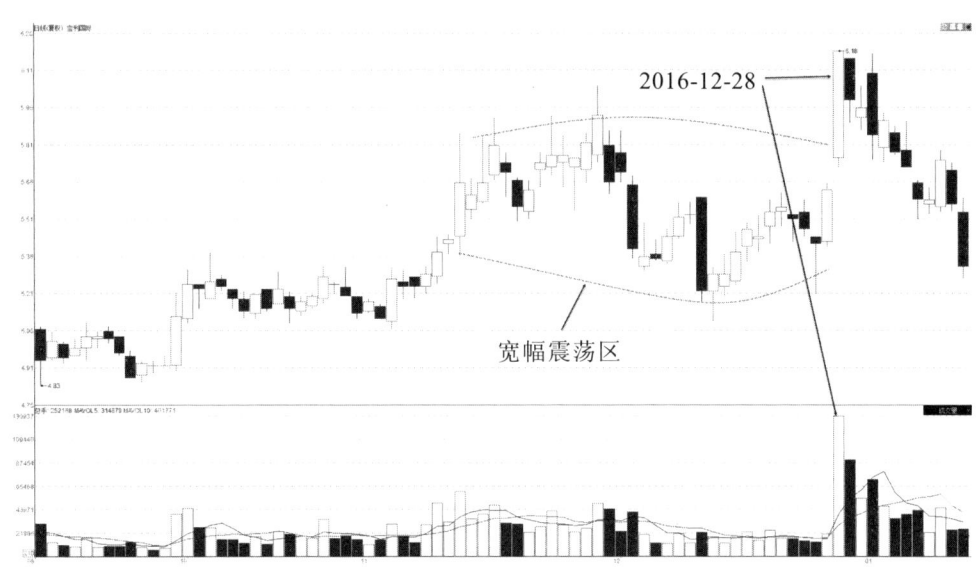

图9-6　宝利国际2016年9月至2017年1月走势图

9.2　早盘板T0实战形态

早盘板，特别是10:30之前的封板形态，是一种短线冲击力较强的分时形态，在K线模式配合的前提下，它往往预示着一波快速上攻走势的展开，是机会的象征，实盘操作中，在利用涨停板实施T0买股时，早盘板是最值得关注的对象。本节中，我们就结合实例讲解几种常见的早盘封板形态。

9.2.1　抢板买入的方法

抢板是一种较为激进的追涨操作方法，它是指在个股即将上封涨停板前的最后一刻、以涨停价买入个股。对于能够在早盘阶段就牢牢封板的个股来说，其次日的表现也大多会延续强劲的上涨势头，盘中出现大幅冲高较为常见，因而，如果在我们抢板买入后，个股能够牢牢封住涨停板，则次日获利的概率就会较大，但是，抢涨停板并不简单，它需要我们有着较丰富的操盘经验、良好的盘感。

对于抢涨停板的方法，需要提前准备，一旦个股在盘中快速上冲、开始扫掉最后一个价位的大压单时，我们很可能就要及时挂出买单，抢板买入。而且，在很多时候，个股虽然上冲至涨停板了，但上冲方式、扫单方式等并没有达到我们的预期，此时就应放弃抢板操作。

对于激进的抢板交易来说，有几个要点是值得注意的：

一是，个股的日K线运行模式。如果个股中短线涨幅较大，此时抢板买入的风险无疑大大增加，因为个股若封板未果，则盘中出现大幅回落的概率是较大的，抢板入场将会使我们当日就亏损较大。

二是，个股的涨停分时形态。早盘板的短线上攻动力最强，但封板的成功率往往也最低；中盘板的封板成功率较高，但短线上攻力度往往不足；尾盘板往往并不是上涨信号，因而，抢板交易一般不会参与尾盘涨停。

对于早盘板与中盘板，我们要综合分析，来决定是否追涨入场，如果个股有利好题材面支撑，则高开后的顺势上冲并封牢涨停板的概率就会较大，这样的早盘板是较为理想的抢板品种；对于中盘板来说，日K线图上的突破启动形态配合较为重要，但在上冲封板时，股价离涨停板不宜过远，否则的话，封牢涨停板的概率就会降低。

三是，同类个股走势的配合情况。个股身处于板块之中、题材之中，市场热点往往就是以板块、题材的方式呈现的，若没有同类个股的良好表现配合，个股的涨停走势就会显得孤立，难以引发市场追涨热情，短线的上攻力度一般也不会太强。

四是，重点关注第一板。涨停板常常是个股强势启动的信号，但也有很多个股在一两个涨停板之后，就出现了上涨乏力、甚至快速回落的走势。为了更好地规避抢板交易中的追涨风险，我们应重点关注"第一板"，即：近期震荡整理走势中的第一个涨停板，抢板买入这样的品种，只要我们有一定的实战经验，即使抢板买入后未能牢牢封板或盘中出现了回落，一般来说，也不会出现严重亏损，且在次日走势中，往往还会有盘中冲高卖出的时机。

五是，关注个股的盘子大小。大盘股在盘中上涨时，多空分歧往往较大，封板需要的大买单也更多，因而，往往不能第一次冲击涨停板时就直接封板，封板成功率相对低些；中小盘股则"盘小身轻"，封板成功的概率相对高些。因而，在实施激进的抢板交易时，中小盘股是更好的选择对象。

了解了抢板交易的基本思路后，就是着手参与，展开实战。在抢涨停板交易中，提前准备挂单是一个基本要求，这可以理解为提前作好买入准备，提前准备挂单并不是真正的挂出委托买单，主要是填好委托数量、价位（一般是涨停价位）等信息，当个股上冲至涨停板时，若需抢板入场，此时只需点击最后一个"确认"按钮时，就可以成功地发出委托指令。

实施抢板操作是基于准确的判断，有些个股是一次上冲就封牢涨停板，也有些个股是两次或三次才牢牢地封于涨停板之上。一般来说，如果我们在抢涨停板买入后，个股没有牢牢封板，而是反复开板直至午市之后也未能牢牢封板，那我们此次的抢板操作就是失败的，对于个股次日的走势不应抱有过高期望，次日早盘阶段若不能快速上攻，则宜寻找盘中反弹时机、卖出离场。

对于抢板交易来说，一旦操作成功，短线获利幅度往往较大，这是它的机会性；但多大的机会就伴有多大的风险，实盘中，我们一定要控制好仓位，若因一次抢板操作失败就导致账户严重亏损，则后续的短线交易就很难展开了。

9.2.2 早盘飙升直接封板

早盘飙升直接封板是指：个股在早盘阶段出现了快速上扬的飙升形态，在第一次冲击涨停板时就牢牢封住。

这是一种极为强势的涨停分时图,个股的短线攻击力度往往较强,操作中,我们主要结合个股的日 K 线形态及题材面来决定在早盘上冲涨停板时是否实施抢板操作。

如图 9-7 为佳讯飞鸿 2017-08-14 日分时图,从日 K 线走势可以看到,当日的上涨使得个股突破低位窄幅整理区,突破形态较为鲜明,上升空间打开,因而,早盘快速飙升并冲击涨停板时,成功封板的概率相对较高,可以适当地实施抢板操作,但应控制好仓位。

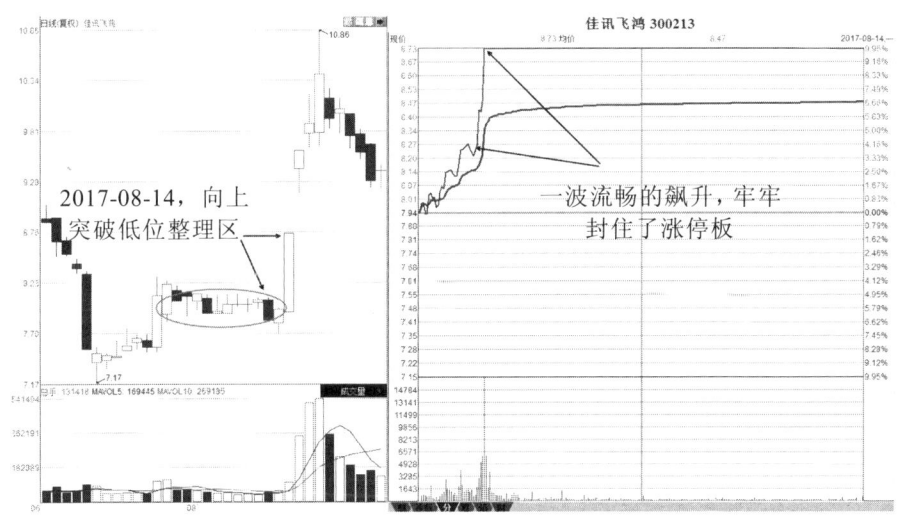

图 9-7　佳讯飞鸿 2017-08-14 日分时图

9.2.3　开盘冲高整理顺势封板

开盘冲高整理顺势封板形态是指:个股开盘后出现了大幅度上冲走势,随后于盘中高点运行并站稳于均价线之上,此时的股价距离涨停价较近,在一段时间的整理之后,价格走势再度上行并顺势封板。

由于封板时间仍在早盘阶段,这是一种相对强势的涨停分时形态。而且,在封板之前有一个高位整理过程,个股的封板成功率也大大提升。实盘操作中，若日 K 线形态较好，则可以适当参与追涨。

如图 9-8 为方大化工 2017-02-07 日分时图，个股在早盘阶段出现了这种"开盘冲高整理顺势封板"涨停形态，由于日 K 线图上正处于低点整理后的突破形态中，当日封板前追涨买入的风险相对较小，短线获利预期相对较强，可以适当参与。

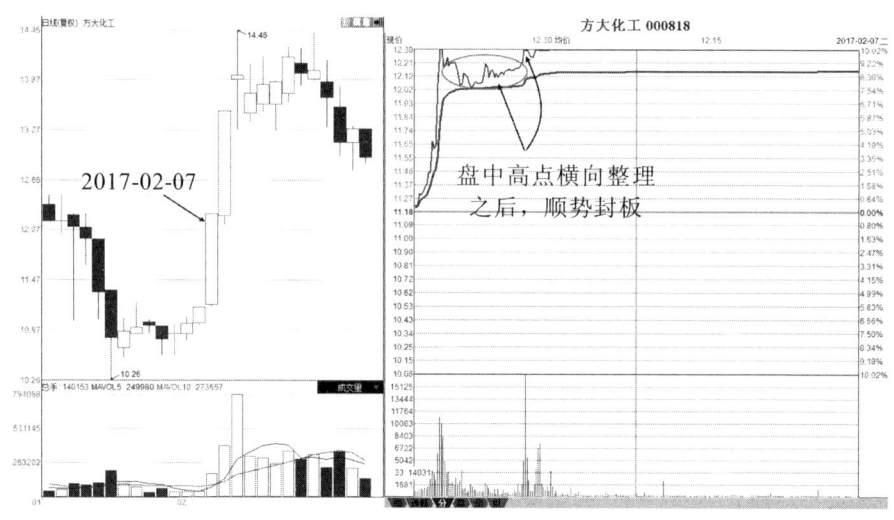

图 9-8　方大化工 2017-02-07 日分时图

9.2.4　逐波上冲型封板

这种涨停形态在早盘阶段有一个逐波上扬并冲高的过程，可以看到股价上涨的稳步推进，由于推进速度较快，从而在早盘阶段成功封板。

这是一种较为强势的涨停形态，若日 K 线图形态较好，可以在涨停板当日追涨买入；除此之外，若次日出现小幅震荡整理且收盘价未跌破涨停板当日的收盘价，则表明多方力量依旧强势，当日的盘中回落企稳点或收盘前，是相对较好的 T0 买入时机。

如图 9-9 为华舟应急 2017-09-26 日分时图，个股在早盘阶段经历了三波较为明显的上冲之后，在第四波上冲时成功封板，这是一个早盘封板形态，且封板形态较为牢固，预示着短线上攻走势出现的概率较大，操作上，当日可以追涨买入，次日也可以寻找入场时机。

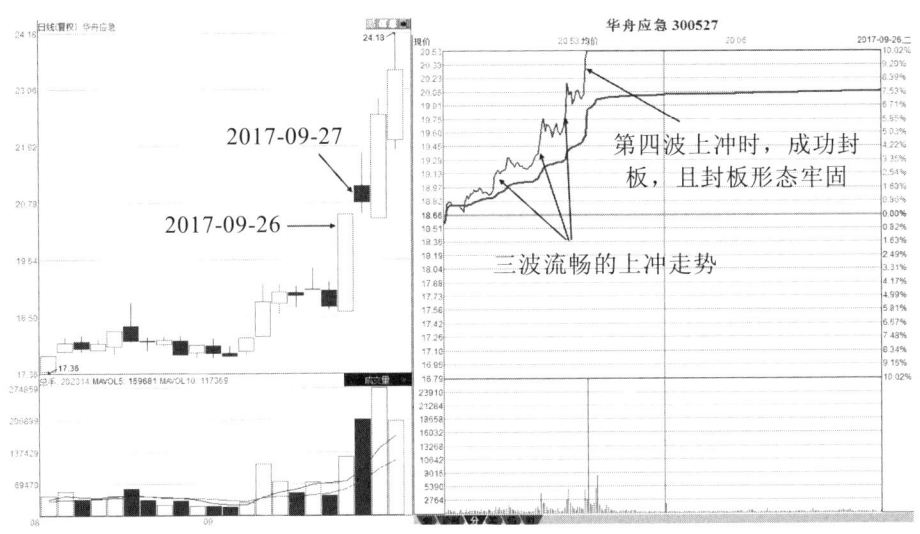

图 9-9　华舟应急 2017-09-26 日分时图

如图 9-10 为华舟应急 2017-09-27 日分时图，个股早盘冲高后出现了回落，回落企稳后，或是在尾盘阶段，可以结合大盘走势把握 T0 买入时机。

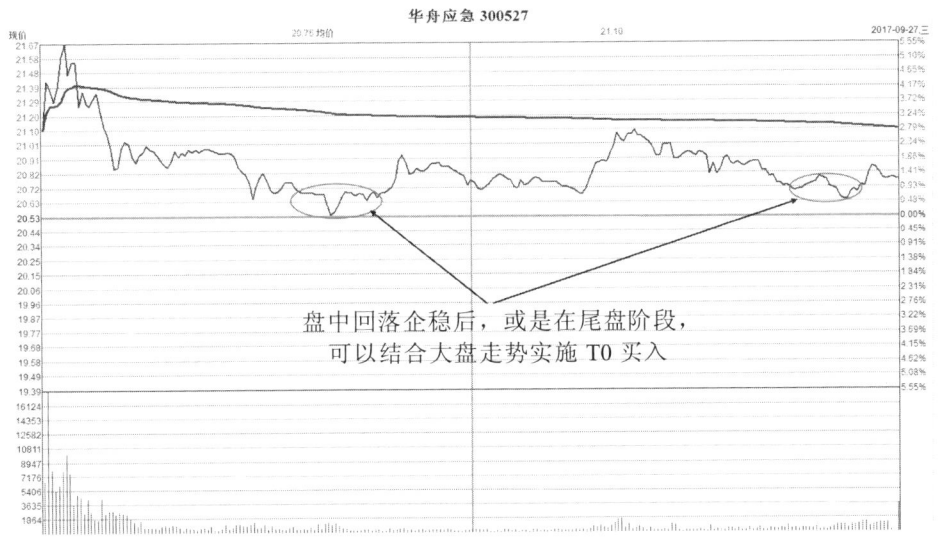

图 9-10　华舟应急 2017-09-27 日分时图

9.3 中盘板 T0 实战形态

中盘板,主要是指在 11:00 至 14:00 这个交易时间段上封涨停板的盘口形态,中盘板在更多的时候是短线机会的象征,但个股若随后几日不能延续强势,则中盘板也往往会成为一波破位下跌行情的导火索,是风险的信号。本节中,我们将结合中盘封板的具体形态来看看如何展开超短线 T0 交易。

9.3.1 强势运行流畅冲板

强势运行流畅冲板,是指个股在盘中运行相对强势的状态下,于中盘阶段上冲封板,上冲时分时线形态流畅、分时量同步放大。

这是一种相对强势的涨停分时形态,多预示着一波短线上攻行情的展开,流畅式的封板形态也彰显了大买单的连续入场力度。

短线操作上,由于盘中的强势运行格局持续时间较长,因而,当大买单入场扫盘、股价开始上扬时,此时是第一追涨买入点,但需要对个股实时观察才能把握这样稍纵即逝的买入时机;次日早盘若能维持相对强势状态但涨幅不大,可以作为第二买入时机,但此时应控制好仓位,因为个股短线涨幅已相对较大。

如图 9-11 为烽火电子 2017-02-06 日分时图,在早盘相对强势的状态下,个股于中盘出现了强势上冲封板的形态,分时线流畅、挺拔,分时量配合优异,在个股中盘启动时,可以追涨买入。

如图 9-12 为华铁科技 2016-08-26 日分时图,这也是一个强势运行流畅冲板形态,且牢牢封住了涨停板,但是此股次日的走势并不强势,如图 9-13 所示,午市收盘前出现的下跌使得股价向下跌破均价线,此时的盘中运行已呈现为弱势,而"强势运行流畅冲板形态"是一种相对强势的短线上攻形态,若个股不能延续上一次的强势状态,往往会引发一波短线调整,此时,宜紧随多空格局的这种变化,调整交易思路,卖股离场。

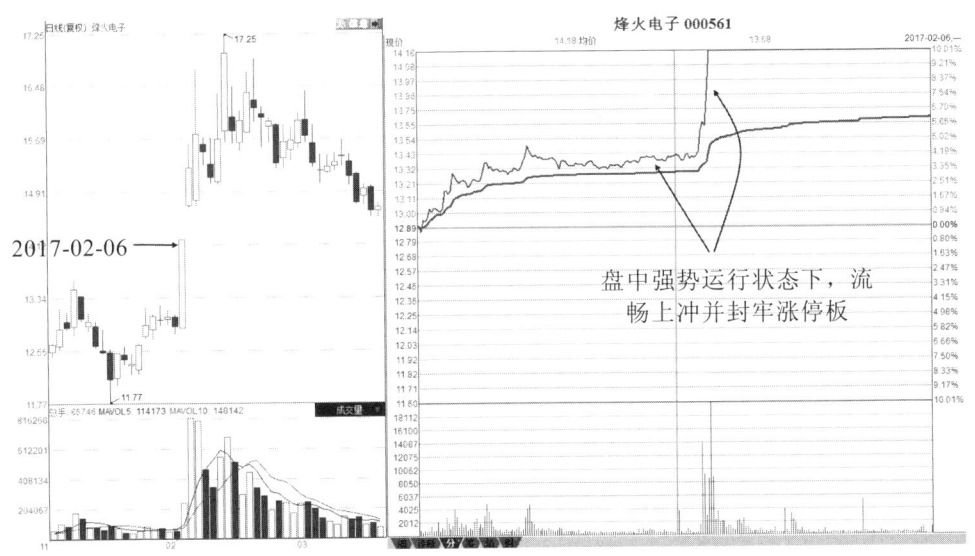

图 9-11　烽火电子 2017-02-06 日分时图

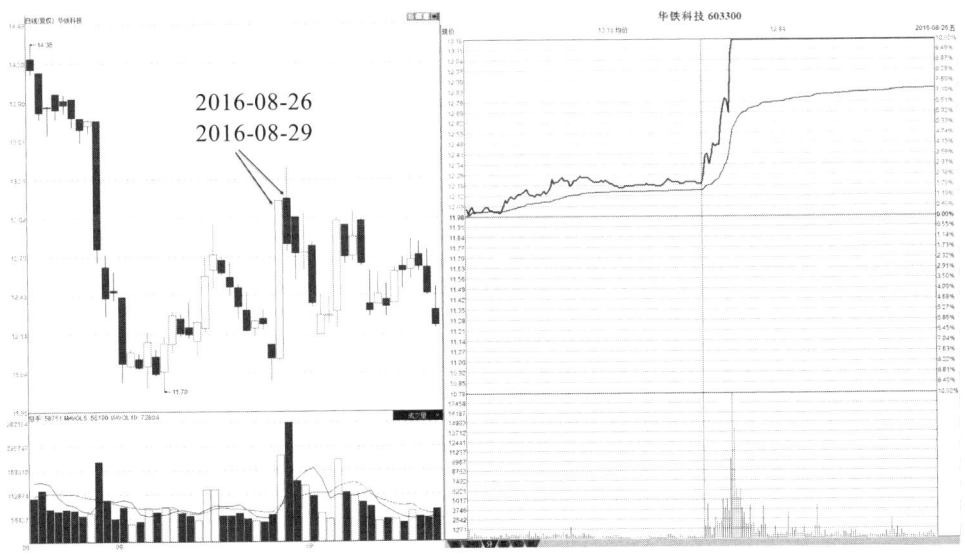

图 9-12　华铁科技 2016-08-26 日分时图

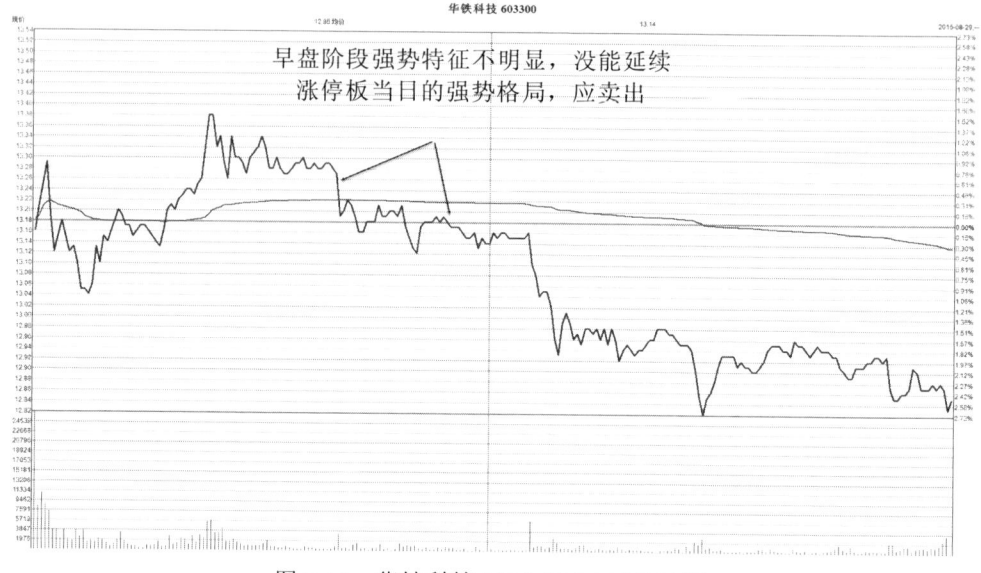

图 9-13　华铁科技 2016-08-29 日分时图

9.3.2　中盘型宽幅板

中盘型宽幅板形态，是指早盘阶段处于下跌状态，中盘出现了大幅飙升并最终封板。这是一种宽幅震荡型的涨停板，中盘封板的短线力度弱于早盘，而宽幅板又会引发强烈的多空分歧，不利于个股短线上涨。一般来说，这种涨停板分时图出现后，若个股没有明显的利好消息或题材支撑，短线上攻阻力较大，易出现回落调整，不宜追涨买入。

如图 9-14 为工大高新 2017-02-15 日分时图，个股在午市之后经两波强势上扬后快速封板，但当日的振幅达到了 13.92%，过大的盘中振幅势必引发更强的多空分歧，次日的跳空整理也成为了短线反转点，操作上，这类涨停分时图一般不适宜追涨买入，持股者则应逢高卖出。

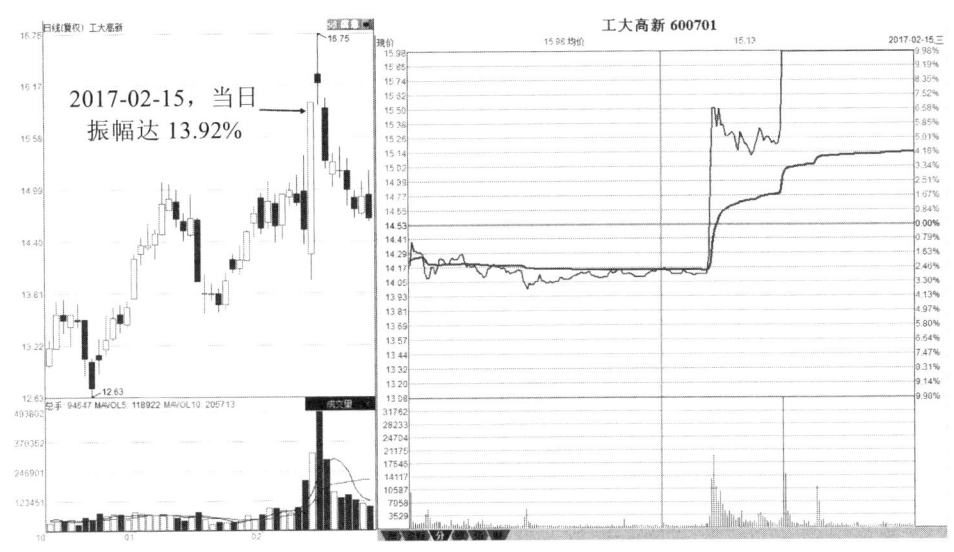

图 9-14 工大高新 2017-02-15 日分时图

9.3.3 高点整理后二度封板

高点整理后二度封板形态，是指个股在早盘或中盘第一次封板后，持续时间并不长，因抛盘涌现而打开涨停板，但回落幅度较小，均价线形成了有力支撑，在高位区的横向整理之后，中盘阶段，个股再度上冲涨停板并封板至收盘。

二次封板之间有一个横向整理的过程，能够较为充分地释放短线抛压，操作上，若当日放出巨量，表明抛盘过多，不宜追涨买入；若放量温和，则可以适当追涨、搏取短线利润。

仅从分时图来看，这是一种相对较弱的涨停形态，个股次日出现高开高走的概率较低，因而，我们也可以将买点延后至次日早盘，若个股在次日早盘能够相对强势、不大幅回落，且可逢盘中震荡回调时实施 T0 买入操作。

如图 9-15 为横店东磁 2017-09-07 日分时图，个股的早盘封板时间较短，横向整理后，午市收盘前再度封板，这是一个"高点整理二度封板"的盘口形态，日 K 线图也处于低位突破点，短线可以看多，盘中二度封板时，是一个 T0 买入时机。

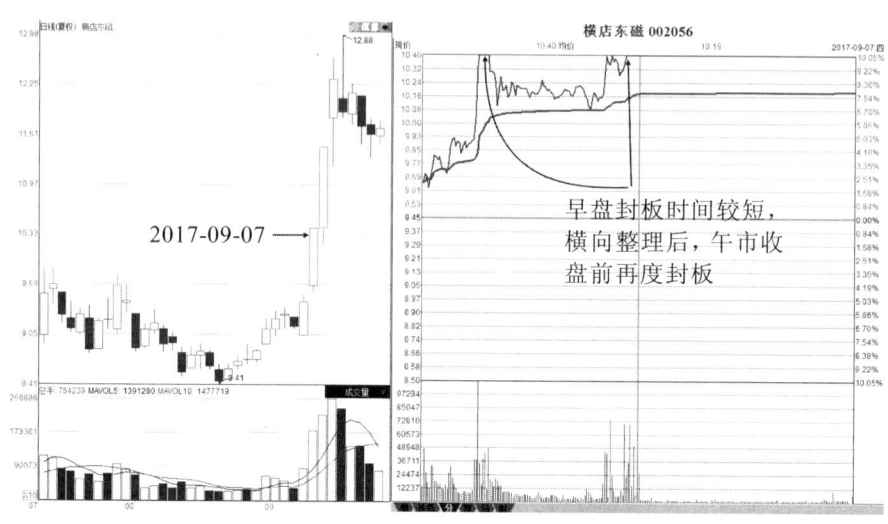

图 9-15　横店东磁 2017-09-07 日分时图

次日，如图 9-16 所示，个股开盘后震荡上行，走势相对较强，当回落至均价线附近，也是一个 T0 买入时机。

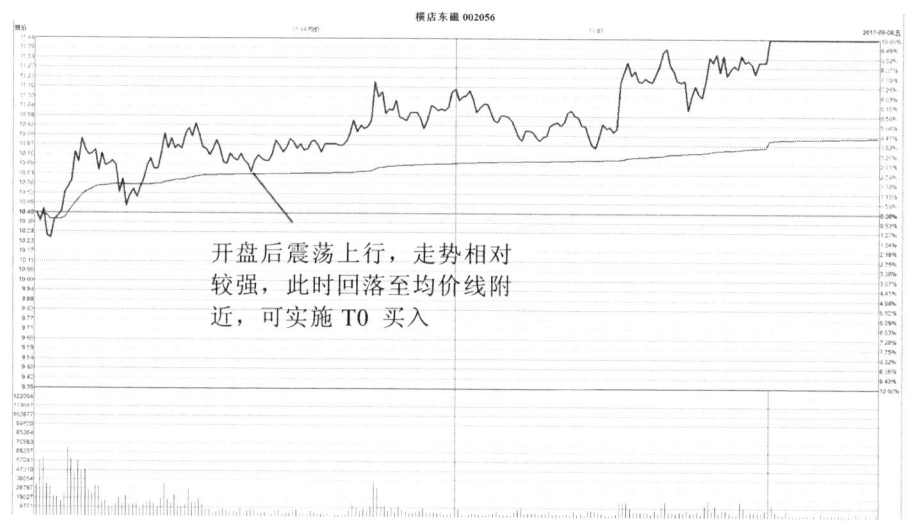

图 9-16　横店东磁 2017-09-08 日分时图

9.3.4　盘中封板未果回落型

中盘距离收盘的时间相对更短，若个股在冲击涨停板后未能牢牢封板，而我们又追涨买入了，一般来说，当日的回落幅度不会太大，但这却是一个风险信号，表明抛压较重、短期内或将出现深幅调整，特别是当个股短线已有一定涨幅的时候，在操作上，次日早盘应寻找反弹冲高时机、及时卖出。

如图 9-17 为辽宁成大 2016-11-24 日分时图，个股在午市之后上冲涨停板未能封板，股价出现了持续回落，若当日追涨买入，将处于被套状态。次日，如图 9-18 所示，虽然早盘冲高幅度较小，仍未达到解套价位，但应果断止损离场，以规避个股出现盘中跳水的风险。

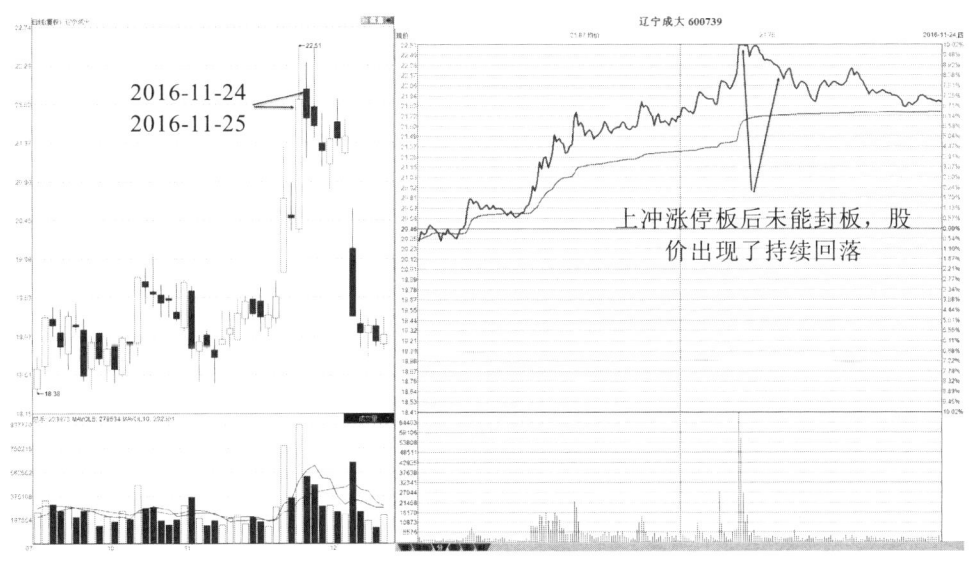

图 9-17　辽宁成大 2016-11-24 日分时图

9.3.5　阶梯式封板

阶梯式封板，与台阶式上扬的盘口形态特征相似，参见"8.9 买点：'台阶式'上扬"，只是个股最后顺势封板。这是一种相对强势的涨停分时图，次日出现回调下跌的概率相对较低，操作上，可在当日追涨买入；但是，随后两三日内，个股若不能继续强势上涨，则可能会出现相对较长时间的整理格局，短线交易上，可卖出。

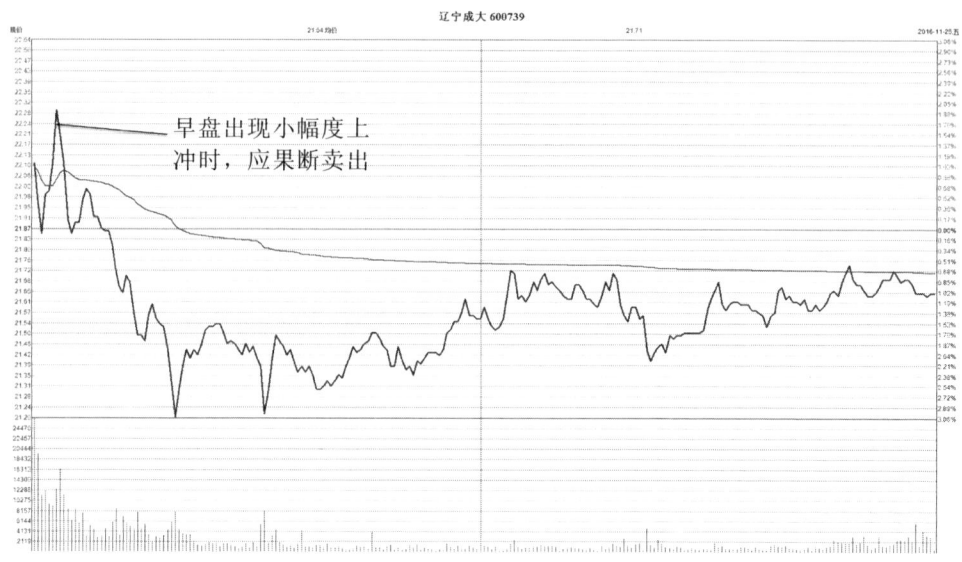

图 9-18 辽宁成大 2016-11-25 日分时图

如图 9-19 为珠江啤酒 2017-01-04 日分时图，个股在盘中上冲后均于高点横向运行，这是台阶式的攀升形态，最后成功封板，此时离收盘时间仍然较长，可以视作中盘板，当日顺势封板的成功率较高，可以追涨买入，搏取可能出现的短线连续上涨走势。

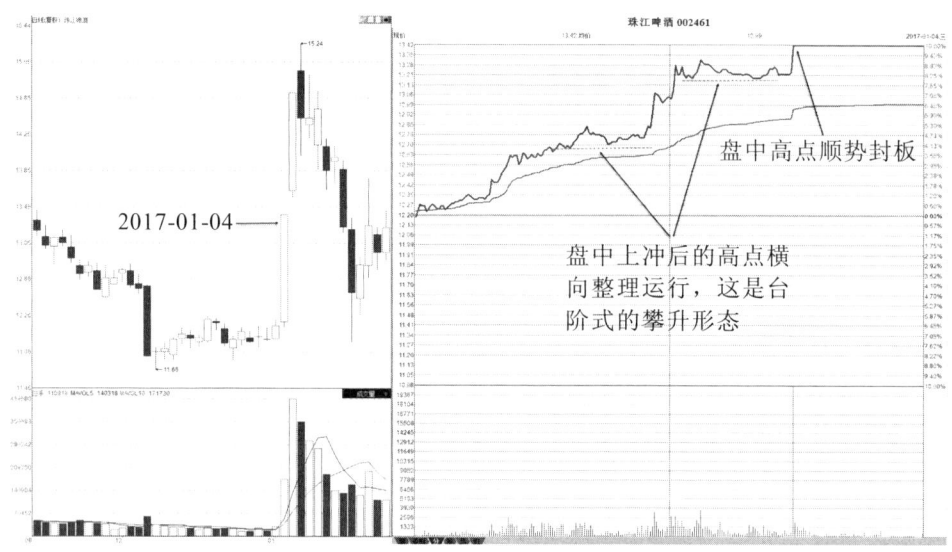

图 9-19 珠江啤酒 2017-01-04 日分时图

9.4 尾盘板 T0 实战形态

尾盘阶段出现的涨停板,是风险与机会并存的标志,尾盘板的短线连续上攻力度相对较弱,一般来说,即使是短线上涨的信号,也不宜在尾盘板当日追高买入。本节中,我们结合几种较为典型的尾盘封板形态来看看如何利用这一盘口形态展开超短线 T0 交易。

9.4.1 强势攀升尾盘板

强势攀升尾盘板,顾名思义,尾盘封板前的走势格局为强势攀升,这是强势分时图的一种表现形式,代表着买盘的持续入场力度较大,多方上攻力量充足。这种尾盘板形态多预示着短线的上涨,若个股随后几日可以强势整理不回落,则是 T0 买入信号。

如图 9-20 为赢时胜 2017-07-27 日分时图,个股持续的攀升至尾盘阶段,此时的股价已接近涨停,最终顺势封板。随后三日为强势整理,此时是较好的 T0 入场时机,既降低了短线追涨的风险,又能更好把握个股的短线运行方向。

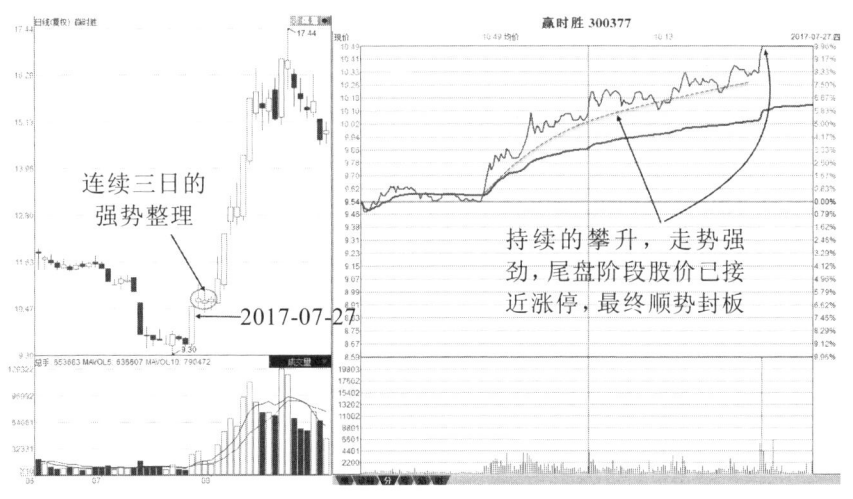

图 9-20　赢时胜 2017-07-27 日分时图

9.4.2 弱势反转尾盘板

弱势反转尾盘板，是指个股在早盘或中盘处于下跌状态，或是股价持续的运行于均价线下方，呈弱势状态，在临近尾盘阶段，才开始大幅上扬、并最终封板。

这是一种由弱转强的封板形态，且尾盘的飙升幅度较大，易引发较多的短线获利盘离场，出现短线调整，操作上，宜逢高减仓，而不是追涨买入。

如图9-21为汇中股份2017-02-20日分时图，个股早盘大幅下跌，午市开盘后才转强，尾盘阶段的两波飙升幅度极大，虽然成功封板，但这并不是短线上涨信号，不可追涨买入。

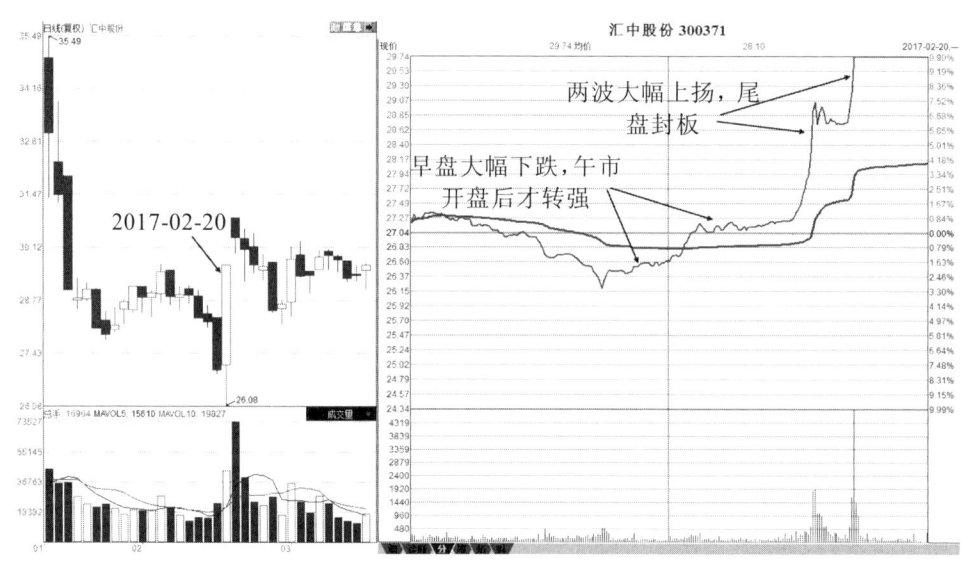

图9-21 汇中股份2017-02-20日分时图

9.4.3 尾盘顺势封板

尾盘顺势封板不同于前面讲到的强势攀升尾盘板，强势攀升尾盘板有一个持续时间较长、股价缓缓上行的攀升过程,而尾盘顺势封板是在早盘涨幅较大、长时间于盘中高点运行的情况下才最终封板的。

这是一种相对弱势的尾盘板形态,虽然盘口形态整体来看相对强势,但在盘中高点长时间不封板,仅仅是在尾盘阶段才顺势封板,也表明了多方力量短线上攻意愿不强,当其出现在短线高点时,易引发反转,当日收盘前或次日早盘阶段,应结合分时运行把握 T0 卖出时机。

如图 9-22 为申通快递 2017-02-28 日分时图,个股当日的涨停形态为尾盘顺势封板,且当前正处于短线高点,短线再度上涨的概率较低,当日收盘前可以适当减仓、锁定利润。

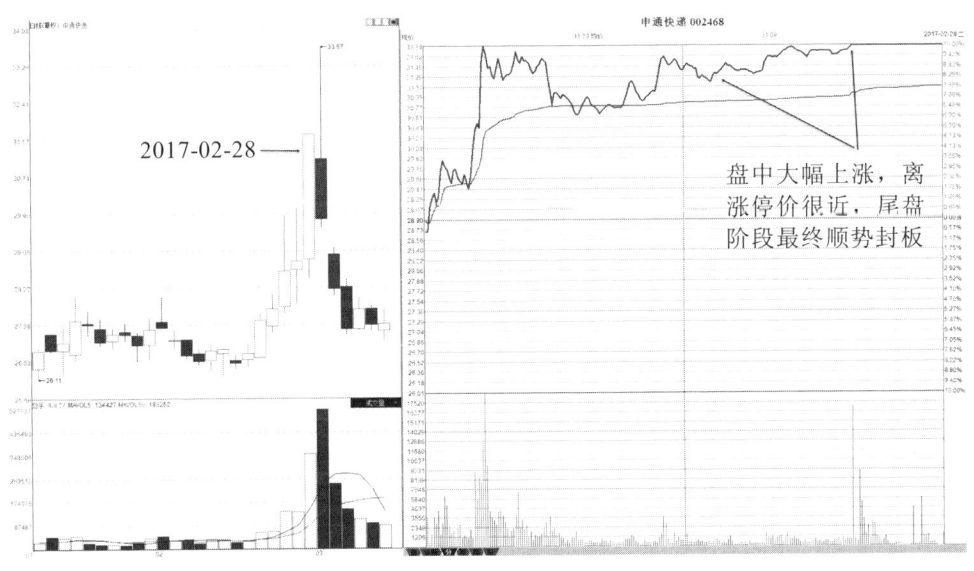

图 9-22　申通快递 2017-02-28 日分时图

次日,此时低开冲高,如图 9-23 所示,随着冲高后的不断滑落,均价线的支撑点被跌破,这预示着个股短期内的多空力量由强转弱的变化过程正式形成,应及时清仓离场。

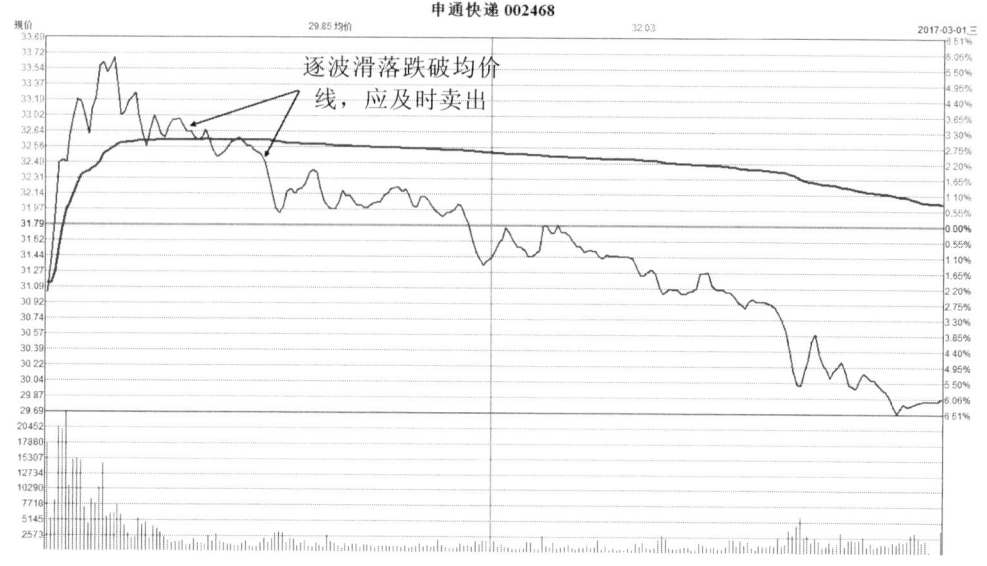

图 9-23 申通快递 2017-03-01 日分时图

9.4.4 流畅型的尾盘板

流畅型的上冲涨停板形态是连续大买单入场的标志,当其出现在尾盘阶段时,很多时候也是预示短线上涨的信号,操作中,除了尾盘封板的流畅形态外,还应关注分时量的同步放大、日 K 线的突破启动及次日早盘的相对强势格局。当这三点要素予以配合时,个股短线再度上攻的概率较大,尾盘板次日的早盘强势震荡中,是较好的 T0 入场时机。

如图 9-24 为华铁科技 2017-11-16 日分时图,个股当日的尾盘封板形态十分流畅,分时量放大显著,日 K 线图上正处于低位震荡区的突破点,这个尾盘流畅板预示的短线上涨倾向较强。次日,如图 9-25 所示,早盘走势相对强势,均价线形成支撑,此时可实施 T0 买入。

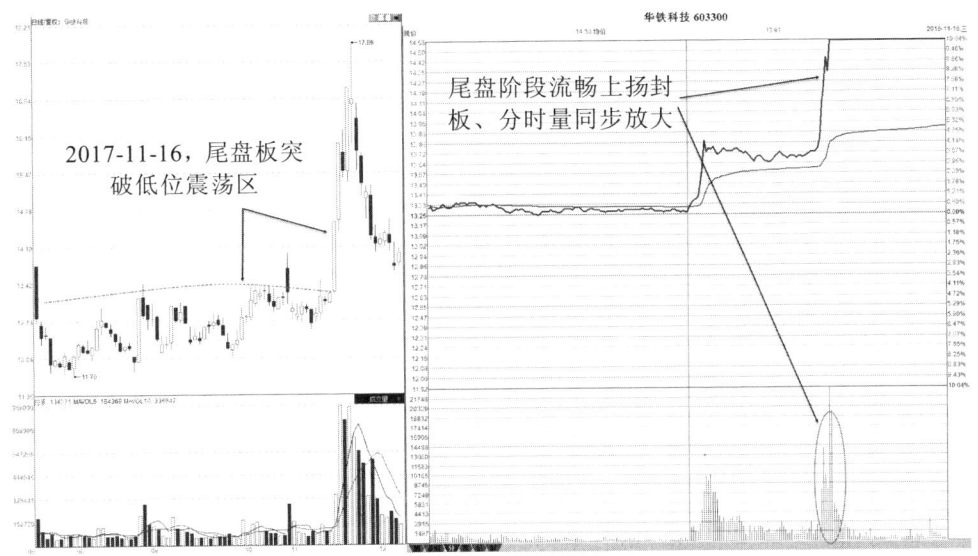

图 9-24 华铁科技 2017-11-16 日分时图

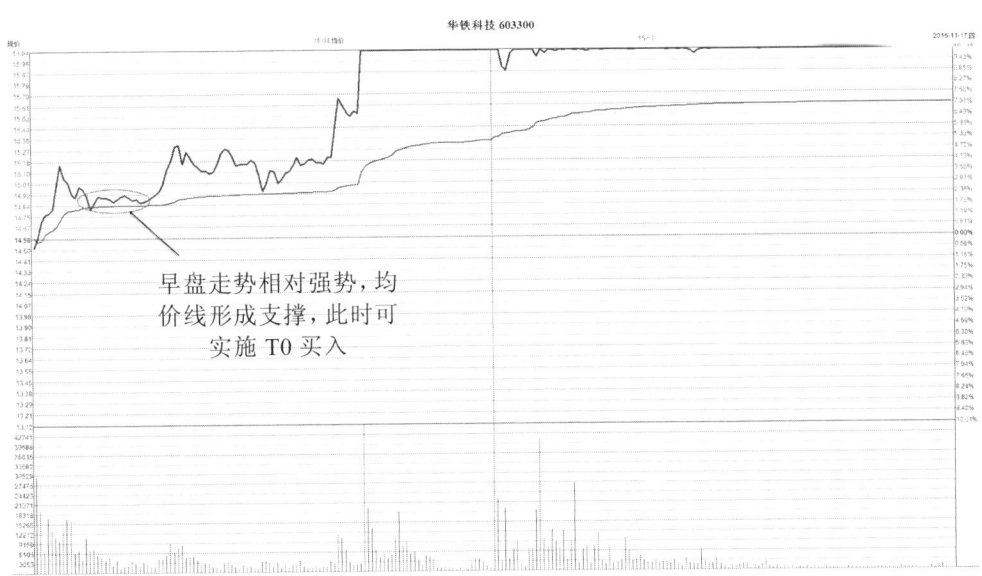

图 9-25 华铁科技 2017-11-17 日分时图

9.5 量能角度 T0 实战形态

成交量在技术分析中有着重要作用,对于涨停形态来说,它也可以很好地指导我们实施超短线 T0 交易。一般来说,涨停当日或次日过大的量能是市场逢高抛压沉重的标志,不利于短线上涨;而温和式的放量则表明多方优势格局明显,涨停板预示的短线上涨也往往更为凌厉。本节中,我们将结合量能变化来看看如何更好地预测涨停后的走势。

9.5.1 板中放量不开板

板中放量不开板形态,是指个股在早盘或中盘上封涨停板,在牢牢封板之后,于盘中的某个时间段或是多个时间段,出现了不断涌出的抛单,这也使得当日的放量幅度较大。虽然板中出现了放量,但并没有打开涨停板。

即使个股已牢牢封板、在短线继续上涨已达成共识的情况下,仍于封板过程中频繁出现大抛单,这表明市场筹码锁定度不高的标志,不利于个股的短线上涨,如果个股次日不能加速上涨,则将会引发更多的场内资金离场,从而出现调整。

如图 9-26 为万讯自控 2017-03-14 日分时图,个股在早盘阶段经一波直线飙升后直接封牢涨停板,这是一种极为强势的封板形态,大买单的入场力度较强,如图中标注所示,在牢牢封板过程中,个股分别于多个时间段出现了明显的大抛单,这就是板中放量形态,板中放量的幅度可大可小,但从日 K 线图上可以看到当日较大幅度的放大,一般来说,出现这种盘口形态后,表明个股短线上涨或有阻力,次日若不能继续强势上涨格局,则应果断卖出。

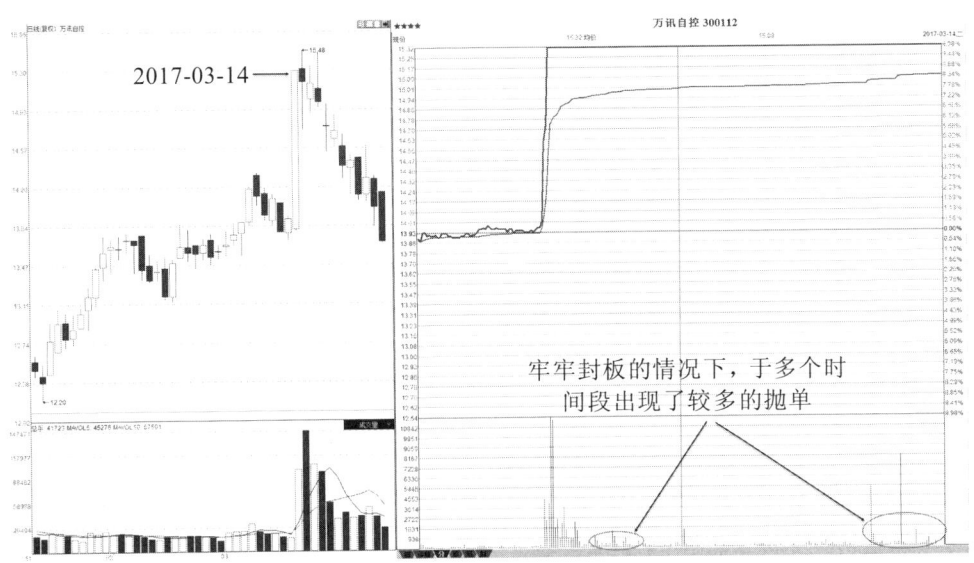

图 9-26 万讯自控 2017-03-14 日分时图

如图 9-27 为万讯自控 2017-03-15 日分时图，开盘之后，个股出现了几波震荡下滑，走势明显转弱，此时的反弹上冲是第一卖股时机；午盘之后，价格走势出现回升，但力度较弱，这时的反弹上冲是第二卖股时机。

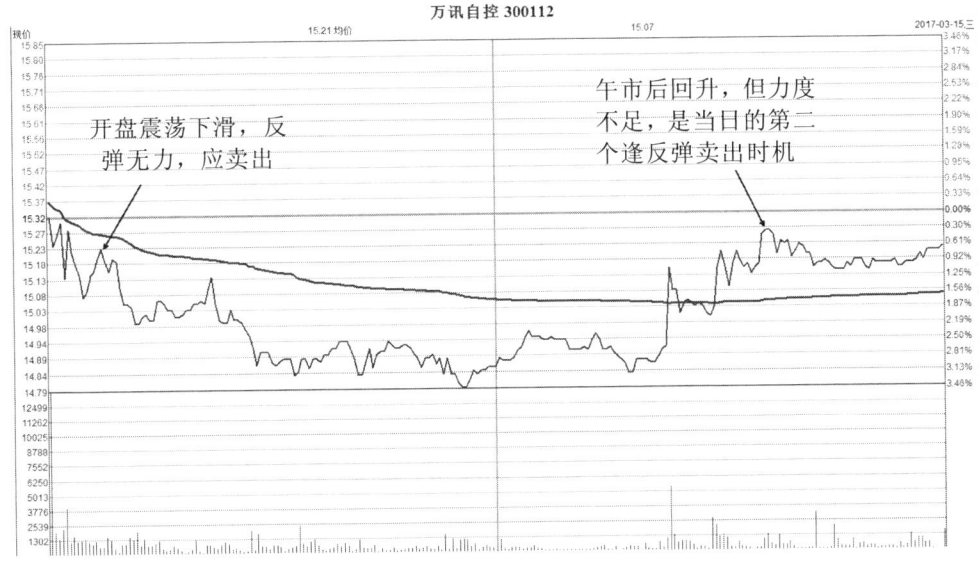

图 9-27 万讯自控 2017-03-15 日分时图

9.5.2 涨停次日的脉冲量

脉冲量是一种重要的量能形态，涨停板激发了多空分歧，往往会于涨停当日或次日出现脉冲式放量，这种量能体现了当日市场抛盘大量涌出、后续买盘入场力度不足的信息，因而，在更多的时候，它是涨停板走势反转的信号，也是我们短线实施 T0 卖出的信号。

如图 9-28 为敦煌种业 2016-12-16 日分时图，虽然个股当日强势涨停且日 K 线图也处于调整后的低点，但是，次日上涨却出现了明显的脉冲式放量，这是短线反转的信号，实盘操作中，我们一定要结合个股的盘面形态变化及时调整思路，以适应价格走势的快速变化。

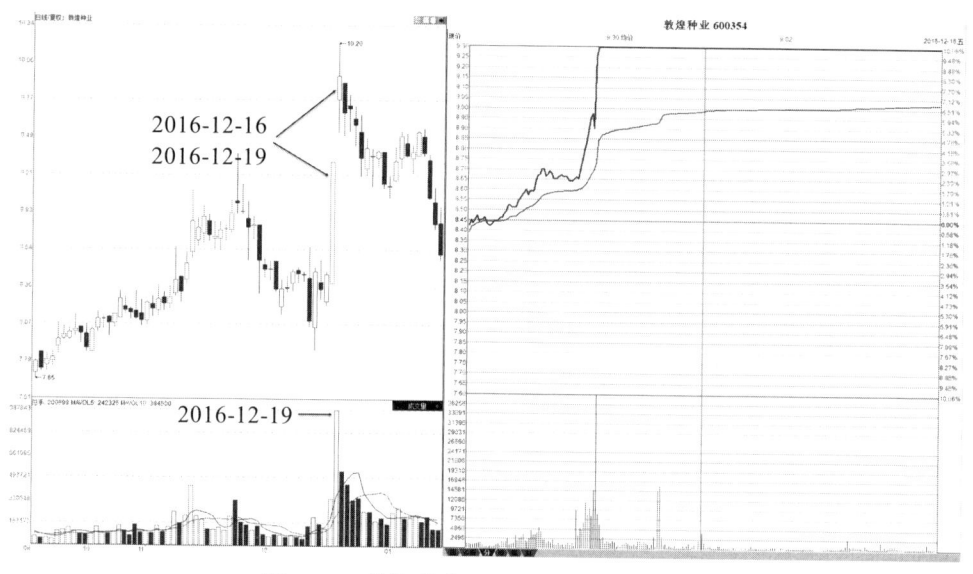

图 9-28 敦煌种业 2016-12-16 日分时图

涨停次日的脉冲式量能多为上涨状态，但也有一些为大阴线形态，特别是高开低走的大阴线，一旦个股在早盘阶段出现明显的高开低走且无转强迹象，在识别量能放大的情况下，我们更宜于盘中卖出，以规避午市之后的进一步震荡下跌。

如图9-29为梦舟股份2017-01-03日分时图，上一交易日为强早盘强势封板的涨停形态，次日，个股惯性大幅高开，随后则大幅跳水，至午市收盘前也未见转强，此时的量能放大较为明显，由于这种放量效果难以持续，一般会形成脉冲式的量能形态，持股者应及时卖出。

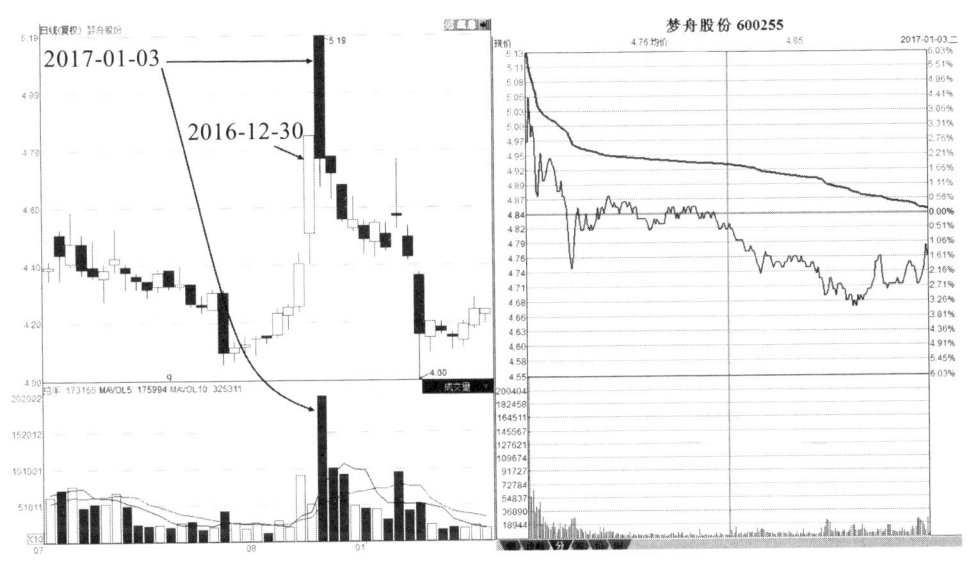

图 9-29　梦舟股份 2017-01-03 日分时图

9.5.3　天量型假突破板

天量型的涨停板，即：涨停板当日的成交量远远高于此前的均量水平，达到了近一年来的量能峰值。在更多的时候，天量型涨停板是风险的象征，因为涨停板上的巨幅放量形态往往与场内大量资金逢高抛售行为相关，特别是在短线高点，沉重的抛压限制了个股的进一步上涨，即使个股有着较好的盘整突破形态，一般来说，也不宜追涨入场，可以继续观察，若随后能够在突破强势整理不回落，则进一步上涨的概率会提升，否则的话，反转下跌的概率较大。

如图 9-30 为北新路桥 2016-11-28 日分时图，个股在缓缓震荡攀升的走势中出现了一个向上突破的涨停板，日 K 线的突破形态较好，但涨停分时图并不强势，是一个中盘封板且封板后又反复开板的形态，结合当日的天量形态来看，这并不是一个突破启动信号，个股随后出现反转下行的概率更大，操作上，应减仓离场，而不是追涨买入。

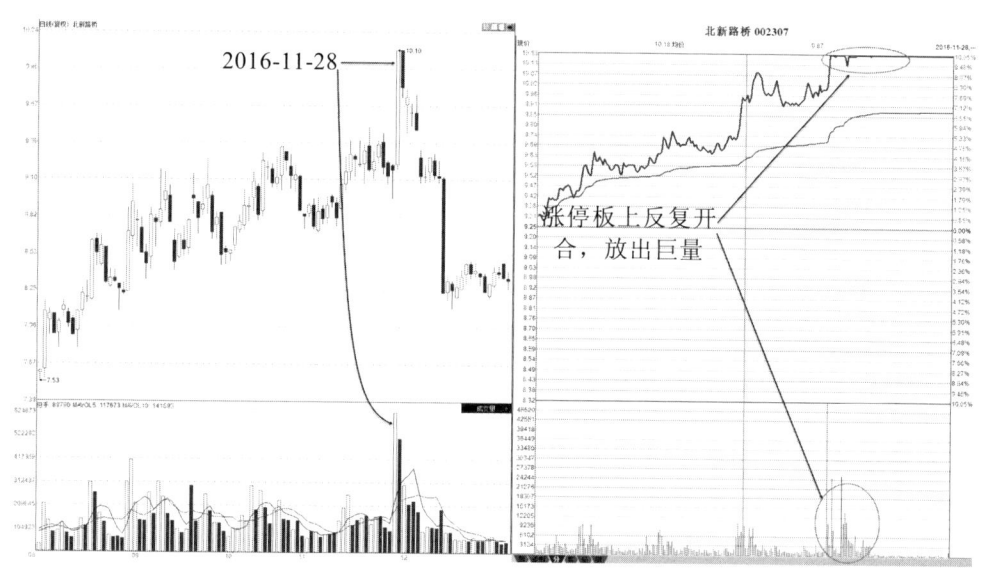

图 9-30　北新路桥 2016-11-28 日分时图

9.5.4　板中裂口放巨量

板中裂口放巨量形态，是指个股在早已牢牢封板之后，于中盘或尾盘阶段，涨停板出现了裂口，即：开板时间短、开板幅度小的裂口形态，在出现裂口时，分时量明显放出，当日的量能也相对放大。

板中裂口，表明多空双方对于个股的封板形态存在较大分歧，但由于裂口持续时间很短，一般来说，个股短期内仍是多方力量占优。在短线操作上，我们重点应关注裂口的数量，如果仅仅出现了一次小幅度裂口，则仍宜短线看涨个股，并结合随后的分时图形态把握卖点，涨停板当日不必急于卖出；如果于盘中多次出裂口，且当日放出巨量，则次日或有可能低开低走，宜减仓、锁定利润。

如图 9-31 为盛屯矿业 2017-09-01 日分时图，个股早盘封牢涨停板，尾盘阶段出现了一个裂口，当日成交量相对放大，这仍是相对强势的涨停分时图，不必过早卖出，短线操作上，仍应持股待涨。

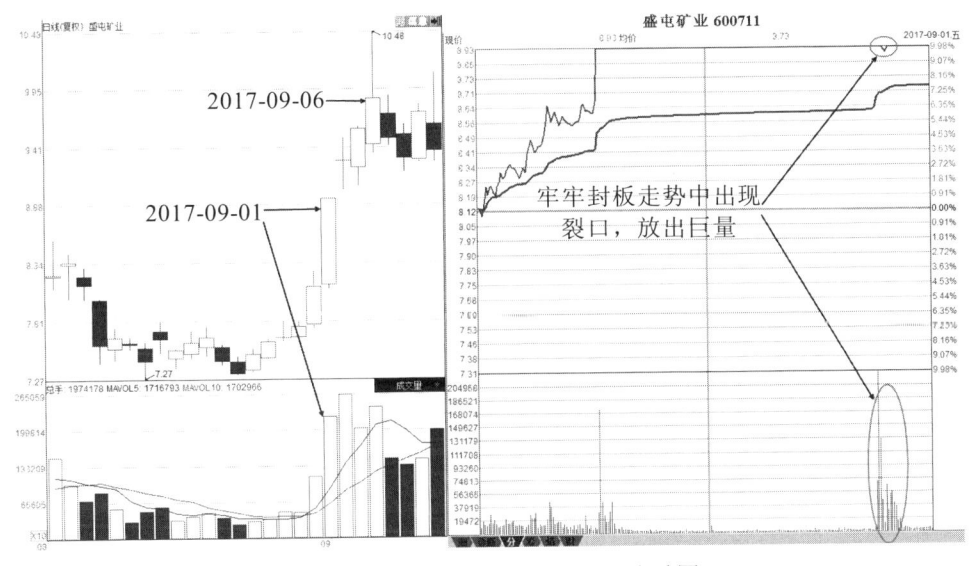

图 9-31　盛屯矿业 2017-09-01 日分时图

随后，个股继续上涨，在短线高点，如图 9-32 所示，2017-09-06 日出现了盘中过山车的分时运行形态，结合前面对于分时图形态的讲解，这种盘口形态出现在短线上涨波段时，它是多方推升遇阻、市场主动性抛压明显增强的信号，也是个股短线反转的信号，此时应实施 T0 卖股操作。

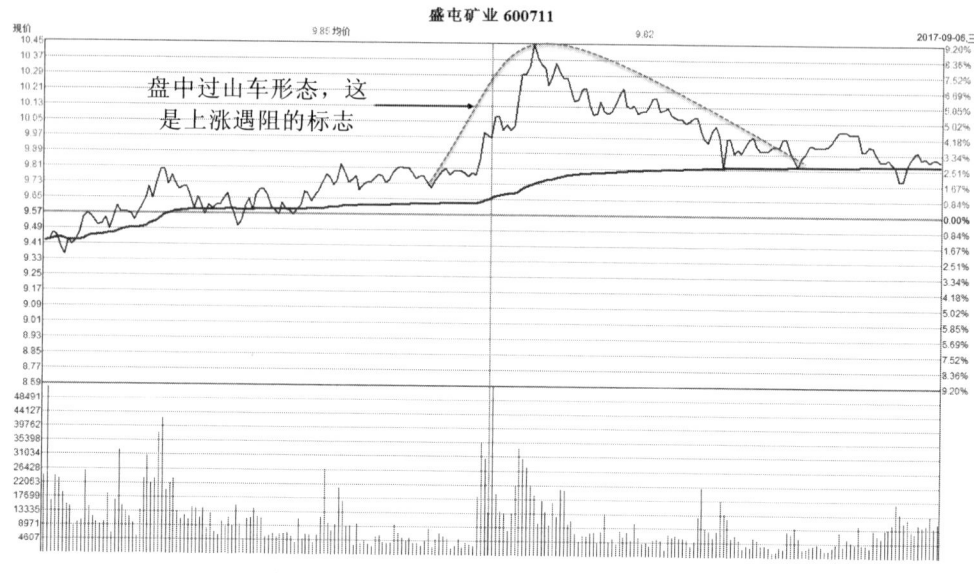

图 9-32　盛屯矿业 2017-09-06 日分时图